海量阅读，人人皆可为之。

——韩兴娥

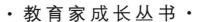

· 教育家成长丛书 ·

韩兴娥
与课内海量阅读

HANXINGE YU KENEI HAILIANG YUEDU

中国教育报刊社·人民教育家研究院 组编
韩兴娥 著

北京师范大学出版集团
BEIJING NORMAL UNIVERSITY PUBLISHING GROUP
北京师范大学出版社

图书在版编目（CIP）数据

韩兴娥与课内海量阅读/韩兴娥著；人民教育家研究院组编. —北京：北京师范大学出版社，2018.6（2025.3重印）

（教育家成长丛书）

ISBN 978-7-303-23293-2

Ⅰ.①韩…　Ⅱ.①韩…②人…　Ⅲ.①阅读课－教学研究－小学

Ⅳ.①G623.232

中国版本图书馆 CIP 数据核字（2018）第 002357 号

出版发行：北京师范大学出版社 https：//www.bnupg.com
　　　　　北京市西城区新街口外大街 12-3 号
　　　　　邮政编码：100088

印　　刷：北京虎彩文化传播有限公司
经　　销：全国新华书店
开　　本：787 mm×1092 mm　1/16
印　　张：19
字　　数：265 千字
版　　次：2018 年 6 月第 1 版
印　　次：2025 年 3 月第 5 次印刷
定　　价：60.00 元

策划编辑：倪　花　伊师孟　　责任编辑：郭　瑜
美术编辑：焦　丽　　　　　　装帧设计：焦　丽
责任校对：段立超　陈　民　　责任印制：陈　涛

教育家成长丛书

编委会名单

总　顾　问：柳　斌　顾明远

顾　　　问：叶　澜　田慧生　林崇德　陈玉琨

编委会主任：杨春茂

编　　　委：（按姓氏笔画为序）

于　漪　　王瑜琨　　方展画　　田慧生

成尚荣　　任　勇　　刘可钦　　齐林泉

孙双金　　李吉林　　杨九俊　　杨春茂

吴正宪　　汪瑞林　　张志勇　　张新洲

陈雨亭　　郑国民　　施久铭　　徐启建

唐江澎　　陶继新　　龚春燕　　程红兵

赖配根　　鲍东明　　窦桂梅　　魏书生

主　　　编：张新洲

副　主　编：赖配根　　王瑜琨　　汪瑞林

总 序

　　教育是国家发展的基石，教师是基石的奠基者。古人云："国将兴，必贵师而重傅。"兴国必先强教，强教必先重师。党中央、国务院高度重视教师队伍建设。2013 年教师节，习近平总书记在给全国广大教师的慰问信中指出："百年大计，教育为本。教师是立教之本、兴教之源，承担着让每个孩子健康成长、办好人民满意教育的重任。"2014 年，在第 30 个教师节前夕，习总书记到北京师范大学视察并发表重要讲话，指出："一个人遇到好老师是人生的幸运，一个学校拥有好老师是学校的光荣，一个民族源源不断涌现出一批又一批好老师则是民族的希望。"《国家中长期教育改革和发展规划纲要（2010—2020 年）》也明确提出，"有好的教师，才有好的教育"，要"努力造就一支师德高尚、业务精湛、结构合理、充满活力的高素质专业化教师队伍"。"倡导教育家办学"，要创造有利条件，鼓励教师和校长在实践中大胆探索，创新教育思想、教育模式和教育方法，形成教学特色和办学风格，造就一批教育家。"两个一百年"奋斗目标的实现、中华民族伟大复兴中国梦的实现，归根结底要靠人才、靠教育，而支撑起教育光荣梦想的，是千百万的教师。

　　时代呼唤好老师。有一流的教师，才有一流的教育；有一流的教育，才有一流的国家。出名师、育英才、成伟业，是时代赋予我们教育战线的神圣使命。"所谓大学者，非谓有大楼之谓也，有大师之谓也。"好学校、好教育的最重要标准，就是要有好老师。一所学校、一个地区，乃至一个国家，如果教师有理想、有爱心、有学识、有高超的教育艺术，那么即使硬件设施有些简陋，家长、学生也会心向往之。教师是中国梦的奠基者。教师的重要使命，就是为每个孩子播种梦想、点燃梦想，并帮助他们实现梦想。每一间平凡的教室，每一节朴实的课，都不仅是知识的传递，而且是人类文明精神的接续、人生梦想的起航。正是有亿万个孩子梦想的放飞、绽放，中国梦才更加光彩夺目。如果说中国梦最坚实的土壤是学校，那么教师就是最伟大的"筑梦师"，他们用默默无闻、孜孜不倦的智慧劳动，让每一颗年轻的心灵都与中国梦激情相拥。

倡导教育家办学，造就一批好老师，首先要尊重、珍惜我们的本土智慧、本土创造。教育家不是凭空产生的，而是扎根于自己的民族文化土壤，同时吸收人类文明成果，从而创造出独特而生动的教育实践、教育智慧和教育文明。五千年源远流长的中华文明，不但形成了有我们民族特色的教育理论体系，而且涌现出了千千万万优秀的教育家，有被推崇为"大成至圣先师""万世师表"的孔子，有"匹夫而为百世师，一言而为天下法"的韩愈，有"捧着一颗心来，不带半根草去"的人民教育家陶行知，等等。改革开放40年来，随着教育改革的不断深入，教育战线涌现出了一大批杰出教师。他们痴情于教育事业，坚守理想信念和教育良知，在三尺讲台上默默耕耘、刻苦钻研，同时以敢为天下先的精神大胆创新，不断进取、不断超越，形成了各具特色的教育思想和教学风格。正是他们的成功探索和实践，创造了具有中国风格的教育经验，丰富了具有中国特色的教育理论宝库。原由教育部师范教育司组织编写，现由中国教育报刊社人民教育家研究院组织编写的"教育家成长丛书"，就是要向这些宝贵的本土创造性的教育经验致敬。

当前，教育领域综合改革正在深入推进，考试招生制度改革的大幕已经拉开，立德树人、培育和践行社会主义核心价值观成为大中小学教育的头等任务。可以预见，中国教育将发生深刻的变革，将从"中国制造"向"中国创造"转变。"没有革命的理论，就没有革命的运动。"没有适合中国土壤、具有中国智慧的教育理论，就不可能为未来的中国教育改革提供有效的指导。我们的教育要向"中国创造"飞跃，必然要首先创造属于我们自己的教育理论，而不是"言必称希腊"或者老是贩卖欧美的教育理论。170多年前，美国思想家、诗人爱默生发表了著名演说《美国学者》，号召美国知识界："我们依赖旁人的日子，我们师从他国的长期学徒期时代即将结束。在我们周围，有成百上千万的青年正在走向生活，他们不能老是依赖外国学识的残余来获得营养。"由此，美国迈入精神立国阶段。

如今，我们也面临与爱默生同样的情形。随着我国GDP已从世界第二向第一迈进，我们要自觉养成强烈的"中国意识"，独立的中国文化品格，并由此去环视世界，去改造本土实践，去创造属于我们自己的精神养料——这在教育界显得尤为紧迫。"教育家成长丛书"，旨在把我们本土教育实践中蕴含的中国智慧提炼出来，从而形成具有时代意义的中国特色的教育话语体系，再以此去观照、引领、改造中国的教育实践，为伟大的教育改革提供经验、理论支持，也为未来的教育家提供丰富、可资借鉴的精神养料。

让我们为中国教育的伟大未来一起努力吧！

2018年3月9日

前　言

　　见证着中国基础教育半个世纪的春华秋实，代表着中国基础教育教学成果的最高成就——"首届基础教育国家级教学成果奖"，闪耀着李吉林、窦桂梅、吴正宪、张思明、洪宗礼、唐江澎、邱学华、于永正、孙双金、薄俊生、龚春燕等一大批优秀教师的名字。而上述这些教师杰出代表恰恰都是《人民教育》"名师人生"栏目中最受读者喜爱的名师，都是"教育家成长丛书"的作者。

　　"教育家成长丛书"（以下简称"丛书"），是在第20个教师节前夕，为了研究、总结、宣传和推广我国众多优秀中小学教师的先进教育思想和鲜活宝贵的教育教学经验，培养造就一大批德才兼备的优秀教师和杰出的教育家，促进教师队伍整体素质的提高，根据教育部党组安排，由师范教育司组织编写的一套凝聚着一大批教育家成长智慧的大型教育丛书。

　　"丛书"自2006年问世以来，不但得到国务院和教育部领导同志的高度重视，而且先后印刷多次尚不能满足广大读者的需求。这其中的奥秘何在？

　　当你翻开"丛书"，每一部著作都讲述着一位教育家成长的故事。这些著作主要从"成长历程""思想概述""课堂实录"和"社会反响"等方面全景式反映其教育思想、教育智慧、专业精神和专业人格的形成过程与教学实践过程。这是教育家成长的基本素质所在。

　　当你沿着教育家成长的足迹走近他们的时候，你会融入这些带有"草根色彩"、扎根中华教育实践大地、充满田野芳香的真实感人的教育故事中。

当你从"丛书"中，从这些当年和自己一样的普通教师，成长为今天受人尊敬的教育家的成长过程中受到启迪，当你触摸着自己的心，把学生的成长和祖国的未来紧紧连在一起的时候，你会真切地感受到教育家离我们并不遥远。

当你用整个身心蘸着自己的生活积累去品味"丛书"中的每一部著作的"成长历程"时，在一位位名师不断学习、不断超越自我、不断超越学科教学的求索足迹中，你会读懂"教育是事业，其意义在于奉献"的丰富内涵。

当你研读"丛书"中的每一部著作的"思想概述"，和每一位名师展开心灵对话的时候，都会深深地感受到，一名教师对教育独立的理解与执着的追求有多么重要。从一名普通的教师成长为受人尊敬的教育家的过程中，你会读懂"教育是科学，其价值在于求真"的深刻含义。透过"丛书"，你会看到一代代教师用爱与智慧塑造民族未来的教育理想。

随着我们从"知识核心时代"走向"核心素养时代"，教师教育教学活动的视野已拓展到人的生存与发展的方方面面。教师要结合自己的教学实践去感悟"教育理念是指导教育行为的思想观念和精神追求"，应该把爱化为自己的教育行为，让爱充盈课堂，触摸到一个个灵动的生命，让爱产生智慧，让爱与智慧在学生心中留下岁月抹不去的美好回忆，让教育者和受教育者都感受到教育的幸福。这是"丛书"给我们的启示，也是每位教师应有的胸怀和视野。

时代呼唤教育家。为了进一步把我们本土教育实践中蕴含的中国智慧提炼出来，从而形成具有时代意义的中国特色的教育话语体系，以此去观照、引领、创新中国的教育实践并在更大范围加以推广，"丛书"将由中国教育报刊社人民教育家研究院继续组织编写，希望能够在更广大教师的心田中播种教育家成长的智慧，从而出更多的名师，育更多的英才，成就中华民族复兴的伟业。这是时代赋予广大教育工作者的神圣使命。如果广大教师能在每位教育家成长、探索教育智慧的过程中受到启迪，形成自己的教育智慧，则实现了我们编辑这套"丛书"的初衷。

"教育家成长丛书"
编委会
2018 年 3 月

目 录
CONTENTS
韩兴娥与课内海量阅读

走进课堂

社会反响

成长经历

一、追寻海读

——众里寻他千百度

我和诸多中国学生一样，从入学识字开始就陷入了一本课本独霸课堂的怪圈，一直到当了十多年老师，几乎无力自拔，难以从课本中突围。

（一）沦陷故事的快乐

出生于 20 世纪 60 年代末的人大多兄弟姐妹一大堆，像我这样只有一个哥哥的并不多，再加哥哥比我大 18 岁，年龄相差很大，我和哥哥从来没玩到一起过，哥哥和嫂子在我心中就像长辈一样。我小时候的生活环境类似独生子女，被长辈娇宠无度，稍不顺心就撒泼耍赖。不知这与以后的工作心态是否有关系，工作以后别人能容忍那些司空见惯的规则，我无法忍受，尤其是一学期教一本课本的惯例使我深恶痛绝，工作后的前十多年，我在茫然和焦躁中探索着……终于见到海量阅读的曙光，并慢慢地在荆棘丛中踏出了一条路。

小学毕业

虽然我在家中是任性的霸王，但家庭的贫困、生活的艰辛、家人的勤奋还是把认真、勤劳的种子播撒到了心底。在我七岁时父亲病逝了，虽然他的音容笑貌在我心中早已模糊，但至今还能清晰地感受到一个久病的父亲给幼女的所有宠爱。他的爱毫不吝啬：把我抱在怀中，驮在身上，父爱如冬日的阳光永远照在我的身上。在那个物质缺乏的年代，亲友看望父亲时送的点心、水果都先任由我吃个够。桃酥用开水浸泡后倒成两碗，稀的父亲喝，稠的我喝。那年冬天的一个夜晚，父亲经历了怎样的折磨后去世，睡梦中的我一无所知。七岁的孩子怎么会睡得那么沉？只记得第二天中午，出殡的人让一老一少去东边的院子。奶奶在晚年失去了她最后一个儿子，眼泪已经哭干了。她抱着我，坐在东院的影壁墙边，我从门缝中看到抬着父亲遗体的担架闪过，那一刻我小小的心里充满了恐惧。这种恐惧和不安一直无法从我的生命中剔除，那影壁墙、那门缝、那担架，曾无数次在我的眼前和梦中清晰地呈现。

此后，年迈的奶奶伴我走到了二十三岁。辛苦一生的奶奶儿女都已离世，母亲会给奶奶多少钱用于买油盐酱醋我从没有关心过，只模糊地记得奶奶的收入有一部分来自卖鸡蛋。我从小到田地里割草、拔野菜就比小伙伴勤快得多，上小学后读书也比邻家小伙伴勤奋得多。工作后，调动过三个学校，发现像我这样一直像在准备高考似的勤奋，跟同事们比较起来真有些过分，这种过分不知与小时候的经历是否有关系？奶奶这点微薄的收入中，有很大一部分花在了我身上。说起来好笑，父亲的样子已经淡出了我的记忆，奶奶也慢慢地只在我的梦中才清晰如初，但儿时街上卖冰棍、摆书摊的老头儿的模样却依然历历在目，因为这是童年的记忆中对我最具有吸引力的两个人。卖冰棍的推着盖着棉被的白色木箱一到街上叫卖，我便拉住奶奶的衣襟哼哼，奶奶只能无奈地拿出深藏在腰间的布包，一层一层打开，给我两分钱。不知从何起，要到两分钱之后，我不再蹦跳着奔向冰糕箱子，而是坐到了书摊前。识字后，我节省下买冰棍、买铅笔、买本子的钱，到星期天时坐在书摊前"奢侈"一番。那时书摊上的书都是从新华书店买来的正版书，不是红色书籍就是国内外名著，没有现在的"垃圾书"。每个书摊都有几个书架，摆放着各种各样的小人书和小说，还有数个马扎供读者坐。《三国演义》《西游记》《红楼梦》等名著，我最初都是读的小人书；《暴风骤雨》《青春之歌》《党费》等写战争年代和土改的小说也是从书摊上借来看的，那是我在小学阶段最初读过的大部头；《家》《春》《秋》《小橘灯》《呐喊》等巴金、冰心、鲁迅的书也好像是在小学五年级前后读的。邻居两个姐姐的初中、高中语文课本也被我翻阅过无数。读遍了书摊上的书，我又走向新华书店。我的学生时代是文化复苏的季节，国外的作品大量涌进中国市场。小说类的书，我见一本买一本。年龄渐长，知道奶奶没有收入，不再缠着要钱买冰棍，但奶奶却一如既往地溺爱我，经常塞给我几分钱；妈妈会给我买文具的钱；哥哥看到我优异的考试成绩会奖励几元钱的"巨款"……这都使我在那个贫困的年代得以尽情买书阅读。升入初中后，学校图书馆里的书一分钱不用花随便借阅，潍坊十中那个小小的图书馆里的书架、借书的卡片盒，至今跃动在我的记忆中。欧洲的巴尔扎克、莎士比亚、莫里哀、雨果的作品，俄国的高尔基的作品、托尔斯泰的作品，我都是在小学和初中读的。一本三四百页的小说一个星期天就读完，读不完茶饭不思。后来当了老师，发现教研活动经常研究怎么引导学生读书，各种各样的读书法呈现在我眼前，我虔诚学习的同时，内心却在抗拒："读法是教会的吗？我上小学时，一天读三四百页书完全不是老师教的，而是故事的内容在吸引我快速阅读。"

当时潍坊一中的初中是从全市选拔优秀学生，能考上一中还是挺有面子的。离我家不远的二中（现在的广文中学）也是百年老校，也很难考入。我对考试还是相当重视的，一到备考期间就将喜欢的小说束之高阁，去读那本已经倒背如流的课本，做那些无趣的试题。考试一结束，我马上抛开课本，开始沉浸于小说的世界，没黑没白地读。当时沉迷于小说的世界中的那种疯狂，此生没有出现过第二次。小学毕业后的那个暑假，和同学去附属医院配了我的第一副眼镜。

30 年前，考上了师范就等于有了公职，强大的学习动力消失了，师范学校重视开展与音体美相关的各项活动，但我毫无特长可以发挥，除了在小说的世界中自娱自乐，别无他事可做。上了师范后，从备受老师宠爱的高才生变成了可有可无的学生，失落的心绪唯有阅读可以慰藉。

（二）初为人师的烦恼

1987 年，18 岁的小姑娘一转身成了某实验小学的教师。那些"大人"——中老年同事开始称呼我为"韩老师"，身份的巨大转化使我如坠梦中。我很幸运地被分到三年级，后来听同事说："中年级最适合年轻老师。高年级的任务太重，没有教学经验的年轻老师承担不了；一年级小朋友没有规矩，年轻老师往往缺乏威严，不容易维持纪律。"于是，我成了三年级（1）班的语文老师兼班主任。那年秋天我领到生平第一份工资，把它分给了奶奶、姥姥、母亲，在院子中围着奶奶和姥姥跳跃。两位老人笑着说："在学校里就是老师了，可不能这样蹦蹦跳跳的。"

拿到工资的兴奋很快消失，学生对我这个新老师的新鲜感也很快消失，面对和颜悦色的新老

初为人师

师开始在课堂上叽叽喳喳地说个不停。不知何时，我发现只有大喝一声，学生才能静下来，从此，我变成了声嘶力竭的小学老师，声音像泼妇，神情像后妈。那时，我羡慕过许多其他行业的员工：服务部门职员气定神闲；艺人、商人走南闯北；医务人员白衣素帽，救死扶伤……而教师是什么样子呢？跟一群毛头小学生打交道，不是东边有事就是西厢告急，按下葫芦瓢起来，整天急头躁脑，少有片刻清静，尽管竭力"为人师"，仍存"误人子弟"之虞……唉，没想到当老师会有这么多烦恼！

1. 翻烂的课本让人烦

我上学时每当领到新语文课本简直是如获至宝，往往等不到第二天就已浏览完了，文质兼美的语文课本原本是最能吸引我的。语文课本，明明是一本好书，但却在耗费着我的青春年华。我还是小学生时便已摸透了语文学习的诀窍：学好课本就能考出高分数。因为语文学习万变不离其宗，基本上就是一个模式：读生字、解释词语、讲解段落大意、总结主题（或中心）思想。翻来覆去老一套，老师一支粉笔一张嘴，一篇课文讲到黑。最让人头疼的是，学生费九牛二虎之力，把老师写在黑板上的主题思想一字不差地照抄下来，再一遍一遍地读，一遍一遍地背。尤其是到了期中、期末考试前，喜爱的课外书只好放到另一个房间，以免自己忍不住翻看。手里捧着那些已经背了几十遍的课文，尽管味同嚼蜡，但还必须得嚼了又嚼，那种让人厌烦透顶的感觉我真真切切地不知体验了多少回。考试刚结束，便气急败坏地把课本扔到床底下。

当了老师以后，对课本的厌烦之情就更深切了。因为不是我一个人在烦，是全班学生在烦，我得天天镇压着他们读课本。最让人烦心的是考试前的一段时间，强迫自己拿起课本一遍又一遍翻阅，反复揣测考试内容。有一次，我煞费苦心地找出一个段落，让学生们分段、记段意。等拿到试卷一看，果然是这一段，喜不自禁。谁能料到，我与学生分析时划分为三段，而标准答案却是两段，大部分学生的答案自然与标准答案不同，结果可想而知。当时真是感到这语文课没法教了，怨天尤人，更恨那语文课本：学了多少遍考了多少次的课本啊，到底应该怎么教怎么学？天天啃语文课本的日子真让人烦透了！李希贵在《为了自由呼吸的教育》中谈到这样一幅情景：一些中学生走出考场后恼怒地撕烂课本、焚烧课本。你注意到没有，一些学校考试还没有结束，收废纸的三轮车早已在校门前聚了堆。我常听到老师们说："学生读也读够了，写也写够了，恨不得早一天考完。"当学生们为了应对考试而被迫一遍遍地读写课文时，你见过那厌烦的眼神是什么样子的吗？我每当看到学生的这种神态，顿觉身心疲惫，搞不清自己究竟是在教育学生还是摧残学生。语文课本啊，想说爱你不容易！

2. 无用的"要事"做不好

初为人师的烦恼还有那些与教学无关的事情：检查、考核、评比、活动……同事们都在忙碌，忙着写那些永远写不完的总结、论文，忙着看学生那些永远看不完的作业，忙着听学校里一层又一层领导的讲话并去落实……那时，我是名副其实的丑小鸭，大家忙着写论文，忙着制作投影片，忙着做公开课，而我只觉得日常教学就已经心有余而力不足了，哪有时间去干那些华而不实的事！于是大家在拿到一张张获奖证书的时候，只有我毫无收获……但我依然执着地把精力用到寻找师生都愉悦的学习方式上，期望构建学生向往的课堂，渴望着自己能从艰辛烦琐的工作中抽出身来，看看喜欢读的书。可令人泄气的现实摆在眼前，看着学生对语文学习欲说还"愁"，读着学生那味同嚼蜡的作文，我被一种难以名状的苦恼纠缠着。我一直试图给自己创造一个安静的环境，大到全国的优秀教师评选，小到市区的各级评选，我都拒绝参加。我不要任何荣誉，但同时，我也不做任何与课堂教学无关的事情。我已经出版了30多本学生读物，那是数十年备课的结果，但没有做过一个教研课题，因为写课题的实验计划、实验总结都会牵扯我的精力。课堂教学的改革是在课堂上一步步摸着石头过河做出来的，不是计划出来的。

在我工作的第四年，领导委婉地告诉我，因为我家离东分校近，所以调我到东分校去工作。当时，我的头立马晕了，因为，如果我是优秀的，人家怎么会让我离开？从总校被迫调到分校，我如何向江东父老交代？街坊问我为什么不在中心校而是到家门口的小学校来教学了？我怎么回答？被调离是我永远的伤痛。其实我知道，这四年，我的作为无法让领导满意：那所学校的少先队活动搞得全国有名，记得一个同事在本子上贴了很多精美的树叶，得了全国大奖，我永远想不出可以让人看过眼的活动。工会要在"三八"节搞什么健美操活动，我是年轻老师，应该成为文艺骨干，但无奈从小缺乏文艺细胞，唱歌跑调，跳舞走形。教务处要比赛做幻灯片，我找了很多好玩的图片，用哥哥店里的机器放大后，覆在玻璃纸上画画。用这些图片跟学生进行看图说话写话，小朋友练习得可开心啦！但这一大摞中找不到一张画得精美、设计精巧的片子，更别说得什么奖了。电化教学实验不是我没做，而是我没有能力做漂亮，我实在没有精力搞那些花样。在 30 年的教学生涯中，我一直排斥为了形式而进行的活动。我认为阅读思想、文字俱佳的好书，对汉语的热爱就是最好的活动和思想教育。

所以，被调离也就不足为奇了，只是一颗年轻的心深受打击。

（三）高效教学的困惑

1. 疑似世外桃源

结婚后往哪里调动？我专门挑选不搞活动的小学校，我想逃离那些计划、总结、填表、开会。于是，1992 年，我调到了东市场小学（后来合并到青年路小学），为的就是抛开杂务，把精力用在教学上。小巷里的这所小学校如同世外桃源，只教 38 个学生，学校领导一星期开不了一个会，开会时间不过半小时，我有了充足的时间教学。最幸运的是，遇到了我一生的知己，时任东市场小学教导主任，后来任青年路小学校长的滕欣云。如果没有滕校长对我这样一个"笨"老师的赏识，就没有海量阅读现在的发展。

可亲可敬的滕欣云校长

2016 年暑假，我在微信谈到喜欢用好多年前老旧的笔记本电脑备课，说我那十根粗笨的指头最喜欢敲击旧笔记本电脑上的大键盘。滕校长跟起了帖：

滕校长：这么多年了，小韩依然在教学上下这样的实功夫，无论经验已有多少，无论年龄体力如何，这样的笨老师多了，实在是教学的大幸。

韩兴娥："小韩"的称呼永远亲切如初！在青年路小学的十多个春秋是心底最温暖的记忆。那些曾经的美好，依然是现在和将来的美好！十年前滕校长对我这样一个笨拙但认真的老师以绝对的信任才有海量阅读之花今天的盛开。2000 级、2007 级学生和家长数次告诉我"上中学后学语文轻松"。在时而艰难时而幸福的"海读"之路上，前行的动力从来不是名利，而是这些温暖的感受！永远感恩！

滕校长：小韩虽然"笨"点儿，但在教学上的用心，的确是值得绝对信任！更何况这点儿"笨"表现在教学上就是不耍花招、不投机取巧和年复一年的实功夫！

90 多岁的庞健行老先生，曾是广州的教研员。一直欣赏我和陈琴的经典海读教学。

小韩不笨，是老实人干老实事。小韩也快要成为老韩，受惠者也不断成长，鲜花已结出又大又甜的果实。事实胜于雄辩！

当时，在滕校长眼里，当班主任和语文老师都不遗余力的我是最优秀的老师，我的笨拙、任性都瑕不掩瑜。后来，评选区教学能手，她先让我参评语文学科，我没评上；她再给我机会参加思想品德学科的能手评选，我又没评上。我任教的两门学科都没能评上教学能手，滕校长说再重新来，第三次参评语文教学能手才勉强评上。我一直认认真真地参加教研活动，努力掌握时尚的语文教学方法，看课例，读杂志，忙得不可开交，但无论怎么努力，我只要借班上公开课，就上得一塌糊涂。我的应变能力和心理素质极差，是个彻头彻尾的笨老师。

离开公开课，在自己的课堂上，我当时真是精力充沛，写了许多"下水文"，为学生修改了许多文章，学生的作文在各级刊物上发表了 30 多篇。

春　雨

早上，睁眼向窗外望去，地面湿润润的。原来昨夜一场春雨滋润了鸢都大地，而我一夜酣睡，错过了体味这久盼的雨中情趣。

上午第二节课后，绵绵细雨又悄悄洒落。孩子们欢笑着扑进雨雾，仰起脸、眯着眼，让凉丝丝的雨点任意滴在脸上、嘴里。啊！看他们陶醉的样子，那雨珠大概是甜丝丝的吧！我伏在阳台栏杆上望雨：雨像针尖一样细，像柳絮一样轻，一串串、一丝丝，密密地向大地飞洒，似乎要洗净残冬留下的斑斑痕迹。雨细得几乎让人看不见，我伸出手去，手心上落了许多小米粒大小的水珠，一会儿便消失得无影无踪。孩子们学我的样子接雨珠，雨珠落在胖胖的、嫩嫩的小手里，一张张笑脸灿若鲜花。栏杆上挂着一个个半圆形的大水珠，慢慢地滑动着。快看啊！两滴碰到一块了，渐渐拉长，半圆形变成长圆形，颤动着……哎呀！滴下来了！孩子们欢呼雀跃。水珠不断地相撞、颤动、坠落，我的心沉醉在这晶莹剔透的世界中。

雨丝拂面，我漫步在校园中，雨滴在脸上、脖子上，痒痒的、凉凉的，听不到淅沥的响声，感觉不到雨浇得淋漓。刚换了新装的草木舒展着鲜嫩的枝叶贪婪地吮吸着春天的甘露，在雨雾中变得分外青翠。校园里的月季花虽然还未开放，但青枝绿叶映衬着孩子们的笑脸，恍若鲜花怒放。我看见一片叶子的边向里卷着，轻轻展开，只见里面盛满雨水，像一个小小的水盆，啊！小叶子多么珍惜这贵如油的春雨。烟雨中的柳树绿蒙蒙的，如同饱含水汽的水彩画。这奇妙的春雨，正在给未来孕育怎样的景象啊！

千万条银丝飘荡在空中，给风筝节的潍坊披上了迷迷漫漫的轻纱，校园里处处弥漫着绿的芬芳。此时鸢都放飞场上已是五彩缤纷，而我只愿流连于这春雨潇潇、春意浓浓的校园，动情"细雨湿衣"，耕耘"花草树木"。

这篇下水文是我二十年前和学生一同观察的结果，观察之后，师生共同写作，后来我又进行了反复修改。十年过去了，我一直钟爱这篇文章，因为它体现了我的价值观：只愿流连于这春雨潇潇、春意浓浓的校园，动情"细雨湿衣"，耕耘"花草树木"。对热闹的世界我不向往，对华而不实的东西我不追求——我只愿和学生在一起。在那一届孩子面前，我是和蔼可亲的老师，不急不躁，因为我有时间、有精力跟他们慢慢磨。

有一段时间，我的学生天天接到汇款单，那是我教学生涯中学生发表作文的最高峰，在上级教育部门组织的作文竞赛中我的学生获奖率也很高。我家成了学生的图书馆，放学后、节假日，家里经常挤满了学生。那也是三十年工作生涯中用心最专、下功夫最多的一届。我的教学成绩得到了家长和同事的称赞，但我自己并不满意，如此执着地付出，还是存在学困生。并不是学生智力有缺陷，也不是我没有努力，只是因为我还没有找到有效的教改措施，大量阅读的教学还没有落实到每一个学生身上。在一片赞扬声中，我却感到迷茫：以后，我还有这么多的精力投入在教学中吗？有什么好方法能让学生从"要我学"改为"我要学"？老师怎样才能从艰辛烦琐的工作中抽出身来，享受轻松的人生。

2. 烦恼涛声依旧

后来，青年路小学与东市场小学合为一所学校，班级人数增多。做了妈妈的我已没有大把的时间慢慢地和学生磨，于是我又陷入了教学的困境。常常是从四年级或五年级接一个班，每个班里都有几个厌学的学生。不管吧，觉得学生年龄还小，轻言放弃太可惜；管吧，总是让他们气得半死。我为天天啃课本烦，为学生磕磕绊绊地不会读书烦，为天天批改那些文理不通的作文烦……几乎每天都在经历急躁气恼的炙烤，星期天也不例外，因为在学校里看不完的作文和卷子常常要带回家看。我又陷入了气急败坏、弹尽粮绝的狼狈状态。已过而立之年却毫无成绩的我在艰辛烦琐的工作之中唯一追求的，只有让自己的教学生活轻松一些，烦恼少一些。

但眼前的烦恼真不好解决。

（1）唉！又要听课。

我最厌烦听课前早早地打招呼，既然得到了通知就不能不做些准备，讲课前的那段时间便有了一大心事，不是担心自己讲课不精彩，就是担心课堂上学生配合不积极，发言不踊跃。于是一次次地动员，一遍遍地演练。为了四十分钟的一堂课，要耗费掉师生若干节课的时间。对于这些准备工作，许多教师不喜欢做但又不得不做，自己费心劳神不说，学生更是得不偿失，他们要陪老师"排练"，浪费了时间，浪费了精力，更浪费了感情。

我陷入苦思冥想之中：有什么样的办法，在课前略做必要准备的情况下，使每一堂课都能出现一个又一个"亮点"呢？譬如学生精彩的朗读，鲜活的课堂语言，丰富的知识，深刻而又独到的见解等。

（2）你还是中国人吗？

那几年我一直任教小学中高年级，经常令我感到头疼的是，中高年级的学生常常读不熟课文。如果在学课文前不郑重其事地布置预习，那么，总会有半数以上的学生把课文读得磕磕绊绊。为此，我曾经采取过许多办法，但是，高年级的语文教学任务繁重，光是批作业、改作文就让师生忙得不可开交，哪里还有更多的时间放在读课文上。于是，学生在课上读不熟课文的现象也就屡见不鲜、见怪不怪了。面对那些上了四五年学竟不能流利地朗读课文的学生，我生气地问："你还是中国人吗？会读中文吗？"我反复思考，怎么才能让学生随手拿过一篇文章就能流利顺畅地读下来呢？

一般情况下，高年级的课本每册一类字不过 100 多个，二类字的数量也明显低于中年级。但是，尽管每个学期都要复习十几遍，临到考试时，诸如"给二类字注音"这样的题目，照样有相当多的学生出错。我无可奈何地对学生说："你还是中国人吗？认识中国字吗？"

我教高年级时，常常为学生不会读课文而生气，更为了批改他们的作文而苦恼。到处错字连篇，添字漏字，读半天也不知所云。提起笔来，耐着心性一句一句往下顺，十几分钟批改不出一篇，那滋味就如同喝中药，不得已忍受着，一口一口慢慢喝，苦不堪言。我揉着因看作文而酸痛的双眼，苦着脸对学生说："你还是中国人吗？会运用中国的文字吗？"后来的"课内海量阅读"教学，我把大部分时间用到了阅读上，尽量压缩作文时间，与我个人对阅读的爱好有关，更是因为与当年批阅学生作文伤了"胃口"有关。

听着外界对语文教学的一片责难声，目睹自己费了九牛二虎之力教不成才的学生，唯有叹息和无奈罢了。什么时候才能改变这种状态呢？

不惜挥洒汗水，却没有结出理想的硕果，我静下心来审视自己的教学。

阅读教学中两个显而易见的极端清晰地显现在我眼前。第一，过于自由的阅读。我从小爱阅读，阅读量在同龄人中算是比较高的，学生时代我的作文水平在班里达不到中等水平，工作后也最怕命题作文。为什么读了书却写不好文章？一个是极笨，学不会写作的种种范例、套话，对语言的敏感度较差；二是过度自由的阅读过程没有注重积累语言，写作时找不到适当的语言表达自己见闻感受。对于这一点，许多人有同感，其他行业的同学、朋友、亲戚多次向我提出这个问题："孩子读书不少，但照旧犯愁写作文，作文水平不见提高，怎么回事呢？怎么读效果好呢?"很多老师也向我提出了同样的问题。我们成年人也翻阅了不少书,但对成年人写作水平的提高又有多大的帮助呢? 我想,大半成年人会说,读的书都烂在肚子里了。过于自由的阅读并不是一点儿作用也没有,最起码提高了阅读速度,但"投入"(学生花费的时间、精力)远远高于"收入"(学生语文素养的提高),属于"低效"的学习。我通过自身的体会和广泛交流得出一个结论:对教材之外读物的阅读,如果过于放任自流,就会导致效率低下。所以,我以后在实验中采用的是在课堂上进行海量阅读。

第二,过于不自由的阅读。过于不自由的阅读最典型的例子就是让学生只读课本,也就是几十年来我们大家都习惯的教师教课本,学生学课本、考课本的套路。用一个学期读十万字,学生和教师都心烦透顶,语文教学的高耗低效由此产生。

这两种极端各有不利的因素,但我一直找不到出路,课外读物一直没有堂而皇之地进入课堂师生共读,无法与课本平分秋色。虽然当时我对常规教学充满厌烦,但正确的道路在哪个方向,我茫然无知,"课内海量阅读"之路的第一步,我迟迟没有跨出。

后来我采用中庸之道,在课堂内进行海量阅读教学,既保证了阅读的数量又保证了质量。课内海量阅读之路的探索过程中充满辛苦,甚至是委屈,我执着地坚持前行,因为数十年读一本课本的常规教学根本无法让我品尝到作为老师的幸福,人活着,就要成长,要追求幸福!

二、初涉海读

——为伊变得人消瘦

(一) 两本教材　大胆迈出第一步

2000 年春天,滕欣云校长让我跟着区教研室的赵主任和几个老师到辽宁东港实验小学学习。秋季开学前,滕校长说:"小韩,你教一年级吧!"我当年教一年级时的挫折感一下涌上了我心头。"你是学校的业务骨干,又一向认真,你不教谁能教好?"在校长的信任、欣赏面前我心甘情愿地教起一年级。区里几所学校一起订了辽宁东港实验小学的韵语识字教材，这套教材一年级上学期识字 600 个，远远超过当时通用的人教版教材。教学任务重了，但并没有领导说搞实验就可以不参加期末考试，我自己当时也没有提出不考试的要求。虽然讨厌考试前的复习，但对全国的师生都要经历的考试，我根本没有想到可以拒绝，考试已成为老师们思维和行动的惯性。一个学期下来，我好不容易把那 600 常用字教会，离考试前半个月，匆匆忙忙地从高年级学生手中借来人教版课本，读一读课文，写一写生字，做了几张卷子，就开始考试。两位平行班的语文老师都是高手，平日教学非常扎实，考试成绩一出来，我任教的班级平均分倒数第一，跟其他两个班相差 2 分，这是我任教以来最差的考试成绩，以前大多是平行班的前两名，偶尔差一次，也不过差零点几分，从来没有差这么多过。尽管滕校长在全体教师会上说："别看小韩班的考试成绩比（2）班、（3）班低一点儿，但反过来（2）班、（3）班的学生想认识一班孩子会认的那 600 字是很困难的。"尽管校长为我的考试成绩低找出了理由，但忙活了一个学期，竟然带着倒数第一的成绩过春节，心里很是不舒服！

2000 级青年路小学毕业照

韵语识字教材一年级下学期的识字量是 900 字，我带着学生天天摸爬滚打，好不容易提前三个星期学完。学生天天一个一个排队找我检查生字，小林等几个学生每次都信心满怀地排队，轮到他检查时就把生字忘记了，一次又一次排队，一次又一次没通过检查，一次又一次气呼呼地回到座位再学习。小林那张因遗忘而生自己的气又迁怒于人的面孔每天在我面前出现数次，天天面对为数不少的总是因忘记生字而失落气恼的学生，我的心情能好吗？

　　一年级下学期，复习了三个星期，期末考试见到卷子时，我心中就有些窃喜，因为试题很少有选自课文死记硬背的内容。阅卷结束，果然不出所料，我班优生（90 分以上）数量超过其他两个班的总和，我抖着那张成绩单向滕校长报告好消息。十多年过去了，滕校长坐在教导处沙发上笑眯眯的样子至今依然清晰如初。二年级时，全区抽考我任教的年级，我们学校成绩全区第一。三年级时潍坊市教研员薛炳群老师听我的课时，我班成绩全优，100％的优生率。优异的考试成绩向家长一说，家长也打消了顾虑，从此不再跟平行班学生比较得失。考试成绩好了，多学一点儿都是收获；考试成绩差了，虽然多认识了生字，多读了书，但考试成绩稍差一点儿，还是亏得多。一句话，在中国搞教学实验，先过考试关才能行得通，否则，只能在来自家长、学校等各方面的压力之下夭折。对 2000 届学生家长，当时我没有感觉到他们最大的好处是很少把手伸进课堂去干涉老师的教学，后来，我领教了那些高学历的家长对老师的怀疑干涉后，我从内心深处感激青年路小学的家长们。青年路小学的家长多是下岗工人和小商贩，他们没有时间，更没有能力辅导孩子，但认为老师的话都是正确的，对我那些尚处在摸索阶段的不成熟的教法毫无异议，任由老师折腾，只要不要求他们辅导孩子学习就行。我永远感激他们给了我一段自由地横冲直撞瞎折腾的时光，我才得以在正确的大道上伴着一个又一个小错误前行。否则，如果第一轮实验面对的是有学历有地位的家长，我的教学又确实存在种种不足，而对质疑和指责，我的倔强能支撑到底吗？现在终于踏出了课内海量的通衢大道，我最应该感谢当年的家长。现在想起 2000 届每一个学生、每一个家长的样子，内心都流淌起欢快的溪流，永远感恩！

（二）比赛读书　不求甚解欢乐多

　　2000 届学生在低年级重点学习韵语教材，快速学习人教版教材应对考试，我被迫实现了从一本教材到两本教材的转变。这种转变越来越显示出效果。

　　实验进行到二年级下学期，大量的识字任务已完成，我想：这学期得好好做做练习、卷子，争取考试得高分，这毕竟是人人盯着的事情。但没想到横生枝节，我想备考的愿望被冲击。一天，教研室赵主任听我的课后说："全班学生没有一个差生，只要你一在屏幕上打出填空题，学生就都念念有词，一个不落地在读书背书。但我听了一节课，没弄明白这节课你讲的是什么。"

为什么专门研究教学的领导没弄明白我在讲什么？因为我的教学根本没按常规进行，常规的教学形式、套路被我抛得一干二净。整节课，我很少讲，都是学生在读一读、背一背。我先告诉学生自己读哪部分文字，他们就七嘴八舌地读；然后我在屏幕上出示口头填空题，学生根据口头填空题翻书背诵；最后开火车一人背诵一句。多长时间读完背完一篇文章，我也没有预设，什么时候完成就什么时候进行下一篇，一节课能学几篇算几篇。形式单一，但内容是新鲜的。

赵主任认为我的学生个个优秀，打算让我两个月后带学生到全省的创新教育现场会上展示朗读水平。我听后真感到头痛。尽管我的学生朗读水平比同龄学生高一些，但他们还有许多常用字不认识，读儿童故事还可以，其他材料读得少，而且其中笨嘴拙腮的学生为数不少，一旦到了全省的会上，岂不是给区教育局丢脸？

怎么办呢？无奈之下，我带着学生以很快的速度在一个星期读两本教材，用不到一个月的时间把三、四、五年级（六年级学生正在天天抱着课本啃，借不到）语文课本"扫"了一遍。滕欣云校长听我了一节课后在全体教师会上表扬若凡读得感情充沛，同事谭老师立马把若凡带到她任教的四年级读书，我班的小才女若凡一紧张就读得一塌糊涂。到了全省的会上孩子们集体紧张了怎么办？还是滕校长办法多，她安排数学老师带学生做课间操，我留十个学生到中高年级比赛读书，每天都有一个班学生在教室等我的十个二年级学生去比赛。在六年级的教室，看着比他们高出许多的哥哥姐姐，我的学生也曾胆怯过，也曾因为读得速度太快对课文的熟练程度不够而失败。我发现学生的问题总是出在生词读不流畅，他们不知道哪是一个词而乱停顿，于是我把六年级课本中有一定难度的生词做成投影片，一节课就能把一本课本上的词反复读数遍。再次和六年级学生比赛朗读时，我的二年级小学生读得无论流畅度还是感情的抒发都比六年级的学生明显好一些。再从六年级教室的书橱中任拿一本大家都不熟的书读，我的学生的优势就更加明显了，学生的口才和胆量得到了锻炼。

后来，创新教育现场会没有调我的学生，但学生的朗读水平上了一大截，为中年级的"两周学完一本语文课本"奠定了基础。

这段经历也改变了我的观念，当时看来是"拔苗助长"的海量阅读完全可行，把大量的时间用到读教材之外的书上，并没有对考试成绩产生多大影响，而这些囫囵着吞下去的文章为学生以后的发展起了不可估量的作用。这段被动"海读"的时光拽拉着我又一次远离了天天为考试做准备的教学，我曾经和所有的老师一样，都不由自主地把精力放到了细读课本、做练习备考上，虽然厌烦但还是天天依照惯性前行。这次我们师生被动离开大家走了数十年的轨道，果实结得又大又美：孩子们的阅读能力飞速提高。学习的过程也非常美好：学生不用回答老师一个又一个问题，而是在读读背背过程中一次又一次证实自己的能力超强，一遍又一遍得到同学和老师的赞美；老师和学生读一篇又一篇新文章，强化诵读生疏的词汇，不用去抠那些习题的细节，而是简简单单地读书，老师跟学生一同在阅读中成长。成长的感觉真惬意！无论什么年龄的人都渴求成长！

（三）热爱阅读　百万文字不稀奇

跌跌撞撞地走过两年，学生升入三年级后突然"聪明"起来：最弱的学生作文也写得通顺，不像往届学生那样写一些莫名其妙的句子让老师"猜"；课文略略预习就能流畅地朗读，读不了几遍就能背过；遇到生字很容易记住，完全不像在低年级时那样总是遗忘。一本十万字左右的书，精读用两个星期，略读用一个星期。精读的文章多为生字词较多或学生理解起来有一定难度的文章。一个课时学二至四篇，先运用各种形式读书，例如听录音读、"开火车"读、自由读等。教师直奔中心提出问题，提出的问题力求涵盖全文，帮助学生理解、朗读课文。语文课本已经在二年级简单读过一遍，重新再读速度出奇地快，只用两个星期，大部分学生把课文背过了。三年级上学期期末考试，全班学生的成绩都是"优"。

潍坊市教育局语文教研员薛炳群老师来我校随堂听课，当时薛老师当语文教研员时间不长，他没有按语文教学的"规律"来衡量我，对我十分钟学一篇课文的做法大加赞赏。后来他写道：

2003 年 3 月，为落实潍坊市教育局提出的"开展教学效益年活动"，我和潍城、奎文两区的小学语文教研员来到青年路小学开展调研活动，时任青年路小学校长的滕欣云急忙告诉我："薛老师，我们学校有一个特殊的老师，她的班不但把三年级的课文学完了，而且还学五年级的教材了！她的这种做法对不对，我们也不敢肯定！"我当时感到很惊奇，于是决定听韩兴娥老师的课。因为是随堂听课，我带着很多疑问走进了韩老师的教室。韩老师这节课讲的是《飞机遇险的时候》《千里跃进大别山》和"积累运用七"中的《送元二使安西》、短文《李四光》。学《飞机遇险的时候》时韩老师只提了一个问题飞机遇到什么危险？周恩来同志是怎样对待危险的？默读，思考这两个问题的答案在课文的哪些段落。再通过朗读来表示你对课文的理解，或者谈一谈你的理解。学这篇课文韩老师只提了这一个问题，学生或者朗读，或者谈理解，十分钟便结束了这篇课文的学习。教学《送元二使安西》这首古诗仅仅用了五分钟，韩老师问王维做了一件什么事？送别时环境怎样？送别时说了什么？学生都顺利地答了出来。韩兴娥说："从同学们的回答来看，大家都已明白了这首诗的意思，我们就不必逐句解释了。'浥'是什么意思呢？老师不懂。"只听"唰"的一声，学生迅速地从书包里、抽屉里拿出了《新华字典》，看到学生那一本本翻得破旧的字典，我感到大吃一惊，那得需要多少次才能将字典翻成这种样子，这个班的学生肯定有着特殊的学习方式。听完课后，我的很多疑虑，比如，"情感、态度、价值观"怎么落实，"作者的思想、编者的意图、教师的理解、学生的知识"怎么统一等，基本消除了。我高兴地当即对全班学生说："你们都是小天才！"

薛老师快要离开学校的时候，我把学生现场写的习作拿给他看，全班 48 个学生的作文一份不缺。我对他说："你夸我们班的学生是小天才，他们可高兴了，就用小自习 30 分钟的时间每人完成了一篇《我是小天才》。"接过饱含学生稚嫩童心的习作，薛老师和其他几位教研员边读边赞叹不已。他了解到学生的写作能力来自平日的大量诵读，就让我对学习的书目进行统计，看看到底一学期能读多少字，于是我开始了四处"搜书"的行动。首先是到学校图书馆翻看，我教学的特点是全班在同一时间内共读同一本书，课外书像课本一样读，图书馆中只要同样的书够 30 本，可以供同桌共读一本，我就搬到教室里集体学习。图书馆里的书学完了，我的目光又盯上了教导处负责发的报刊，那是全校各个班订的，在发下去之前，我先带到我们班让学生读。因为不是我班学生自己的书，担心损坏，所以一本杂志只读一两天就收上来。当环境迫使你两天教完一本书的时候，我也能用两天时间让全班所有学生都浏览一遍，并认读生字，交流理解，还能背诵一部分填空。我还是依照惯例，把书中的表现力强的句子做成填空题投到屏幕上考一考学生。在这考一考、比一比的过程中，学生养成了自觉积累语言的习惯，哪怕是看着玩的书，边浏览边诵读其中部分词句。有了满腹经纶、胸藏万卷的积累，一定会有出口成章、下笔成文的表达，学生的作文自然会很出色。后来，我们全班学生都主动订《小学生拼音报》等报刊。

三、四年级，我就靠着这样到处"搜刮"，一学期竟然轻轻松松共读100多万字，如果有充足的书，会读得更多。

市教研员薛炳群老师与一线教师研讨

教研员薛老师第一次听我的课时，除了因为我的学生优秀而高兴，还因为我的相貌、打扮都普通而高兴。因为时任潍坊市教育局局长的李希贵先生希望找到一般学校、一般老师、一般生源能做的大量阅读实验。像我这样淹没在人群中毫不起眼的老师就成了典型。那几年有幸多次聆听李希贵对语文教学的见解，才知道原来在教育专家的眼里大道至简、道法自然，语文教学毫无深奥的道理可言。

有个老师问李希贵：语文的工具性、人文性怎么体现？情感、态度、价值观如何体现？

　　李希贵回答："你不要思考这些问题，学生会读书、会作文就体现了工具性，读书的过程就是对情感、态度、价值观产生影响的过程。我们多考虑自己当年是怎么学好语文的，然后迁移到教学中就可以了。"

　　"想想自己当年是怎么学好语文的"是"己所不欲，勿施于人"的体现，老师自己喜欢清清静静地过双休日，就少给学生布置家庭作业，老师讨厌有人在耳边喋喋不休，就把课堂上的话语权还给学生。

　　"想想自己当年是怎么学好语文的"是"道法自然"的体现，"人法地，地法天，天法道，道法自然"，自然之道简单易行，而多少年来我们语文老师却偏偏舍简单求烦琐，舍质朴而求华丽，舍大道而走小径。

　　"想想自己当年是怎么学好语文的"，李希贵的这句话时刻提醒着我。语文教学的最高水平就是返璞归真，引导学生爱读书、会读书、善读书，便是我们追求的目标。

　　李希贵告诉我的都是如此"简单"的道理，每次听李局长谈语文教学，我都如沐春风，而我带领的学生，也酣畅淋漓地沐浴着自由呼吸的教育之风。

　　2007年暑假，已到北京工作的李希贵先生给了我《道尔顿计划》《合作学习》《积极学习》等几十本从英、美翻译过来的书籍，一个假期"啃"了20多本书，又一次惊奇地发现我那些摸索出来的做法竟然能从中找到理论支撑。风行欧美的"道尔顿教育计划"能够给学生以独立学习的自由，给教师以自由组织教学的权利，这也是我的"课内海量阅读"所追求和实践的主旋律。道家的"大道至简，道法自然"确实是千真万确的真理。江苏的特级教师陈耀方校长喜欢带着他的团队"到李希贵的老窝看看"，多次来听我的课。李希贵的关注给了我源源不断的动力，我不会让到他的"老窝"看看的人失望，也不愿让他失望。

（四）海读经典　书香人生奠基石

　　潍坊市教科院组织了一系列的推介活动——韩兴娥教学艺术现场会，请省城教育专家鉴定……当电话打给山东省教育报刊社总编辑陶继新先生，请他下星期到潍坊听我的课时，陶老师说他正在潍坊，明天就可以去听课。我虽然平日抓紧一切时间读书备课，但最讨厌公开课之前那折磨人的"磨课"。于是陶老师一走进我们的教室，我就忐忑不安地把《中华上下五千年》上册塞进陶先生手中，由他任意指定一篇，让我们师生当场学习。

陶继新先生听课后的感受摘抄如下：

第一次听韩兴娥老师的课，给我的震动之大是始料不及的。她用的教材是《中华上下五千年》，教授哪篇课文不是早准备好的，而是让我当场来指定。刚一上课，翻开这本多达 60 多万字的"教材"，才发现文章大多选自《史记》和《资治通鉴》，每一篇"课文"都是由一小段文言文和相关白话的史料两部分组成。随手一翻，是现行统编教材高中语文中的《鸿门宴》一文，于是就说，就教这一篇吧。说完之后，又心惴惴，生怕自己的率意而为有可能造成这堂课的失败。但韩兴娥老师平静得如一潭波澜不惊的湖水，从容自若，她先让学生"开火车"读一遍，纠正了错误读音，然后便由学生自由朗读。不长时间，便要求学生背诵古文，并就文中的一些问题进行争辩。她提出一个问题，学生抢先发表个人意见，假如达不成共识就会引发争论，有时候会自然形成观点对立的辩论集团，各自引经据典，试图说服对方。学生的思辨欲望被激活了，她却成了旁观者。12 分钟，教学任务完成。她让我再选一篇。在惊愕未定中，我又选了《楚汉之争》一文。同样，10 多分钟之后，任务又已完成。其后又教授了《古诗三首》。这种教学看似"不求甚解"，其实教学容量之大，学生获益之多，是我在其他课上绝少见到的。

其实我的内心一点儿也不平静，只不过学生因为大量阅读而比同龄的孩子优秀，课绝不会差。因为这节课没有事先的演练而真实，陶老师记住了我这个老实真实的普通老师，后来一直主动无私地提携我，他是我最敬重的师长。因为学生的侃侃而谈，陶老师把我也误以为是博学多才的老师，但我不是，我仅仅读了一点儿教育报刊、学生读物、教案论文之类的书，而对陶老师酷爱的经典，我几乎一无所知。"亲其师，信其道"，为了对得起陶老师的赏识，我也读起了这些毫无趣味的"老古董"。但咬着牙苦读的日子我坚持不了多久，大量阅读又一次成为包治百病的良药——我把书店里诠释《论语》《道德经》的所有版本都买回来和学生阅读、讨论，读经典我们没有基础，但读白话文还是颇有兴致，于是把曾让我们师生头痛不已的经典读得有滋有味。2006 年上半年，陶先生的文章引来了全国各地的同行听课，我们师生高谈宇宙之奥秘，纵论天下之文章，妙语连珠，有华章迭出之美，激扬文字，呈大气磅礴之势。陶先生引领我和学生走进了古代经典的瑰丽殿堂。在教学相长的过程中，我体会到了与圣人为伍、与经典同行的快乐，异彩纷呈的节目在我眼里失去了吸引力，读书成为幸福之旅，教学变为愉快之行。我和学生在高年级研读了与《中华上下五千年》的故事相关的文言文，通读了《论语》《道德经》，有经典垫底，作为老师，我有了底气。

2016 年春节，我把和陶老师的近照发到学生微信群中，乔彦聪立马认出是陶老师，十年前，他还是一个孩童时的那次见面，现在竟然还记得。

陶继新先生与 2000 届学生座谈

2007 年，我调动到高新区的北海学校，跟 2000 届学生大多失去联系。七年后，这届学生读到大学时，联系又多了起来：

我越来越思念小学时韩老师带我们走过的那段阅读的美好时光，现在我在大学学的是商务英语，有一门课是国际贸易，里面有很多经济学理论艰涩难懂，但用老子的思想加以解释就会变得非常浅显……是那段读书读得近乎疯狂的日子让我真正成长起来。

——2000 级学生曾祥君写于大二

韩老师，我已被保送清华直接读博士学位。我虽然是理工科学生，但小学时学的《论语》《道德经》对我的人生观、世界观影响特别大。感谢老师您的教导。

——2000级学生乔彦聪写于大四

　　韩老师，小学毕业已十年了，同学们相聚时常常回忆小学时阅读的快乐。当时，我们每天因为读到美文而开心，为学到诗词警句而兴奋，为知晓历史兴替、纲常世理而高兴。正是小学时对阅读的热爱，使我从小到大一直对语文课充满兴趣也饱含信心。我现在已保送南开大学攻读世界经济专业。孩童时读经典所树立的人生观使我在学习和生活中都能坚守"人一能之己百之"的恒心和"己所不欲勿施于人"的宽恕胸怀，这是我能够不断有所收获的原因。而今所学的经济学，更需要先贤论举与经世济国理念的结合。我今后会努力攻读，不负诗书，不负光阴，不负师恩！

——2000级学生任伟正写于大四

经典的馈赠

　　2017年春节，2000届学生曾祥君在微信上跟我聊天，她大学读的是英语，已经毕业，在培训机构教3岁到7岁幼儿英语。春节期间，她在家读书，拍了几张正在读的页面发给我看，我们开始了下面的对话。

　　曾祥君：韩老师，中间那段古文我们上小学读《中华上下五千年》的时候学过。

　　韩兴娥：姜奕彤毕业后教六年级，她正在教学生读《中华上下五千年》，其中很多是你们在小学学过的，编写体例和你们小时候读的三本《中华上下五千年》完全一样，也是前面是古文，古文后面跟着历史故事。

　　曾祥君：我在看汉语言文学的书，遇到好多都是小学您给我们打印在纸上读的文言文。现在自己当了老师才真正体会到您当时在我们身上付出的心血。更能理解如果不是真正热爱教育，为了孩子，是不会花那么多时间和精力的。

　　韩兴娥：大部分老师都盯着学生的分数，力求把平均分整到98分的老师是以牺牲学生以后的发展为代价的。取得那么高的考试成绩，家长、领导都会对老师满意，但要取得那种高分要付出的代价太高了，小学生得付出多少时间、精力去重复读课本、做练习？有时间读点高品质的古文多好！小学老师教古文是为她人作嫁衣。你们毕业快十年了，现在知道你在学习汉语言文学，真的很欣慰，我十年前的付出没有白费。

小学老师教学生什么是最重要的？一个班考试平均成绩能轻而易举地到90多分就可以了，老师就不要再把精力放到追求更高的分数上。平均分超过95，如果还想再提高，那就是一种极端自私的做法。当老师的不能光为自己当下的得失荣辱努力，更要为学生的未来打算。学生未来的发展远比当下的"满意度"重要。

你读汉语言文学做什么？考学历？

曾祥君：虽然我现在教英语，但喜欢有空就看点语言学方面的书。语言都是互通的。授人以鱼，不如授人以渔。的确，语言类的学科，没办法立竿见影。试卷上的分数太局限。我想考对外汉语，将来能有机会去孔子学院工作，汉语言文学永远是我的最爱，即便毕业了，只有看这类的书才能让我心沉下来远离浮躁。况且我有英语优势，把这两者结合起来，学习工作两不耽误。

韩兴娥：毕业了还读书，想起你小学时把那几本厚厚的诠释论语的书读完的往事，就能预测曾祥君不论将来能不能做出世人眼中的成绩，但一定有充实奋进的人生。祝福你！

刚才聊天，你用手机还是电脑？（心里话，如果用电脑，就让她整理这聊天记录，看看当年的学生是不是能恰当地取舍进行编辑，用手机就我自己整理）

曾祥君：我用手机呢，在看《诗经》中这一章呢，和您聊聊天，换换脑子。还记不记得我当时是咱们班为数不多背过《三字经》的？（补充：2000级学生是在五年级读的《三字经》，草草读完了事，没有时间像现在低年级那样慢慢背）

"曰国风，曰雅颂，此四诗，当讽咏。"当时背的《三字经》中的一句话，是现在正在读的《诗经》中的一个知识点。

韩兴娥：曾祥君，你小时候"啃"书的劲头比你学会了什么更重要。韩老师以你为荣。我在现在的家长群和海读群中现场直播和你的聊天："她读的书多么艰涩，但她主动在读。我为这样的学生自豪，工作了还这么爱学习，尤其爱读经典。"

曾祥君：哈哈，韩老师，乔彦聪大班长现在就读清华名校给您争了光，好多同学以优异的成绩从名校毕业给您添了彩。我只有一张普通的大学文凭，没法让老师自豪，但我会一直努力。您了解我，我不聪明，但是很倔，别人是不撞南墙不回头，我是撞了南墙也不回头，学习是一种习惯，日子还长呢，我会努力的，虽然我进步得很慢。

韩兴娥：你热爱汉语，就是我最大的自豪。每次听到知道当年诵读经典对你们产生了良好影响，我就觉得特有成就感，你的生活态度，是经典给你、给我的最大馈赠！

三、扬帆远航

——课内海读显威力

2007 年，我调到高新区北海学校，北海学校的家长多为公务员和大学老师，他们关注孩子，关注老师，对教育的要求很高。在这里，我遇到更大的挑战，也承受了不少的委屈，但什么困难也挡不住我海读的脚步，课内海量阅读实验更加精益求精，我的海读之路越走越宽广，海读之花越开越美，海读之果越结越大。

2007 级学生毕业照

（一）在被质疑中完善课内海量阅读的细节

通过一轮实验，我已认准海量阅读进课堂是绝对正确的方向。但阅读什么书才能轻负担高效率，通过什么方式阅读才能学得高兴学得扎实？具体的细节还是在探索过程中。2007年秋季，我调到北海学校，面对大学老师、公务员这些高学历的家长，我这尚不完善的课内海量阅读教学一直有家长质疑。教学方法尚不成熟，我个人存在急躁等很多性格上的缺点，教学方式上也缺乏创新，所以不免单调乏味。我两个星期教学完课本的速度快，在很多老师和家长看来都是极端行为。对我的教学，家长们一直存在质疑。

大量阅读教学正确与否，在2000年刚开始时，我自己都质疑过，所以家长质疑不足为怪。6年的汗水和智慧培育的学生上中学后是不是优秀？家长只能听我和个别与上届学生有联系的人转述，而没有机会亲耳听上届学生和家长说。即使亲耳听过，全班学生99％的学生表现优秀，唯一不优秀的那1％也会认为我与众不同的教学是造成他家孩子弱的原因。我一次又一次体会枪打出头鸟的悲哀，也深刻明白因循守旧安全，改革创新危险的道理。我也曾一次又一次地听从个别家长的建议，在课本上多耗点儿的时间和精力，少读一点儿课本外的书，少读一点难度大的文言文……但我的经验告诉我，那是对学生的终身发展不负责。

2007—2013年这6年，是我的教学方法逐渐成熟的6年，是和统治教坛数十年的"扎扎实实教课本"的常规理念不断碰撞的6年。这帮家长对教育教学标准高、要求严，他们不断怀疑海量阅读是不是增加了学生的课业负担，会不会造成孩子学得不扎实。使我在憋气窝火的同时不断反思改进自己的教学方法，每个学生都成功的"星级达标"理念逐渐形成，教法逐渐成熟。

其实这6年的海量阅读教学为我赢得了无数的粉丝，是我的事业突飞猛进的6年。每年最少一次上千人的研讨会，我的学生是会上耀眼的明星。这里不讲那些辉煌的业绩，只谈曾经存在过的问题和解决方案与大家共勉。

1. 家长的质疑之一：海量阅读速度快，学生学得不扎实

有的家长说，新授的内容，只读三五遍就过去了，以后没再复习，这样全部忘记了，学了等于没学。儿歌和白话文故事，我的确是和学生诵读几遍就完事了，不再复习。为什么这样？因为读这些书的目的之一是识字，目的之二是为了在海量诵读过程中，在见多识广中形成流畅的朗读能力，通过大量诵读使学生口头和书面表达符合汉语的规范。扎实不是翻来覆去地学习课文，语文素养越来越高才是学得扎实的最好体现。如果全把精力放到学扎实课本上，即使把每一篇课文都倒背如流，也等于是在"洗脸盆里练习扎猛子",永远练不出遨游江海搏击风浪的本事。

有个家长希望我每教一首古诗,都要先让学生达到背诵默写的程度,再把解释抄写到书上背诵。那位家长告诉我,她小时候就是那样扎扎实实地学习才得以从农村考入大学。对这样的教一首会一首的"扎实",我无法苟同。我要的扎实是从最初的"学了跟没学一样",经过海量阅读后,达到"没学跟学了一样"看到任何生疏的古文,也能理解。我尽管对那位家长要求的"扎实"感到好笑,但还是在不违背海量阅读原则的前提下力求"扎实"。如《读论语学成语》第七篇中的"学而不厌、诲人不倦"两个成语,我设计了四种练习形式。

子曰:"默而识之,学而不厌,诲人不倦,何有于我哉?"

第一种练习形式:成语意思猜一猜。

_____:专心学习,没有厌倦、满足的时候。形容勤奋好学。
_____:耐心地教导别人,没有厌烦的情绪。

第二种练习形式:成语运用猜一猜。

王老师教育学生特别有耐心,对一些不遵守纪律、成绩不好的学生总是_____地教导。
要想在学习上取得好成绩,没有_____的精神是不行的。

第三种练习形式:近义成语猜一猜。

不厌其烦:_____
手不释卷:_____

第四种练习形式:反义成语猜一猜。

无心向学：_____

这四种练习的答案或者是"学而不厌"，或者是"诲人不倦"。这两个练习经过四次练习时，想不扎实都很难。2007届学生阅读《读论语学成语》时，我天天拽着那几个学困生检查，后来有个"超级巨懒"很不耐烦地跟我说："韩老师，你以后不用检查我，我都会。练习了四遍，怎么可能还不会呢？你以为我是傻子？"

后来，跟陈琴的交往中学习她的"歌诀体"诵读古文的方法，学生敲着桌子，打着节奏一遍又一遍地诵读经典的古文，达到张嘴就能诵读的熟练程度。但需要诵读到如此扎实的文本仅限于经典，不是所有的文章。

2. 家长的质疑之二：课业负担重，学困生不适合海量阅读

有的家长说读书背书的量大，课业负担重。海量阅读读书背书的量的确大，但可以做到轻负担。一是在学生诵读能力发展最快的低年级段，多读书，少做或不做卷子。学生能不同程度地练就过目成诵的本事，诵读的遍数少则一两遍，多则五六遍，就能背诵。有了这样的能力，何来负担？2007届学生宋怡心升入中学后，成绩在全年级是最出色的，最让人羡慕不已的是，晚上七点她就能把所有学科的作业都完成，速度之快令同学望尘莫及。对怡心等学生的家长来说，整天恨不得老师多布置作业，像怡心这样的孩子，不但没有负担，而且是有充足的时间做自己喜欢的事情。文迪妈妈说，孩子跟着韩老师上学，放学回家从来没打开过书包，数学作业都在语文课上完成了。语文课上，只要完成了语文的学习任务，学生做什么我都不限制。速度快的学生在语文课上把英语、数学都完成了，回家只读小说等，书包都不用打开。这些孩子占班级总人数的三分之一左右，在学校就能达到最高的阅读目标：三星标准。还有三分之一左右的学生，通过在学校的学习可以达到中等阅读目标：二星标准，如果要达最高目标，还要回家再学习。还有不到10个左右的学生，达到最低目标：一星目标。但班里总有5个"超级巨懒"，他们达一星目标也累死同桌和家长，这样的孩子的确负担好重啊。

不在课内实行海量阅读的班级，每学一篇课文要写课前预习，老师提倡买《一课三练》等练习题，零散的练习不少。同样是有课业负担，但家长觉得应该。海量阅读如果有负担，再加上孩子的考试成绩不理想，家长的埋怨就会扑面而来，认为海量阅读只适合班里的优秀学生，只有那些脑子快、基础好的学生才有精力多读。

基础差的孩子如果只学课本是不是就能学得扎实了呢？这是家长的想当然，抓课本的班级中那些学困生怎么来的？那些班级中小学时的学困生、未来中学时的学困生都不是海量阅读造成的。

要把一个班从一年级带到六年级，共度六年的时光，我恨不得所有学生都优秀，对那些基础差的孩子拖得太紧，他们的确学得很辛苦。但升入中学后，曾经在我班最差的学生也成为了整个年级中的中等学生。没有当年的负担，他们可能永远是学困生。小强在小学时读书背书都是被合作小组成员生拉硬扯才勉强完成的，他的考试成绩我记不住，但无论诵读还是理解，他都是倒数五个"超级巨懒"之一。上初一时，他冲进班级前 30 名；上初二时，他冲进班级前 20 名。我问小强等上中学后越来越优秀、越来越阳光的学生："你小学时的负担有用吗？"当年的"超级巨懒"说："太有价值了，为现在和以后的发展打下坚实根基，如果不是小学时被韩老师拖拉着多读了一些书，以我的资质，现在根本跟不上全班学习的进度。"

当家长的总是陷入"不识庐山真面目，只缘身在此山中"不由自拔，那几个孩子英语、数学成绩都差，我只是相信海量阅读有强大的力量会让每一个学生"开窍"，所以从不放弃。

顽童转化记

刘若凡

本班乐乐，乃一顽童，欲想听其事，请待我娓娓道来。

一年级时某一天上语文课时，本班同学正在津津有味地读着书，只见乐乐跷起板凳的一角，优哉游哉地晃了起来，突然，只听见"扑通"一声，再看乐乐四脚朝天，翻了个个儿，同学们见此情景，不禁哄堂大笑。为了不影响同学们上课，韩老师把乐乐"请"到教室后面站十分钟。我们继续上课，突然，韩老师的眼珠不转了，直直地盯着教室后方，我们感到很奇怪，就顺着韩老师的目光寻去，这一看，让我们又一次哄堂大笑——只见乐乐脚一颠一颠的，乐此不疲地做着"广播体操"。给乐乐的家长打了无数次电话无效后，无计可施的韩老师只好请他的家长来了。

来开"小型家长座谈会"的是她的妈妈，乐乐的妈妈来到之后，韩老师历数乐乐的罪过一、二、三……那简直是滔滔不绝，口若悬河。韩老师越说越激动，唠叨了一小时，说得韩老师口干舌燥，嗓子冒烟，她满以为乐乐的妈妈已经火冒三丈，很可能踹上儿子几脚，可他的妈妈推了乐乐一把，笑着说："你真坏。"韩老师大跌眼镜，不禁苦喊："我的天！"

此计不成，韩老师又心生一计，请来乐乐的爸爸，你想啊，男人的脾气暴躁，一旦生气可够乐乐受的。乐乐的爸爸来到学校，韩老师正准备开口，乐乐的爸爸先发话了："老师，乐乐交给你了，不听话就揍他。"韩老师一听，不禁张口结舌。

顽童后来竟然改好了。

虽然无计可施，但老师没有置之不理，下午其他同学放学后，韩老师一边批阅作业，一边听乐乐念书，日复一日……

有一天，韩老师布置的作业只有乐乐和杨超没做完，韩老师对他们说，谁先做完谁有奖。于是，杨超和乐乐埋头苦干，奋笔疾书，10分钟就完成了平时磨蹭一天也写不完的作业，他们两个你推我搡，大步流星地跑向韩老师，几乎是同时到达的，他们把作业向韩老师鼻子底下一塞，就开始争论谁先做完的。看来竞争的力量很不小。

有一次，乐乐拿着一点小玩意儿玩耍，一个同学说他私自去商品城买的，乐乐气哭了，他说是韩老师给他的。韩老师怎么会给一个差生奖品呢？大家去问韩老师，韩老师笑了，不置可否。我明白了，冥顽不化的乐乐得到了韩老师更多的关爱与奖励，只不过我们一直不知道罢了。

不知不觉中，乐乐的作业能及时完成了，成绩也慢慢提高了，由顽童变成神童了。

我是顽童

乐　乐

俗话说得好：天下没有不散的宴席，有团聚就会有分别，光阴似箭，日月如梭，六年短暂的时光就像一支离弦的箭，"嗖"的一声就飞去了，这让我联想到了庄子的一句话："人生于天地之间，若白驹过隙，忽然而已。"这句话说明了人生时间非常短暂，如果不珍惜时间的话就只能"老大徒伤悲"。

六年小学生活中，有挫折也有成功，班里充满了欢声笑语，每个角落都散发着迷人的芬芳，让人流连忘返。在上一二年级的时候，我总是成为大家的笑柄。比如：在上课的时候打瞌睡，翘着板凳摔倒在地上呀！懵懂的我总是能够让平淡无奇的学习生活变得笑声一波未平，一波又起。我上一年级时，一个夏天的下午，中午也没有睡觉，下午第二节课，酷日在外高照，知了也"吱吱吱"地叫个不停，听起来就像一首摇篮曲，让人不得不想睡觉，我的眼皮一张一合，就像一台机器老化了，工作不了了。奋战了好久最终向瞌睡虫投降了，如果不坚持，我保证半分钟就睡着了，经过长达20分钟的奋战之后，我还是"光荣牺牲"了，因为我抵挡不住瞌睡的诱惑。过了几分钟后，一阵野兽般的吼叫向我袭来，我抬起头一看，全班同学都把目光聚集到我身上，他们的笑声如野兽吼叫，这让处在朦胧中的我百思不得其解。过后，赵鹏告诉我了前因后果，听后，我也为自己的行为大笑不止。

在韩老师的书中有一篇《顽童转化记》，那个顽童便是本人——韩老师现在的得意门生乐乐。

当年那位让我恨铁不成钢的乐乐能写出如此出色的文章，那是海量阅读的功劳啊！

3. 家长的质疑之三：落后的学生总是赶不到前面，从而失去了信心和自尊

数年过去了，我一想到当时有个家长质疑孩子的自尊、信心受打击等问题，就感到欲哭无泪。难道他的孩子精读一本课本就能名列前茅了吗？难道他的数学、英语成绩好吗？人家为什么独独埋怨我！只要在人群中就会有比较，一比较就会有先进、后进，无法避免。慧慧曾多次眉飞色舞地跟我说起她在一个课外的什么班里背诗词速度很快，她在那里找到了自信，这自信的来源是几年来海量阅读的结果，但在我的班里，她永远是最慢的，很少有在规定的时间内完成任务的时候，所有的合作小组都怕她影响小组成绩而拒绝她，的确使她的自尊和信心受损。认识到这一点，我采取了一项措施：慧慧如果能按时达到最低目标，就给她所在的小组双倍积分；如果她完不成任务，不扣小组分。于是慧慧成了香饽饽，大家都抢。这样的措施，在后来的教学中，我一直实施。首先让班里最优秀的学生"认领"一个"超级巨懒"，主动认领"超级巨懒"的小组每次完成任务后，都能得到常规分数的两倍或三倍，至于得到几倍的分数，那得根据"巨懒"平日懒的水平来确定。

慧慧的家长从来不过问她的学习，随着年级的升高也没有能力辅导孩子学习，这样低学历的家长很少会质疑、责备老师，而是任由老师责备。但班里一旦有家长学历高、工作出色，但孩子学得差，这就麻烦了。那样有面子的人，怎么能受得了学历和社会地位都比他低的小学老师说他的孩子不如人？委婉也罢，直接也罢，都扫了他们的面子。于是他们在责备孩子的同时也不由自主地找老师的错：如果老师按常规教学，我的孩子就不会差了；我的孩子不优秀不是因为孩子和家长而是与老师的教学脱离常规关系密切。有了这样的心态，老师对其他学生的表扬，在那个家长看来，都是在打击他家孩子的信心。

怎么办？硬碰硬，闹僵？学生是无辜的，多少年后再见到我，学生还会喊一声老师。师生关系永远是最纯洁的。

不谈家长存在什么问题，因为我没有能力改变他，能改变的只有我自己。我的问题在哪里？我表扬的方式不对。在博客上大面积表扬学生时，没被表扬的就有不开心的了。曾经有个家长在电话中咬牙切齿地对我说："不要整天表扬台浩文、张倩雯，他们天天受表扬都习以为常了，不会起作用的。"文文妈妈说："韩老师，我看你的博客时关注的是自己的孩子达标了没有，从不关注谁没达标。但可能有的家长看到你表扬了那么多学生，心里以为大家都关注到他的孩子没达标。"一言点醒我这梦中人，原来是表扬惹的祸。那还能再表扬吗？表扬当然还是最有效的激励手段，但不能再在博客上大面积地表扬众多学生了。以后，我换成了通过飞信偷偷地表扬，受表扬的偷着高兴，没受表扬的也不用着急，不用怀疑其他家长知道他的孩子不优秀。

我和学生共同海读路上的一切障碍，我都能克服，任何障碍都不能阻挡我前行的脚步。因为海读是我挚爱的事业。

后来，我慢慢理解了这些家长，他们自己不想出力，但还想让自己的孩子学得又轻松又高效。这也是我们当老师的追求。

选择了当老师，不但要不怕辛苦，还要有肚量。家长说"整天读读背背，不过如此而已，没有什么高招。"我们应该怎么想，这是在表扬我啊！人家说的是我最大的优点啊。我引为自豪的就是海量阅读人人可为，简单易行，"泛化、玄化、复杂化"正是语文教学的弊病，常态小语教学之所以陷入目前的"少、慢、差"的困境，就毁在复杂化上面。

（二）用心血和汗水灌溉海读事业

海量阅读听起来似乎很轻松，但对于我来说，却是一个艰辛的探索过程，需要全身心投入。要思考如何对待教材，如何让一年级的学生过拼音关、识字关，作文教学如何处理，如何应对考试，如何选择适合学生的读物，面对大量的阅读内容老师如何引导与备课，等等，听起来都是不轻松的事情。

节假日别的教师可以外出休闲旅游，享受生活的美好。而我却忙着备课，准备教学资料。为了让孩子们在有限的课堂上掌握丰富的知识，我下足了功夫，把一篇篇文章、一本本书敲成课件，录制音频，做成卡片……大量的教学材料要一一梳理好，近千首的儿歌一首首敲下来印发给学生，几百首的唐诗宋词一一做成课件，凡是适合学生课堂共读的书，能买到的书都想办法买到，我曾把书店里诠释《论语》《道德经》的所有版本都买回来和学生阅读、讨论；不好买的书，我就统统敲成电子稿。我如同一位热恋的少女，课堂是我的恋人，我的爱炽热而持久。

我们伟大的祖国有着浩瀚的文化，那么多的知识只陈列在图书室的书架上真是太可惜了。于是我开始把图书室的课外书拿到课上教。当看到这些书只能拓宽孩子的知识面，却不能很好地引领学生自学时，我又开始编写海量阅读教材，《读历史学成语》《读论语学成语》等，每一本教材里都凝结着我的辛劳与滚烫的热情！为了使所编教材让孩子们学得轻松，我反复修改编写体例，不断调整编排次序；为了让孩子更高效地掌握知识，我把文言和白话编在一起，并进行系统梳理，为了确保这些文言知识准确无误，我需要一一查阅典籍进行校对，小到拼音的注解、标点的选用，大到历史框架，都要经常反复思量；为了让孩子们获得高品位的阅读，我还不厌其烦地反复锤炼润色语言……有时一坐就是一天，甚至大年初一还在忙着备课。多少年来，烦琐、无趣、艰辛、浩大而繁杂的工作成了我课余生活的全部内容，而我却乐此不疲！"课内海量阅读"实验把"鱼和熊掌兼得"的美事落在了学生身上：没有一个学困生！每当看到学生们的阅读兴趣越来越浓厚，知识越来越丰富，而且能融汇百科、贯通古今，每当看到他们表现出来的自学能力、民主意识、求知欲望，我就会高兴得像个天真的孩子！

对于习惯了常态课程理念的教师而言，这么多读本进入课堂，怎么教？它们的内容如何统一？教学的主线如何突出？常规课里那种恒定的起承转合的环节如何衔接？

其实解决的办法简单得很，因为我根本就没有考虑什么主线和衔接的事，根本没有牵引技巧，但是学生对新鲜有趣的文本自然有一种原生态的主动。我的做法就是：这一篇读熟了，问一两个问题，接着读下一篇。我的课上最多的招数就是："读"！全班读，听录音读，跟读，分小组的，个人表演读，接力读……读得滚瓜烂熟之后，就找有价值的片段或语句试着背一背。背诵的方式无非是：接力背，小组背，个人背……

有老师统计过，我在一节课上能让学生有声朗读达三十几次，读各种文字的总量能达到一万多字。同样一节课，我的学生为什么能读能背这么多内容？为什么可以自始至终葆有盎然的兴致？

因为大量不同的文章令学生有新奇感，童心天然的好奇得以满足；而教师规避了繁杂的解说，把时间让给学生自己读，使学生在课堂上始终"有活干"。各种读书形式唤起了孩子们的好胜心，每一个人都被别人关注着，也始终关注着别人的读法。这种看起来简单而没有技法的读书模式，其实暗合了最重要的课堂理念：让学生自己享受课堂，把读书的时间还给学生，给学生足够的文字营养。多年来，我就凭这简单的做法，让我的学生通读了大量的书籍。一本教材两周上完，让大量的课外书成为课内读物的想法不再是奢望。

由于忙碌和过度劳累，2011年春天，我的嗓子失声了，失声的原因是身体透支过多，严重肺虚。说不出话来，这对一位教师来说绝对是致命的打击。同事们都劝我回家养病，而我不舍得放弃教了四年的学生。我虽然只能发出微弱的声音，且只能说三言两语，但教学不能中断，孩子们的课业不能落下，于是就千方百计想办法找录音、找视频、培养学生当小老师。数年失声的日子，痛苦而漫长，我却因祸得福，发现了很多老师少讲不讲的好办法，所以我的学生自学能力特别强。

（三）无意中踏入童书出版之路

一直羡慕总教同一年级的老师因为对教材熟悉而显得轻松，而我进行海量阅读实验六年如一日所学所教都是新知识，我需要不断地学习，并且还要根据所教学的书籍进行重新编辑以引导学生进行有效阅读。所以我特别希望有像语文课本那样长时间不变的诸多"教材"。但市场上的书往往销售两年之后就找不到了，我备过课的书换一届学生再教第二遍时就找不到了，只得重新寻找合适的书，重新买书，重新备课。累！

2006年，我在青年路小学教一年级，看到学生王雪松完成作业后自己读一本儿歌。因为缺乏共读的书，我就倡导孩子在家读家长给买的书，在家读给家长听，家长签字后到校找老师检查后盖印章，所以有的学生就经常在课堂上拿自己的书读。看到这本厚厚的书价格便宜，儿歌内容轻松活泼，还可以在学儿歌的同时一举两得学习成语、歇后语等，我就让雪松妈妈告诉其他家长到哪家书店买的，那时还不时兴网购，家长都到雪松妈妈介绍的新华书店买书，于是新华书店就进了100多本儿歌，不但我班家长买，平行班的家长也主动买书。2007年，我到北海学校后再教一年级的第一次家长会上又提到这本书，王心怡妈妈主动说她是新华书店的职工，以前听同事说过我的学生家长都买这书本的事。新华书店又进了书，我班家长买完后，平行班家长再买时，心怡妈妈说出版社已不再出版这本书了。想到我还没到退休年龄，再教一年级不想重新承受选书、备课的辛苦，就按书上的电话给出版社打电话，说我会主动免费给他们宣传这本书。但出版社迟迟没再版，我只得从自己学生手中"巧取豪夺"，当时没有二胎政策，大多数家长舍得把孩子读过的书送给我。

两年后，辽宁少儿出版社的编辑马婷老师给我电话说她已把儿歌重版了，销量出乎意料的好，希望我把自己备课及学生学以致用的内容加上，再出一个版本。于是一本书变成了《成语儿歌100首》《俗语儿歌100首》等四本。四本的印刷成本提高了，为了避免出版社亏本，我动员了欣赏我海量阅读教学的校长和老师预订了三千套。永远感谢他们的帮助，才使我得以在出版儿童读物的这条路上迈出第一步。出乎意料的是这套书的销量越来越大，越来越多的老师把这四本当作阅读起步教学的教材。之后的几年，我每年都有数本学生读物出版。为我自己，也为很多像我一样在"海读"路上艰难探索的老师提供了可以拿来就用的像"傻瓜相机"一样的方便操作的书籍。再后来，我认识了朱霞骏等在"海读"路上的前行者，发现她们也像我当年一样沙里淘金，发掘出早已不印刷的老书，并在教学实践中改编成有趣高效的图书。

大家觉得"两周教完一本教材"不可思议，其实不是两周教完课本这件事本身存在难度，而是与常规相差太远，才想当然地认为难以实现。如果我们的教学常规不是一学期学一本，而是像我在澳大利亚见到的那样把大量的供全班共读的书摆到老师面前，考试内容只考相应的读写能力，而不考对课本的熟悉程度，相信诸多老师会像我一样迈开海量阅读的脚步。所以 2015 年，我们潍坊高新区教育局奖励给我一笔钱时，我马上给云南的谷米花、泗水颜延鹏等任教的班级买书，他们是我到贫困地区做公益活动时认识的老师。谷米花的学生大多是少数民族的孩子，当我见到他们共读岳乃红的学校援助的《小王子》时深感震撼，深山中贫困地区的学校开展的阅读活动比许多不缺书的发达地区要好得多。送给他们的书能发挥最大的作用。于是我前前后后给云南的这所学校送了近千本书。

云南省大理州永平县的学生读《成语儿歌 100 首》

　　无论是我亲笔写的、合作的，还是推荐的书，首先是因为我喜欢，我在课堂上教过了，学生学习的效果好。没有这个前提，我不沾边。在宣传推荐《课内海量阅读系列丛书》的同时，我们也推荐了大量与我们没有任何关系的图书。2005年，我出第一本书时一分钱稿酬没给，要送朋友一本，还要自己掏钱买。十多年后，我成为当当网最具影响力的教育名家之一，数家出版社要借我的名字出书时，如果不是我要和学生集体共读的书，我一概拒绝，绝不会为小利败坏"海读丛书"的名声，更不能误导老师们对图书的选择。十年前，没有书的痛苦和小心翼翼向家长推荐图书后的担心，还历历在目，所以，充分理解老师们的困境，绝不推荐让家长有怨言的书。相反，我心仪的书，只要对教学有利，我实践之后就大力推荐，我曾和陈琴一起向一位作者表示，我们一分钱不要，只要按我们的设想出版，方便我们上课就行。

四、享受教育

——海读热潮涌神州

2007级学生升入中学后表现突出，尤其是当年的学困生竟然也成了优秀学生，为我在当地赢得了良好声誉。2014年，我再次教一年级，这级学生家长对海量阅读的功效已少了很多怀疑，更多是赞同和支持。

2014级学生上三年级时

有了家长的支持，一切都好处理。我的班级在一、二年级不参加常规考试，不做卷子，不写句子，不写话，把三分之二的课堂教学时间用到了诵读上，真正开启了"课内海量阅读"，仅在一年级上学期就读了十多本书。两年时间，学生的基础打得足够扎实，百分之百的学生随意翻开一篇从没有读过的文章，不经预习就能流畅朗读。升入三年级后，每个学生都出口成章，下笔成文。作文、考试对经过海量阅读浸润的孩子来说轻而易举，用不了多少时间就能达成目标。我和学生们有了充足的时光畅游书海，不亦乐乎。

（一）没有学不好的母语　挣脱镣铐尽情舞蹈

凭着家长对我的信任，我在教学中有不少违反常规的做法，比如，拼音字母的书写，我因为身体弱，怕多说话，一直到 10 月才书写。比如，从来没让学生抄写过音节，直到 11 月才开始读课文，期中考试没参加……这些，都没引起什么波澜。但不参加常规的考试期末，家长们能同意吗？进行海量阅读 10 多年的过程中，一路因为考试成绩好才得到了大家的认可。如果考试成绩不好，海量阅读无论对学生的将来有多大的好处，都会被扼杀在摇篮中。这十多年来，我任教的班级不但参加常规考试，还考过初中的试题。即使考试成绩比平行班高，也还是因为个别学生没有得"A"而把责任推到我身上。为了自己热爱的阅读事业，吃苦受累我毫不在意，但承担不该承担的责任心里憋屈。个别学生考试成绩稍差，责任在学生和家长，自己不学家长又不管的学生，无论用什么教法，他都成不了好学生。数学、英语按常规教，他的成绩也不好，但家长没法赖老师。因为我的教学理念和教学内容与众不同，家长就赖上我了。依我的性格，从来做不到委曲求全，但为了自己挚爱的海量阅读实验，我不但忍受了，还力求做到全班都优秀。

2014 年再教一年级时，我内心无限渴望任性一次、潇洒一回：在低年段不参加常规考试。

12 月中旬，当我按惯例发给学生一张卷子备考时，小孩子做得一塌糊涂。讲解半天，还有诸多小朋友听不懂，于是，我的坏脾气大发，朝着学生大声吼叫。孩子们傻傻地看着我，不知为什么一向和颜悦色的韩老师突然成了泼妇。其实，泼妇一向是许多小学老师的形象，脾气急躁的我更是泼妇中的泼妇。但入学半年来，天天过着"小朋友跟我读"的简单生活，小朋友没有什么不良行为能惹起我的火气，所以我一直笑眯眯地领着读书、讲故事，深得小朋友的喜爱。一做卷子，我慈爱的形象轰然倒塌。

教学快 30 年了，一直讨厌做卷子，难道快退休了也不能任性一次？

于是，我发了一张卷子让学生带回家请家长指导着做。第二天，在家长群中问：指导孩子做卷子的感觉如何啊？几个家长带着昨晚的怒气在群中发泄。

这孩子怎么那么笨啊？气得我一巴掌就打过去了……
我把桌子都快拍烂了，讲了五遍，他还是瞪着那又茫然的大眼看着我……
我受不了了，把卷子撕烂了，麻烦老师再给一张重做……

于是，我问家长：您愿意参加常规考试吗？咱们班不参加行不行？我把做过的两张卷子分析给家长看。

卷子上的题目和孩子现阶段的年龄特点严重不符：（1）孩子会写的字太少，完成看图写话只能用拼音代替。拼音是用来读的，是识字的工具，不是写的。现在要练习写很费劲，三年级后几乎没有作用。（2）题目花样繁多，把小孩子的脑子绕晕了。小孩子思维单纯，死记硬背能力强，包括记忆字形和背诵的能力都比成人强很多。但理解能力差，我们应该把精力放到孩子擅长的事情上才能事半功倍。有舍才有得，一、二年级不参加常规考试，每学期省出一个月备考时间来读书，两年就能省出四个月，四个月的用于读书，等于多了一个学期，孩子能长进多少，家长从开学到现在孩子的变化就能想象得出。

如果家长们愿意不参加常规考试（一、二年级），就各自写写孩子读书、做卷子的不同表现，表示希望一、二年级不参加常规考试。

我以自己近30年的教学经验向家长们保证：只要现在多读书，三年级后再参加常规考试，绝对没有问题。整个班级的成绩绝对不会低。

做卷子难，不光咱们（5）班学生，其他班学生也是如此，用大量的时间搞题海战术都能练出来，但失去的更多。常规考试考与不考，家长们决定吧。

于是，有的家长写信声讨常规考试题对自家小孩子的摧残。这样的信，一篇接一篇往家长QQ群中发，呼吁不参加常规考试的声音越来越大。但还是有十几个不表态。这不表态就是无声地抗议啊。我一个一个打电话征求意见，虽然还是有的家长认为不考试实在太违反常理，但他们表示"韩老师想做什么，我们不反对，不投诉，但请把其他班练习的卷子和期末考试的卷子给我们留着，我们放寒假后自己做。"

于是在期末考试那天，我们班学生也跟着铃声走进教室。我给他们出的卷子是一页 A4 纸的"看拼音写汉字"，是从平日练习过的几页中复制粘贴的。读书读流畅，生字写正确，就可以了。一页 A4 纸的练习，10 分钟就做完，小朋友交一张，我就批阅一张。完成的小朋友就自己或几个人凑一起读书。考试结束的铃声响起时，我的卷子也批阅完了。错字多的学生，我还安排他们两天后补考。

一年级、二年级就这么幸福地过去了。我达成了两个目标：60％的学生识字量达到 3000 字，100％的学生随便拿一本没读过的儿童读物（有些历史故事中的名词不会读），随便翻到任意一页，都能比较流畅地读下来。

三年级上学期，我们参加了常规考试，发生了一个小插曲。上午考完，下午我一问学生才惊奇地知道平日能写到上千字的几个学生，因为卷子上写着作文写 260字左右，他们就很听话地写 260 字。我就借这件偶然事件跟家长聊天，说孩子考试高一分低一分并不代表孩子的能力和水平。像这次，作文字数这么少，就会被扣分，但并不能否认学生平日作文水平较同龄的孩子要高。借此机会又一次强调了我对考试的态度。

第三天，卷子到了学生和家长手中，全班学生都是一个成绩，所有的语文卷子都是 A。我知道，还有三年半的小学时光，我可以放开手脚和孩子们书海中遨游了，戴着镣铐艰难舞动三十载，终于得以挣脱。期盼中国的语文教育早日挣脱读一本书、考一本书的日子早日到来。

（二）没有教不好的学生　奖励机制魔力无穷

"没有教不好的学生"被老师们戏称"坑师"之最。这句话也确实够坑害老师的，每个老师都深受其害。但是"课内海量阅读"教学完全可以做到教好每一个学生。只有课堂上不停地在诵读，那些老是学不会的孩子总有一天会开窍的。"没有教不好的学生"首先建立在海读的基础上，奖励也必不可少。不过随着学生阅读能力的提高，阅读兴趣的增强，对知识的渴求会成为学生学习的内驱动力，奖励的作用就越来越小。恰当、长效的奖励机制还是很有用的。

1. 奖励要循序渐进

关于奖励，有人赞成，有人反对，各有各的道理。我把一届学生从一年级带到六年级，自始至终伴随着奖励，只不过表扬奖励要循序渐进，起点要足够低，奖品尽量少花钱。发给学生的奖品都是我自己个人花钱买的，花钱少，但并不意味着奖励少。对一年级小朋友来说，奖励不能来得太难，难以得到就容易让学生望而生畏。

花钱少、数量多的奖励是什么？

（1）盖印章、发卡片。

网上可以买到各种不用印泥的印章，可以请卖家给刻上"晨读、午读、守纪律、播音员、小老师"等字样，也可以要奖杯、五星等图案。给每个学生一张印了格子和序号的稍厚一些的纸，我们叫"印章纸"，老师根据表现往上盖印章。印章纸上带格子和数字是为了计算方便，盖了多少个印章一目了然。对不守纪律的学生，老师就拿中性笔在他挣的印章上划一个"十"字，这个印章就取消了。这样，家长对学生在校表现能有所了解，老师的奖（盖印章）和惩（划掉印章）就能有效控制班级纪律。

常看到有的老师在课堂上发奖品，小朋友拿到奖品就看、玩，反而起到扰乱课堂纪律的不良效果了。

各种各样的卡片也是一年级小朋友喜欢的奖品，这些卡片比印章的分值要高。我买了几包色彩、图案各不相同的名片纸来印"我真棒"，对小朋友有很大吸引力，可以用五个印章换一张。其他"播音员、小老师、读书大王、书法家……"本身就深得小朋友的喜欢。

（2）班币换奖品。

我们的班币就是在我们班内通用的"钱"，是打印的假钱。我设计的班币很简单："良好1"代指1元，"真棒2、优秀5、了不起10、品学兼优20、出类拔萃50"分别表示不同面值的班币。不同面值像真正的人民币一样大小不一，一张A4纸能印40张一元钱，小一些，方便保存。最大的一百元跟名片纸一样大就可以，大小不一，便于区别。

这些班币可以买奖品，不同面值的班币能买到不同价格的奖品。一、二年级换奖品的次数可以安排得多一些，半个月一次，随着年级增高，换奖品的次数一个月、两个月、一个学期一次。老师手中的小额班币发完了，可以让学生换"百元大钞"。

姓名 张泽源	1	2	3 真棒	4
5 早读	6 爱读书	7 午读	8 真棒	9 晨读
10	11	12	13 棒	14 好
15 小老师	16 书法家	17	18	19 爱读书
20 午读	21 早读	22	23	24
25	26	27	28	29
30	31	32	33	34

学生的印章纸上盖着各种印章

老师只要印足够数量的百元大钞，学生就乐于存很多钱。我的学生岫岫到三年级时存了六千元。这么多的钱留在学生手中，影响流通，我就给他们从网上买了存折，可以把钱存到存折上，存到存折上的可以加上利息。比如学生给我 950 元，我就在他的存折上写 1000 元。但条件是一个学期之后才能换奖品。于是爱存钱的就存，爱花钱的就花，随学生怎么做。但手中没有钱就会经常遇到麻烦。因为很多行为会得

 我是识字大王　　 我是播音员　　超级小组

 我是小老师　　北海（学校）读书大王

每节课都带到教室的一盒价值不同的班币

到奖励，也有很多行为要交"罚款"。比如上课要去洗手间，不用请假，放讲桌上五元班币就可以了；作业错误超过一定数量要交"罚款"。没钱交"罚款"怎么办？"劳动代替"吧，放学后主动到办公室找老师写点作业、背点书，来代替"罚款"。小朋友们可不喜欢放学后补课，所以手中总是留着一些备用的钱。这就像生活中一样，不能有钱就花光。

　　学生跟着录音读书时，老师有时间转来转去，通过奖或罚来维持纪律，但老师要批作业，低年级的作业最需要面批。老师一忙起来，印章没法盖、奖状没法发，怎么办？刘维丽想出了主意。她从网上买了磁性五彩旗，按座次把学生分成四排为

一个单位奖罚。老师批作业的间隙抬头看一眼，就说："一排、四排都在学习，奖一面红旗。"这一句话对全班的震慑力极强，老师站在讲台上目光如炬，一扫，小朋友们就马上进入学习状态。发现哪一排有学生不守纪律，老师就会扣那一排的红旗，扣了整排的旗可不得了，这会触犯众怒的。

老师每天当学生的面把得到多少红旗统计到表格上。每次换座位前后，根据各排得分或者发个小奖品，或者每个发相应的班币。

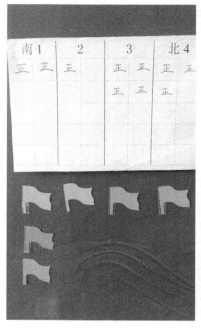

黑板上的统计表
下方每节课贴旗子

每个人能挣班币，每排能挣班币，男女生比赛也能挣，合作小组一起完成读书、写字任务也能挣。

挣了干什么？换奖品啊。我隔几个月就到小商品城的批发市场看看有没有什么新鲜的小东西哄孩子们玩。说实话，到了高年级，学生也会感觉不太新鲜了，我买奖品的钱也花得多一些。总的来说，奖励是一直有效的，一到六年级都有效。

2. 奖励小老师、团队

一个班里小老师的数量越多，整个班级进步就越快、越稳。集体教学对那些走神的、基础过差的孩子来说，效率很低，尤其是低年级，一对一地个别教学效果最好。家长是一对一教学最好的老师，但有的家长没时间、没兴趣、没能力，那么，班级内由学生充当的小老师就能发挥很大的作用。年级越低，需要的小老师越多。一年级学生读书需要小老师边听边纠正错误读音，写字需要一个盯着一个，把笔顺写正确。

每一项学习任务，前十名或前二十名先完成的当小老师。小老师每教会一个，都要领老师面前让老师抽查，抽查合格，会奖给小老师适当的印章或班币。小老师的劳动是有酬劳的，这样才有劲头。

到三年级时，我先动员几个能力最强的学生把几个超级"巨懒"邀请到自己的合作小组中，"巨懒"人人避之不及，我许诺奖励二到三倍的分数，"巨懒"们才能得以进入强势小组，强势小组一般会有两个强势小老师轮流和"巨懒"同桌，既然"巨懒"完成任务时所有小组成员都能得到高分，那么陪"巨懒"读书学习的事也得都有份。我根据学生的情况把全班划分成十二个合格小组，每次换座位，前后两排一起移动，合作小组四个人一起挪窝。这样小组成员四个人相对稳定，小组成员之间互帮互学的气氛就浓。有简单的学习任务，需要某个时间段前全体按时完成，就要由合作小组四个成员绑在一起奖励。完成得越早，小组每个成员的得分越高。比如听记课文后要改错，如果当天改不完，第二天再追就挺啰唆，保证当天完成的好办法就是以小组为单位进行奖励。发到老师批过的作业后，每个学生各人先改各人的，我的习惯是在改对的作业上盖个印章。所有组员都改对之后，由一个组员拿全组的作业来找我，我再在作业上盖一个印章，表示小组分已领取，并在下列表格上记录。这个小表格的第一行记录学习任务，第二、第三行记录每个小组是否完成。

1	2	3	4	5	6
7	8	9	10	11	12

合格小组完成作业的速度决定他们小组分的多少。比如，要求下午放学前完成，上午完成的小组分是 30 分，中午上课前完成的是 20 分，到下午放学时完成的是 10 分。下午没完成的要主动交 10 分"罚款"，并于第二天早上完成。这样，一发下作业去，小组成员就相互督促着改错，老师不用喊不用催，学生就主动地、早早地改错。采取这种合作小组奖励措施之前，为了督促学生改错，老师喊破了嗓子还总是有漏网之鱼。

到三年级时，我们班开始做卷子，我批阅了几张，对埋在作业堆中的日子很不耐烦。又打起了让"小老师"批阅的主意。于是，交得早，老师最先批阅完的前十名，错误不多、书写认真的就能当上"小老师"。"小老师"不是固定的，谁想当谁就努力争取，这样上进的学生都有希望。我的"小老师"的名字写到黑板一角，学生找了他们每批阅一张，先交给"小老师"五元班币，"小老师"有偿批阅当然劲头十足。批阅完，在卷子左下角签名。批得对还是错，"小老师"不能光收钱，还要承担责任。语文卷子的答案不是唯一的，"小老师"不能把自己的卷子当标准答案来批阅，所以他要查书、查词典、问同学、问老师，才能批阅正确。学生改完错，再找小老师交五元钱，请"小老师"批完改错，"小老师"在卷子左上角签字。最后学生找我复查。批错了要扣"学生"十分，也要扣"小老师"十分。各打五十大板的意思是告诉学生们："学生"要有自己的判断，无论谁说你错了，你都要搞明白错误的原因，要经过自己的大脑思考。"小老师"也要认真批阅，错在哪里？要给"学生"讲清楚。这样，批阅的过程，"学生"和"小老师"都有长进，"小老师"不只是批阅者，也是承担讲解的任务、指导改错的任务。当然，有偿劳动也会使他们乐于批阅。

3. 精神奖励

我买了一摞奖状，比 A4 纸稍小一点儿，用我办公室的小打印机能印。我量好奖状的尺寸，在电脑上设置好页面，印出来时，字正好在奖状的空白处。根据学生的不同情况打印不同的奖状。所有的奖状都是带着学生名字的，比学校发的那种统一的奖状在学生和家长心目中的价值就高了。需要特别表扬的事，我会发奖状。

王彦林当"小老师"教同学读书。特发此状，以资鼓励！

读某本书的过程中当上"小老师"的学生都兴高采烈地领一张奖状回家，家长和孩子都感觉脸上有光。

张嘉芮学习 2～6 年级语文课本挣了 1336 分。特发此状，以资鼓励！
杨雨诺学习 2～6 年级语文课本挣了 1172 分。特发此状，以资鼓励！
……

在二年级，我们班通读了 2～6 年级教材。我给每个学生都发了一张奖状。但姓名、分数各不相同。张嘉芮、杨雨诺的成绩有点过高，家里贴这么一张超过高分的奖状当然很自豪。班里最低分是 320，得最低分的学生也很自豪，因为家长和亲朋

好友并不知道他的同学得了一千多分，没有对比，那么 320 分也让外人感觉是很高的成绩。发这种奖状，会让每个孩子得到鼓励。奖状贴在墙上，亲朋好友的夸奖更能激发学生的自尊。

我还有一种精神奖励，就是发短信，带着孩子的名字的一个一个短信发给家长时，家长能想到老师付出的时间和精力。

《学拼音儿歌77首》张泽源达到三星标准：会拼读音节、会读儿歌、认识儿歌中的生字。刚刚上一年级三个星期就能认识这么多生字，真是太了不起了！

有时候，没有时间一个一个发短信，就把同一种情况的家长选中一起发飞信：

《多音字儿歌200首》达到四星标准的共33人，分数从240到380，不但认识单元练习中的多音字，还背过了儿歌，真棒！您的孩子是这个优秀队伍中的一员，祝贺！

《多音字儿歌200首》达到三星标准的共9人，分数从130到150，表现不错，有能力取得更好成绩！加油！

至于那些偶尔有良好表现的孩子绝对要抓住时机发表扬短信：

小明今天已检查完了6册的生词，速度快、声音好听！韩老师期盼每节课都能听到小明从教室最后排传来的清脆响亮的读书声，韩老师的文件包中已装上了朋友从重庆带来的糖，明天早上送给读书声最响亮的学生，小明想要吗？7册生词的认读，小明会成为第几名呢？拭目以待！

4. 个别奖励

那些弱孩子需要老师偷偷地奖励。奖励是好事，为什么要偷偷地？因为那些弱孩子没有能力跟同学公平竞争，如果跟同学按同一规则奖励，那他们得奖的过程太艰难，会失去信心的。那么可以偷偷给他们设立规则，挣奖状和奖品都容易些。比如，我办公室的抽屉里总是放着糖块、水果、饼干。主动到我办公室交作业的几个"懒蛋"常常得到这些食品，尤其是到了第三节课以后，调皮过度的"懒蛋"饿了，会主动到办公室找我背点书等要东西吃。几个"懒蛋"一起去的时候，我就给他们搞个比赛，"懒蛋"中的优胜者会得大奖，太开心了。

假期刚开始时，我经常询问几个懒孩子的作业情况。家长上班，孩子放到老人那里，一天写一页纸的任务根本完不成。小明的妈妈是老师，天天陪着孩子在家，为了写那一页纸，也是催促不知多少遍，催促不成还要加上恐吓，甚至需要打骂。这几个孩子最犯愁写字，在学校里，作业拖拖拉拉，作文从来没有按时交过。一方面因为他们的字写得不熟，不停地问别人或查字典，书写速度很慢；二是习惯性磨叽，总是走神。所以假期中，他们必须要有一定的作业量，达到一定的量，写字的速度才能提上去。

后来，我建了一个微信群，把班里写作业最慢的"四个金刚"加到群中，给他们制定了作业挣分规则：听记课文一张纸挣一分。书写不认真，得分少于1分；书写认真，得分高于1分。背10句名言警句得一分，背5首古诗得1分。每天平均分挣到3分，最后的得分会乘3；每天平均分挣到5分，最后的得分会乘10；每天平均分到了10分，最后的得分会乘以20。这个规则会造成很大的"贫富差距"，这不要紧。我们就是要让孩子明白，贫富差距的造成与别人无关，完全是自己造成了。

第二天，小明发了7页作业的照片，估计是把以前写的也发上，书写也认真，奖励3分，一共挣10分。我告诉小明，平均每天能挣到10分，老师就把他最后的分数乘10，这样，10天就能挣到2000分，成大款了！小明妈妈高兴地说："韩老师，以前怎么打骂都不行，您这一激励效果太好了！从来没有过地认真！"

我专门列了表格，每天根据家长发的相片、留言给"四大金刚"统计分数，读书挣几分，写字挣几分，还要留言鼓励。我的精力也只能限于对几个"巨懒"个别奖励，人多了吃不消。

课内海量阅读和花样百出的奖励使我体味到当老师的幸福，我的学生个个是优生。

（三）没有不会教的老师　海读团队蓬勃发展

2007级学生于2013年小学毕业，我一年没教课，但几十年透支的身体岂是一年可以休养过来的？可不教课，我什么都不会做。2014年秋天，我接手一年级班，依然发音困难。人所共知，一年级老师最累嗓子，但我的身体竟然慢慢好了起来。什么原因？一是课内海量阅读教学本身最大的优势在于能滋养学生，我辛苦奋斗数十年就是为了创建一套学生爱学、会学的教学体系，使老师从繁杂、焦躁中脱身；二是海量阅读团队蓬勃发展。近几年"课内海量阅读"团队遍地开花，像淄博的徐美华、刘维丽，上海的朱霞骏等在自己的课堂上教学非常出色，但并不擅长借班上课的草根老师越来越多，我所在的学校也成为"海量阅读研究所"。越来越多的老师跟我一起，带着自己的学生在海量阅读的道路上演绎着自己的精彩人生。因为有诸多弟子备课，我不用像以前那样辛苦备课，身体也越来越好。

"海读"团队在近几年得到蓬勃发展的起因完全是"无心插柳"。我因为身体不好，就跟各级领导说："我教着一个班已经很勉强，以后所有的公开课一节也不上，一切教研活动都不要找我参与，我得养病。"发音气息不足的状况已经三年，领导们也很体恤我，于是听课的老师一律都被拒之门外。我靠着那些海读丛书和海量阅读简单易行的教学方法，竟然把一年级小朋友哄得团团转，孩子们学得开心、高效。想想自己已年近半百，难道仅仅独自享用这些滋养师生的好教法？一丝善念一转跟上一个小小的行动，于是建了一个QQ群想通过文字"实播"我从一年级到六年级的教学过程。建群的初衷是方便老师们了解我的教学，也期盼联系上更多徐美华那样的老师，大家一起备课教研，会省很多力气。美华是2008年认识的老师，她在向我学习的同时，也带给我很多帮助。

成都的张静老师帮我建了一个500人的群，没想到很快满了。群一个一个增加，目前2000人的群已发展为6个。我的几位得力助手——朱霞骏、刘维丽、蔡锦、秦克波、张秀红等都是通过海读群团结在一起的。建群的初心就是如此，希望结交更多的知己。

网友们整天在群中交流着，贡献着自己的智慧，带动了一批又一批老师在课堂内进行海量阅读。

成都周平昭是一个"笨笨"的老师，在海读群中像海绵一样地吸取着。

自从在成都的"经典海读成长营"中结识了周平昭，她就不停地向我"请教"一些"幼稚"的问题，烦不胜烦啊，春节放假时，她就把 4 月底要讲一节公开课的焦躁不停地传达给我。讲公开课对她这样一个奔五的老教师来说已经够"老"的了，以前没经过锻炼的老教师，怎么能在千人的会场上讲公开课？

春天一开学，她和我一起教《韵读成语》。我上课前看一看每页的十个成语，现场编故事哄孩子们开心，跟她通电话时忍不住炫耀一番，她就天天催着我要故事。"举三、举十……"她不会"反一"，我还能期待她"举一反三"吗？有什么办法，面对这样的"笨老妹"，我只有把故事一一记录下来给她了。《韵读成语》教完了，对这个笨老师，我只有感激：没有她的催促，我怎么可能这么勤快地记录下每一个故事，为各位老师，也为我自己以后的教学提供了方便。

周老师讲的公开课《韵读成语》终于落下帷幕，如我预想的那样好评如潮，带领孩子踏踏实实地读上一年、两年，孩子们绝对会成为我们丰收的稻田。我和周平昭等又老又笨的老师在海量阅读中找到了实现自我价值的舞台！

众里寻她千百度，蹒跚坚实海读路

——一名海读阵营老新兵的心路历程

周平昭

从教已 20 多年，算是教育战线上不折不扣的老兵了，退休已进入个位数的倒计时啦。回首身后不短的光阴，虽然自我感觉也算努力，但平凡、平淡、平常而又劳累、操心、低效还是多年教学生活的主旋律。环顾四周，发现不少同行其实和我并无二致，所以也就习以为常——直到一年多前偶然得知"韩兴娥"和"海量阅读"这两个名词，随着接下来的了解，一条康庄大道展现在我面前并慢慢铺展……

当韩兴娥老师的《让孩子踏上阅读快车道》一书捧在我手中，我从前面解读中得知韩老师是一位资质平常的靠不少缺点成就了自己的最普通老师时，我便充满好奇地往下阅读……这一读不打紧，我发现书中韩老师的做法离我们一线老师如此贴近，招招式式都特别朴实易学特别好操作，看得笨笨的我都蠢蠢欲动想马上在班集体实验！竟然这么幸运，我恰好教一年级，虽然没有完全赶上从头开始，也算是解了燃眉之急。我憧憬着韩老师学生效果在我班的实现，又有她成功的经验在前面引领，我毅然决然加入海读阵营，大胆果断地完全摒弃了过去那种费时费力低效率的传统教学！我和孩子们都努力着，和家长们相扶相携，第一学期就发现我们学生的拼音学得又快又扎实，还在许多行为常规儿歌中潜移默化地进行了习惯教育，做到了无痕识字；第二学期我们学会了韩老师编写的谚语儿歌、俗语儿歌、歇后语儿歌、成语儿歌等400首儿歌，孩子觉得有趣好玩又不知不觉地过了大量识字这一关，甚至出现过孩子课间休息时引用俗语谚语来吵架的好玩事件，我们背诵了《弟子规》《增广贤文》；二年级时我们学习背诵了韩老师的《成语接龙》后又学习即将出版的《成语接龙——画》）和新书《韵读成语》，我们用了多种形式地读，学生积累了大量成语，成语运用也同步进行着，还背诵了《千字文》《声律启蒙》。如果说开始的《成语接龙》我们还在颤颤巍巍摸索前进的话，二年级下期的《韵读成语》我和学生都找到了感觉，在课堂上用各种形式念读、讲自编连缀的成语故事、看成语漫画等多种形式多管齐下的合力辅助下，孩子每天的成语朗读朗朗上口，成语运用非常积极，背诵也很顺利……一路陪伴见证的家长们很是惊喜！

　　尤其值得一提的是4月22日成都国基培训中心在电子科技大学体育馆设置的现场大会场上，我和我二（3）班的学生们献上了一节《韵读成语》课做全场的开场课。这可是一次超级大型公开课，有一千多老师莅临现场听课，执教的老师除了我是草根以外，其他都是如今小语前线如雷贯耳、声名赫赫的顶尖名师，大家花几大百元购买的入场券也就是冲着这些大牛老师而来的。这样的课，对于我——教师队伍里一抓一大把的平凡之辈，如今还年华不再，甜美动听的嗓音、青春风采的面庞、曼妙动人的身材我一样都没有，甚至对这样课堂现场氛围的驾驭和控制，我也是没有信心的。但是就是这样的我，在这次公开课前前后后我却一点都不紧张——因为这是一堂原汁原味的纯粹的海读课啊！我班的小猴子们经过了一年多的积累和积淀，他们早已不是一般的学生！我的课再也不是传统课那样，展示教师出色的基本功，声情并茂的叙述、拿捏到位的控制、美妙绝伦的多媒体课件都不是海读课的元素……前来我班教室听过随堂课的成都市教研员老师和学校教学校长都表示了足够的放心和信心，我们海读课展示的是学生，我有强大的学生撑腰，我为什么要紧张和担心呢？课堂上，孩子们展示得并不算尽情，因为小小的他们第一次面对这样的大场面，前半段课还有点放不开，但开场怯怯的表现也好，渐入佳境的抢答也好，无不显现着孩子们平时的积淀和扎实的积累，在场老师被征服了，在现场短信平台的信息里，听课老师们好评如潮啊，下面是众多信息中的几条——

1. 听了周老师的课，真是深深地受教了。一堂趣味性极强的成语课。在听课的过程中感觉到孩子们的识字量特别大，我想请教周老师在平时的学习中，如何教会学生海量识字的，有一些什么好的识字方法？

2. 自古英雄出少年！看到西南交大附小二（3）班孩子们的表现，我算真正领悟其含义！孩子们加油，你们是最棒的！

3. 好棒好棒的二（3）孩子，一个个成语不假思索，脱口而出，真是了不得，老师引领的作用功不可没！

4. 周老师执教韵读成语时，用故事和歌词把每课的成语联系起来让学生理解，再让学生联系旧知识进一步理解新学的成语，巩固了以前所学，形成知识链，形式新颖，教学生动，使学生快乐学习。着实佩服啊！成语接龙环节里，孩子们的成语积累好丰富啊，真不愧为海量阅读啊！

5. 孩子们成语积累令人叹为观止，老师的教学方法花样百出。交大附小真是人才辈出，少年强则国强。点赞！

6. 周老师用讲故事，改编歌曲，简笔画等方式进行成语教学；用不同方式，不同节奏韵读成语；用大转盘，成语接龙等游戏的方式复习、运用，使孩子一直沉浸在学习的快乐中，为我们展示了一堂实用、高效，接地气，寓教于乐的成语课！

7. 周老师的课活力四射，将一组成语融入一堂课，融入故事，融入现场，赋予这些枯燥的成语以鲜活的情境，令人耳目一新。

8. 韵读成语课，教学思路清晰，环环相扣。过程中训练到位，扎实巩固。交大附小二（3）班的小朋友积累词语的能力真的很了不起，教师引导也有条不紊。课堂很精彩！

当然必须得说说的还是我班的学习成绩。和无数刚接触海读的老师一样，得知海读教法重点放在课内海量阅读并淡化处理教材时，我也很担心学生期末考试。虽因对韩老师的无比信任而毫不犹豫地追随，但最终成绩还是要拿出来看看才知道。我这个班级因为各种特殊原因是全年级中生源最差的。我不愿公开谈论那些学生的细节，因为他们都是我的学生，我不想让大家对号入座猜测我写的是哪个孩子，我不想对那几个可怜的孩子造成一点点的伤害。但同时，我很郁闷，我参加工作20多年见都没见过的特殊孩子竟然同时出现在这一个班中。尽管我很努力，但是一年级第一次期末测试并不好。尽管心里很堵，但我相信那个跟我一样笨笨的韩老师，我没有停止继续追随的脚步。二年级上学期期末测试我班便领先另一个班两分多，这是比较明显的差距了，我更加信任海读，更加坚定了自己的信念。到二年级下期期末测试时，因大家都判阅得比较严格，没想到这次期末考试居然领先另两个班5分之多，我自己都不敢相信了。密封判卷时同年级老师说"写话很长的需要添纸的肯定是3班的"。可能是大量阅读给孩子大脑有了足够的输入了吧。我以前教写作文自我感觉有些经验，可教这个班写话的经验就是不教，他们看的书多、积累够了自然能写，并且还不像以前班的学生在老师过多指点后写得那么千篇一律。如今，对于海读，我已经是120%的信任，课内海量阅读迅速提升孩子语文素养的理念不容怀疑，我需要做的是更加紧紧跟随韩老师啊……

是海量阅读带给了我这样成功的感受啊！没有海读，我不敢想象我会在千人的大会场上怎么出丑啊。我幸运我能牵手海读结识了韩老师。韩老师是我所知所见的名人名师中少有的朴实善良真诚之人，她勇于探索还乐于分享，我的这堂大型公开课也得到了她亲自的指教，我内心感恩不尽。如今的我，除了更加"高龄"还是那个资质平平的我，但踏上海读路的我在退休之前的几年光阴里竟然找到了从未有过的教学新感觉，我这个海读阵营的老新兵还能比以前更好地教好我的学生，在教师这个任重道远的岗位上给学生的童年打下更坚实的语文基础，我骄傲，并深深感恩海量阅读——众里寻她千百度，恨不相逢早，相逢情便深。虽一路蹒跚，但我一定会坚实地走在海读路上，直到我退休！

春节后第三天，海燕的团队开始为《古诗接龙200首》的教学做准备，维丽的团队在给《名句》录音，秀红的团队在苦练论语的歌诀体诵读，美华、小朱、克波在写成语故事，蔡锦的团队在准备各种版本教材的备课……大家满怀激情地在工作着，攒足了劲儿，准备开学后当个好老师。

十几年来使我备感辛苦又欲罢不能的"课内海量阅读"终于遍地开花，幸福的海读团队在不断壮大。我和核心团队的成员制作了大量与教学相关的视频、音频资料放到江西人民出版社官网的"数字资源"处。我们深知一线老师的辛苦，对进行海量阅读的艰难深有感受，所以乐于跟老师们分享自己的教法和教学资源。分享，

海量阅读第二届年会

只是举手之劳而已，以立己之心能立人，是我和所有海读团队成员的自觉自愿的行为。

我已年近半百，进入了教育教学的"夕阳期"，但我在教育教学的征途上，依然激情澎湃，奋斗的热情从未消减，追求的脚步永不停歇。我们这样一群小学老师心中做着一个宏大的梦想：用阅读托起祖国的美好未来！

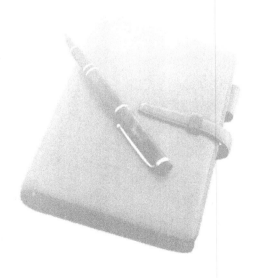

反思与实践

　　为什么小学阶段的海量阅读很重要，尤其是学生在小学低年级的海量阅读过程中尽早识字至关重要？因为低年级小学生尚处在阅读的敏感期。在敏感期海量的阅读，会为孩子的一生种下热爱阅读的种子。

　　联合国教科文组织的研究表明，儿童阅读能力培养的关键期应在一、二年级，中年级之后就会相对困难。也就是说，我们应该使孩子在 8 岁左右进入自由阅读状态。但要想进入这一状态的充分条件是必须首先认识 2500 个左右的常用汉字。但是按照我们传统语文教学要求，小学生认完 2500 个汉字需要五六年时间，这就意味着他们的自由阅读期被延迟到了 10 岁以后。

　　"叽叽喳喳如麻雀，窸窸窣窣如老鼠。"一年级的学生吵得老师头都晕了。"讲故事了！"教室里立刻鸦雀无声，这是屡试不爽的法宝，孩子们都喜欢听故事这种"间接"阅读方式。但这种喜爱之情如同在风雨中摇曳的火苗，由于识字教学拖后，许多火苗无声无息地熄灭了。由于识字量太少，许多孩子并不喜欢"直接"阅读，如同一个文化程度不高的人读文言文或读英文一样，他体会不到阅读的乐趣。

　　识字成了语文教学的瓶颈。我在苦苦寻找一个办法，让识字阶段的课文内容与儿童的认知兴趣统一起来，尽快地教会学生认识常用的一千个汉字，在较短时间内形成较流利的、有理解力的阅读能力，从而让学生轻松进入自由阅读的广阔天地，把儿童从枯燥乏味的识字过程中解脱出来。

　　课文读熟了，我就不再让学生反复复习了，用一个学期的时间把学生"绑缚"在一本教科书上，会让他们讨厌教科书，学生讨厌其他书。人之所以要阅读，是为了获得不同的信息，而不是为了一遍又一遍地阅读同一篇文章。没有一个人爱吃剩饭，也没有一个人乐于用半年的时间反复读一本书。如果让一年级的学生因为乏味的识字过程造成"读书没有任何乐趣"的印象，他们也许永远不愿意读"李白、杜甫、普希金……"于是我把那些幽默的、有趣的、贴近孩子生活的读本提供给孩子们，把那些简短的、图文混排的儿歌摆在孩子们面前，把识字的过程纳入到更加广泛的、内容丰富的、生动有趣的认知活动中去。这样，学生对于书中内容的强烈渴望会促使他们主动地克服拼读、识字的困难。

　　女儿的音乐老师说"学琴的孩子不学坏"。作为语文老师，我想说"爱读书的孩子不学坏"。无限地欣赏苏联心理学家阿莫纳什维利对顽皮学生的评价。

　　顽皮的儿童是一些头脑机智灵敏的儿童，他们善于在一些突然发生的情况下施展自己的才能，让大人必须重新估计情势和对他刮目相看……

　　顽皮的儿童是乐观愉快的儿童，他们善于帮助别的儿童成为活泼好动的人，帮助他们善于保护自己……

　　顽皮的儿童是具有强烈的自我发展、自我运动倾向的儿童；他们善于给自己弥补教师在发展他们个人才能方面的失算和不足……

　　顽皮的儿童是有幽默感的孩子，他们往往把极其严肃的事看成很可笑的事，在某种特殊的场合，甚至可以杂乱无章地玩到精疲力竭的地步，并以此为乐事；他们喜欢取笑别人，不仅自己情绪激昂、笑声不绝，而且把这种情绪和笑声感染给别人……

　　顽皮的儿童是乐于与人相处的人，他们能调动周围的儿童成为他们顽皮的参与者……

　　顽皮的儿童是积极的幻想家，他们总是竭力设法独立地去认识和改造现实生活中的某种事物……

　　顽皮是儿童的可贵品质，需要的仅仅是加以引导。

　　想到以前曾多少次声色俱厉地批评学生不守纪律，无数次伤心至极地痛斥学生："你是班长，你是学习委员，你是……你们怎么能带头不守纪律？"而多少年后的今天，我不再要求孩子们"自觉遵守纪律"。我们要求孩子们为了集体利益而遏制自己的精力合理吗？为什么必须靠老师的训斥才能强化纪律观念？严格的禁令只能使孩子意识到顽皮是要受到处罚的，但守纪律不是他们内心的需求。想起陈鹤琴先生在《家庭教育》中的那段话："平常小孩子在家里没有事情做的时候就要'吵闹'，做父母的不明白小孩子好动的心理，不想法子去利用他的时间以施得良好的教育，反而消极地禁止他'吵闹'。'吵闹'固然不好，须绝对禁止的，但他之所以吵闹是因为没有别的东西可以玩的缘故。做父母的不知道这一点儿，一味地禁止他们喧哗，到了后来，小孩子就要萎靡不振而没有活泼的气象了。"儿童是活泼好动的人，是积极的幻想家。我们应该为他们创造一个实现他们渴望的有组织的环境。没有手指指着的威吓，没有对调皮捣蛋后果的警告，也没有道德说教。在我看来，这个环境就是为他们引进知识的源头活水——海量的书籍。

大量阅读是学好语文的不二法门，这是所有教师和家长的共识。

阅读能力是学好各门功课的基础，阅读能力强的学生不一定考试是第一，但各门功课都不会差。

为什么有些学生在童年时期聪明伶俐，理解力强，勤学好问，而到了少年时期，却变得智力下降，对知识的态度冷淡，头脑不灵活了呢？就是因为他们不会阅读！

通过阅读而激发起来的思维，好比是整理得很好的土地，只要把知识的种子撒上去，就会发芽生长，取得收成……学生对书籍的思考越多，他的内心中由于书籍而激发的喜爱感越强烈，他学习起来就越容易。

苏霍姆林斯基一次又一次地告诫我们要相信书籍的力量。

阅读是学生获得幸福的基础。喜欢学习的孩子在学校里会感到幸福，而讨厌学习的孩子在学校里会感到痛苦。从小学到高中毕业，无论能不能上大学，这十多年的学校生活是大部分孩子都要经历的，不爱学习的孩子如何忍受这漫长的岁月？所以，语文老师的首要责任是让孩子喜欢阅读。

读书能力并不会随着人年龄的增长而提高。在小学低年级读书能力没有得到培养的孩子，年级越高学习越吃力，进而渐渐丧失了对学习的兴趣；相反，喜欢阅读的孩子，年级越高学习就变得越容易。没有一开始就讨厌读书的孩子，也没有靠自己明白过来而变得喜欢读书的孩子，关键在于是否有人把他们带入用文字写成的美丽世界。

于是，我从学生入学的第一天开始就引领他们走上了"海量阅读"之路。一本语文课本的学习，一年级如果除去拼音教学的时间，二年级到六年级除去写字的时间，单算阅读教学两个星期就能完成了。到了高年级，我们师生与经典同行，高谈宇宙之奥秘，纵论天下之文章。读书成为幸福之旅，教学变为愉快之行。

学生从懵懂顽童到腹有诗书的巨变，需要家长和教师的共同努力。在这条充满花香鸟语的书香之路上，我通过博文、信件影响着家长和老师们，我们把"课外书"的阅读放在"课内"进行，共同为学生提供了大量的精神食粮，引领学生欢呼雀跃着走进书的沃野，让他们在最富记忆力的时候诵读经典诗句和名家美文，为幸福的书香人生打下坚实的基础。

"课内海量阅读"实验把"鱼和熊掌兼得"的美事落到我们师生身上：没有家庭作业，考试成绩优秀，没有一个学困生，学生有了一个美好的童年，老师拥有了愉快轻松的心态。体育场上，有我的学生活跃的身影；文艺舞台上，有我的学生出色的表演；作文、计算机等各类竞赛中，有我的学生飞扬的风流……最令我高兴的还是学生们的读书欲望。学生们的阅读兴趣越来越浓厚，知识越来越丰富，而且能融汇百科、贯通古今，学生们渐渐步入了读书——汲取知识——读书的良性循环。孩子们表现出来的自学能力、求知欲望使我体会到强烈的成就感，我更为学生养成了良好的读书习惯，为他们书香人生奠定了基础而由衷地高兴。

1. 在具体教学过程中，各年段都有共同遵循的原则

"读议"穿插，以读为主，以议促趣。

故事引趣，动手、动嘴、动脑，引发对语文、阅读的热爱之性。

从整体到部分学习，上课保证"整体"人人达标，鼓励自学"部分"。

分级达标，诵读必达，不求甚解（诵读是保底目标，认字、理解是静候花开），集体推进海读。

学习逐渐成为学生自动自发行为，互帮互学，共同提高。

归类诵读，前后联系、印证，使知识在学生头脑中产生新的链接，形成知识网络。

无论在哪个年级，无论是拼音教学，还是儿歌、古文，这都是教学的原则；无论是对优秀学生，还是对学困生，这都是反复体现的原则。后文，我会用各种教学案例来说明这些原则。

2. 课内海量阅读各年级有明确的教学目标

培养对阅读、对祖国语言文字、对祖国文化的热爱之情是整个小学阶段的目标。分解目标如下。

一年级：通过阅读儿歌和小故事，或扎实或模糊地认识常用的 2000 汉字。部分学生能单独认识常用字，这叫"扎实"；部分学生在文本中借助拼音能很快认识常用字，这叫"模糊"。无论扎实还是模糊，学生都对常用字已形成一定的印象，阅读的速度较快，最弱的学生也喜欢自由阅读短小的注音故事。

二年级：能流畅朗读白话文，内容不太生僻的（2～6 年级课文难度）的文章，学生浏览一遍就能流畅朗读下来，除遇到个别生字而停顿不当外，基本能正确流利地朗读。掌握一定数量的成语，并在生活中运用。

能正确、工整地书写常用汉字。

三、四年级：朗读或背诵诗词 300～500 首，诗词、作者、历史背景联为一体。诵读部分《大学》《中庸》，粗知大意。喜欢诵读文言文。

继续诵读优秀的白话文作品，养成边诵读边积累的习惯。最弱的学生作文写得文从字顺，大部分学生作文语言丰富，表达的感情真挚自然。

五、六年级：正确诵读、背诵《论语》《老子》等经典和初中、高中全部文言文。达到借助部分难字字义能自由解释文言文的水平，对初次见到的文言文，学生浏览一遍就能流畅朗读下来，除遇到个别生字而停顿不当外，基本能正确流利地朗读。

所有学生都能流畅地口头、书面表达，行文能吸收文言的精华，文笔较优美。

上述教学目标似乎很难达到，但我和海量阅读团队的成员，越来越接近，甚至在不断地超越目标。我们除了不断改进教学方法，到处千方百计选择优秀的图书，还根据自己的教学实践不断开发有趣实用的图书，"课内海量阅读丛书"有效地体现了我在海量阅读中奉行的原则，为我自己和诸多老师的课内提供了有趣、高效的图书。

3. 儿歌、韵文系列

《学拼音儿歌 77 首》：9 月，一年级学拼音读物。

《三字童谣》：就像古人选择《三字经》为蒙学读物一样，我们选择三个字的儿歌，最简单的儿歌，适合 10 月一年级学生拼读不熟练时的阅读。

《趣读识写一条龙》主要产生于海读团队成员朱霞骏的课堂，能有效地解决归类写字和识字的难题，一年级上学期初学写字时就用，对二年级以及三年级的孩子学习书写和辨字也大有帮助，大约可用两年时间（学时在一年内，第二年可复习笔画和字族）。

《成语儿歌 100 首》《俗语儿歌 100 首》《谚语儿歌 100 首》《歇后语儿歌 100 首》：适合一二年级共读。每首儿歌是一个小故事，内容浅显，小孩子喜欢读。在阅读过程中识字量逐渐增加，还能活学活用成语、俗语、谚语、歇后语，拼读速度也在不知不觉中提高。11 月，《成语儿歌 100 首》等四本中的一本和语文课本同时学习。儿歌能读多少算多少，读不完下学期继续读。

《成语接龙》：两本分别以《登鹳雀楼》《画》两首古诗的诗句为龙头的《成语接龙》。最早一年级下学期学习，低中年级都适合阅读。《成语接龙——画》配有漫画。

《韵读成语》：按古代"十八韵"编排了 720 对成语，在学成语的同时了解音韵知识。适合 2～6 年级学生诵读。相配套的有字帖可以练习书写，还有图文结合排列的版本。

《主题儿童诗读写》：产生于海读团队成员朱霞骏、王爱玲的课堂。适合 2～5 年级学生读诗、写诗。

《多音字儿歌 200 首》：这两本书包含了 226 个到大学都可能学不明白的多音字，适合二年级到六年级共读。儿歌好像很简单，但在常规字音还没有打下扎实基础之前不要急于学习，否则，孩子会混淆多音字常读的字音和不常读的字音，所以不建议一年级学生读。同样，对高年级学生来说，儿歌好像很简单，但实际上掌握字音并不容易。

4. 白话文系列

海量诵读白话文是学生作文能够写通顺的不二法门。我进行海量阅读的三个班，全班学生表达能力明显高于以前只共读课本的班级，最让人高兴的是，海读充分彰显了"有教无类"的教育理想，我的弟子，最弱的超级巨懒也能把作文写得通顺流畅，因为他们首先在朗读方面做到了通顺流畅。拿到一篇文章，不经预习就能读顺当，于是作文时，不用打草稿就能写顺当。我的弟子因为海量阅读，100％能达到这个目标，一个都不落下。选择什么白话文会高效省力呢？

首先是各种版本的教材最适合共读，教材语言规范、价格便宜、有现成的高质量的录音，备课需要课文的原文，可以从网上下载。所以，我在一年级时，选择不同版本的一年级课本和学生共读，人教、苏教、北师大、冀教版的，数本一年级课本，我一本一本地教。一年级的课文简短，孩子们读着不累，课文中的小故事又能吸引他们。我的学生二年级时把 2～6 年级苏教版课本通读一遍，选择这些版本，是因为我有现成的备课，也能买得到书。

在低年级共读，要把课文中的生词印到纸上或打到屏幕上强化读；在高年级共读，要把课文中表现力强的语言，也就是所谓的妙词佳句整理成填空题让学生背诵。

《成语笑话》共六本，适合 2～6 年级学生共读。通过一个笑话轻轻松松地学习成语，编排体例非常适合学生自学。读完这六本书，学生的白话文阅读、表达水平会再次上一个台阶。

《成语接龙故事会》中 3000 个成语首尾相接，一口到底，年龄小的孩子死记硬背的本事最强，所以适合学龄前儿童背诵。也适合中年级小学生诵读，读完，就积累了三千条成语，等于脑中有了一部小词典。成语字较大，只有少部分字注音，适合学龄前儿童指读，也适合已认识常用汉字的中年级学生读。这套书上下册两本，成语接龙只占 60 页，大部分篇幅用来讲故事，故事浅显易懂，二百多个故事读下来，白话文诵读水平又提高一大截，同时也了解了诸多历史故事。三千个成语一气读完，也适合小学毕业复习的快节奏。

《标点符号历险记》是海量阅读丛书中的第一本故事书，录音故事精彩无比。我根据每一章的具体内容设计了标点符号练习题，解决孩子作文中出现的标点问题，一同赠送给广大读者。朱霞骏把这本书作为电影课程的入门教材，设计了作文指导的内容。

5. 文白对照系列

编辑文白对照的一系列书都是为了让高年级和中学生轻轻松松学习文言文。除诗词故事外，大多是小学高年级和中学生读物。

"读故事学名句系列"把分类的名句跟故事搭配，既积累语言，也提高了白话文诵读理解能力，当然，也顺应了孩子们喜爱故事的需要。《读名言　学做人》等书适合 3～6 年级学生阅读。

"讲给孩子的诗词"系列正在编写、实验过程中。在低年段，儿童擅长背诵，老师就领他们跟着录音、录像背节奏鲜明欢快的《古诗接龙》《宋词一百首》，不背题目，不背作者，只鹦鹉学舌地跟着录音背诗句接龙。两年背 200 首，为中年级理解性阅读打下基础。3～6 年级学生边读《讲给孩子的唐诗故事》等故事书边记诵诗经、唐诗、宋词。通过故事，把作者、历史背景、诗词串联在一起，学生一串一串地学习，使零散的知识形成链接。"学名句、诗词"系列是最简单的文白对照的书。

《读历史学成语》按历史的顺序排列成语，既学成语又了解历史。适合小学高年级和中学生阅读。

《读论语学成语》在学成语的同时理解论语，把论语解读得晓畅易懂、明白如话。适合 4～6 年级和中学生阅读。

《中华上下五千年》通过白话文故事轻松学习《史记》《资治通鉴》中文字。适合小学高年级和中学生阅读。

《读老子学成语》通过故事和师生对话，使读者轻松理解经典《老子》。适合小学高年级和中学生阅读。

当然，海量阅读需要大量图书，课堂共读的图书要由易到难、循序渐进，低年级共读图书要适合齐读。因为低年级以大声诵读为主，全班学生一齐读，最有利于带动基础差的学生。所以低年级共读图书选择儿歌是因为简单，起步容易，基础差的孩子不会落下；选择成语接龙等有一定难度的书是为了方便齐读、背诵；选择有陈琴的歌诀体、吟诵录音的古文也是为了有快慢交替的趣味。随着"经典海读"实验的进程，我对陈琴素读古文教学实验的了解越来越深，低年级也开始进行古文的教学。海量阅读本身就是一个学习探索的过程，师生共同在阅读中成长的过程！

一、儿歌教学

一年级以诵读简单易懂的韵文为主，韵文主要指儿歌和成语接龙。句式整齐划一，便于齐读。对没有自学能力的一年级小朋友来说，齐读是最有效的学习方式。

刚入学的儿童，很多都不认字，只能从最简单的儿歌开始读起，不用教师讲解，读上两遍，他们就明白儿歌的意思，可以连蒙带猜地自己再读。儿歌"简单"的特点，为学生创造了"半自学"的基础。

一年级上学期可分为海量练习拼读阶段和海量诵读儿歌阶段。部编版一年级教材第一单元改换为识字，而不是学拼音，也可以按部编版教材的顺序先读一些与养成教育相关的儿歌再学拼音。

（一）一年级拼音教学

1. 通过诵读儿歌学拼音

我的教学，最初是白话文实现了海量阅读，后来文言文的量也提了上来，直到2014年才借助《学拼音儿歌77首》实现拼音的海量阅读。这本书分三部分，第一部分是一张拉页，通过彩图的"声母表""韵母表"整体输入47个字母。读一读，议一议，跟着录音唱一唱，反复练习。学生1~2课时就可以看着图按顺序读这两个表格，然后再一个字母一个字母地学习，遵循从整体到部分的原则。

一年级学生入学的第一节课便开始读书。

首先是听《声母歌》，播放器中开始播放"ｂｐｍｆｄｔｎｌｇｋｈ……"，旋律是学生熟悉的儿童歌曲，但歌词换成了23个声母。学生初听感觉新鲜却不会唱词，老师先一组一组地教"歌词"。

"小朋友请看第一幅图，收音机在播放音乐，跟老师念三遍'播放音乐ｂｂｂ'。

小朋友请看第二幅图，小男孩在爬山坡，跟老师念三遍'山坡山坡ｐｐｐ'。

第三幅图中的两个孩子在做什么？小孩子七嘴八舌地说过之后，再要求他们跟老师念三遍'小孩摸人ｍｍｍ'。

第四幅图中的爷爷在做什么？小朋友回答之后，同样要念三遍'佛祖佛像ｆｆｆ'。"

学完这一组字母，再让孩子伸出手指指着带彩图的声母表跟着录音唱《声母歌》。反复放几遍后，教师再往下讲一组或几组字母。

学一组字母的过程中老师要"讲解"，师生有问有答，但小孩子的"读"是贯穿其中的。每"讲"完一组字母或几组字母，就要完整地听几遍字母歌，通过学生跟着唱，唱到哪个字母，手指就要指着哪个字母。这样大密度地反反复复地或读或唱，一个课时，就把47个字母整体输入学生脑中。《学拼音儿歌77首》已投入教学两年，像上海的朱霞骏等教学效果明显的老师，都懂得"讲"是穿插在"读"中的休息而已，"讲一讲、议一议"是为了让孩子读得开心而已，千万不能把"讲"当作课堂的重点。"读"无论在哪个年级段都是课堂教学的主旋律，出声诵读在低年级段占用的课堂时间必须足够。

第二部分是儿歌，配着与儿歌相关的彩图。一首儿歌中反复出现与一个字母相拼的音节，强化学习一个字母。

读字母、音节、儿歌的间隙，老师根据儿歌和彩图的意思讲一个故事，促使刚入学的小朋友喜欢拼音，喜欢语文课，喜欢语文老师。

"爸爸迈着大步去打靶，小波拔出彩笔画喇叭。"

这首两句话的儿歌就是一个故事：

爸爸背起枪准备去打猎，出门前对小波说："山里面不知有没有老虎？如果有老虎就麻烦了。"小波说"爸爸，你穿上制服，像解放军一样威武，就不会害怕了。"于是小波拔出彩笔画喇叭，把画好的喇叭卷起一个筒，嘀嘀嗒嗒吹起了假喇叭，一边吹一边唱：我爸爸真帅啊！我爸爸真可爱，我爸爸去打靶，见到老虎就趴下。爸爸一听，拿着枪追着小波要戳他屁股，吓得小波一个劲地跑。

老师一边讲，一边拿教杆做出要戳某个小朋友的样子，孩子笑喷了。有了老师虚张声势的故事，枯燥的拼读的过程就变得趣味盎然。

故事要讲得简短，尽量把时间放到让学生多听录音上。听录音的空隙，老师可以表扬一下某个学生指得准、念得对，接着再跟着录音读。许诺孩子讲故事之前，老师说先要看看他们会不会念书，于是放录音，学生为了表示他会"念书"，会用心跟读、指读，听五分钟后，孩子们确实都表现得"会读书"了，也学累了，老师开始讲故事。读的间隙可以安排各种各样简短的讲一讲、议一议的内容，但读的时间要占绝对优势。

学完声母后，老师给每个韵母设计了一个圆盘，学生边听录音跟读边用手指着，录音会提示孩子们指读哪个颜色的字母，学生眼、耳、手、脑协调学习，学习效率高、兴趣浓。

2. 学习拼读全班学生姓名、语文课本上拼音部分

三个星期后，《学拼音儿歌77首》学过两遍之后，孩子虽然拼音还不熟练，但对这本书失去了新鲜感，于是我又配上了新鲜的学习材料，那就是全班学生的姓名。我把全班学生的名字注上拼音，排到一张 A4 纸上，全班学生一人一张听录音跟读。跟读一遍十多分钟后做游戏，学生各自准备自己的卡片，带到讲台上做游戏。

卡片一面是学生姓名汉字，如"张泽源"，另一面是学生姓名音节"zhāng zé yuán"依然是一节课的开头十几分钟、结尾十几分钟听录音跟读，中间上台做游戏。比如"任叶萱"同学上台先把"rèn yè xuān"对准全体同学，一个音节一个音节地领读，全体跟读。教学的安排一定要一唱一和，不能让坐着的学生当观众，跟录音机还是跟着真人，都是让"观众"的嘴巴忙起来，否则，孩子们不读书就会乱说。任叶萱领读完音节，再把汉字对着大家，说"我是任叶萱。"小朋友们一起伸出手指向任叶萱说"你是任叶萱。"别看这个简单的动作，孩子们却很开心。上台做游戏的小朋友一个一个把自己的名字教给同学们后，再交换卡片。比如，任叶萱拿到了张倩雯的卡片，她就教同学们读"zhāng qiàn wén"，然后再出示汉字的一面说："我是张倩雯。"小朋友们伸出手先指"任叶萱"再指"张倩雯"，开心地咧开大嘴喊："你是任叶萱，她是张倩雯。"动手动嘴的游戏就这么神奇，孩子们乐此不疲地玩了一天又一天。

有了一定的拼读基础，再学习语文课本上的拼音部分，难度就会减小很多。

3. 诵读简短好玩的三字童谣提高拼读速度

《三字童谣》是三字一句，内容浅显，情趣盎然，字大大的，配有拼音，很适合刚学完拼音的孩子读。简单的三字童谣书，铺设了一个缓坡，降低了拼读难度。把生字集中编排到旁边的方框中，方便有识字能力、识字愿望的孩子轻松识字。简单的事情海量做，孩子们在阅读中不知不觉地提高了阅读能力。

从最简单的三字童谣读起，孩子们在不知不觉中踏上一个又一个缓坡，每个学生都会在海读过程中成为热爱读书的种子。静等花开，缓缓前行！

三字童谣的学习方式主要是跟着录音练习拼读，读书中间的游戏形式可设计成"排排队"：上台的学生到讲桌上各拿一张卡片举到手中，然后按儿歌的顺序排成一队。

课堂教学以读为主，低年级教学以诵读为主，以齐读为主，让那些浑水摸鱼的孩子在一遍又一遍地齐读中从混沌状态中慢慢地醒来。小小的游戏在诵读过程中是学习，更是休息。

海量阅读要达到"不让一个学生掉队"的目标，所以把一年级上学期的阅读材料设计得比常规的教材内容要简单得多，而且要"海量"，简单的事情海量做！孩子拼读的能力逐步提高，再读课文时，小孩子才能读得通。否则，很多一年级小学生学习课文，不是自己"读"通的，而是"听"熟的。虽然学生能背得滚瓜烂熟，但并不会拼读，更不认识字，这样，以后就很难尽快具备自学的能力。当一年级的学生认识了常用字、拼读音节的速度加快了，对绘本、小说的阅读就会成为他们的最爱，不需要老师引导和奖励，孩子们也会痴迷自由阅读。

> 小乌云，脾气大，
> 一见面，就吵架，
> 轰隆隆，咔嚓嚓，
> 大声吵，让人怕。
> 吵哇吵，全哭啦，
> 流眼泪，哗——哗——哗。

这种有小故事情节的儿歌，小朋友读得开心。同时也激发了他们创作的潜能。李子涵小朋友创作的《手机》是不是让人忍俊不禁啊？

> 小手机　真奇妙
> 玩微信　扫一扫
> 让大家　低头瞧
> 撞树上　起个包

"三字体"迅速在教室里走红，孩子们平日开口就是三字体。"创作"这个神秘而高傲的词就是这样被一本小小的《三字童谣》敲开了。

（二）低年级诵读内容浅显的儿歌

一年级新生上学后，常规教学用 9、10 月教完第一册语文课本五十多页汉语拼音部分。我用同样的时间教了数倍于课本的内容。从入学开始的课内海量阅读使学生学得有趣，老师教得轻松。两个月下来，不少于 50％的学生能自己比较流畅地拼读儿歌，认识一部分常用汉字；另外 50％学生在听别人诵读、全班齐读两遍之后，也能自己拼读儿歌。诵读的文本一点儿一点儿地慢慢增加难度，坡度极缓慢，所以每个学生都能跟得上，不会让一个学生掉队。这段时间的读物一是语文课本，二是四本《儿歌 100 首》。这四本内容浅显逗趣的儿歌最适合一二年级学生阅读。

　　我的几届学生都在一年级阅读轻松入门的儿歌《成语儿歌 100 首》《俗语儿歌 100 首》《谚语儿歌 100 首》《歇后语儿歌 100 首》。每首儿歌都是一个好笑的小故事，最有趣的入门读物，这四本儿歌书比小故事简单，比读课文容易。跟读、齐读、比赛读，以读为主，以全班、一排、男女生的齐读为主，其次才是穿插提问的技巧，提问的内容基本是儿歌的本义和比喻义，儿歌的比喻义可以由老师自己编，也可以参考书中"大显身手练一练"的内容。

1. 读议穿插读儿歌

同床异梦

金铃玉铃，

同床异梦。

金铃做梦放风筝，

玉铃做梦捉蜻蜓。

　　金铃和玉铃同在一张床上睡觉，但做的梦不一样，这叫——同床异梦。大家同在一个班里学习，雨诺同学的理想是好好学习，将来有本事孝敬父母，帮助别人，而有的同学光想着贪玩，这真是——"同床异梦"。

大吹大擂

大蛤蟆，嘴巴大，

呜哇呜哇吹喇叭。

小蛤蟆，把鼓打，

边打边跳边说话：

我们蛤蟆乐队顶呱呱，

全靠大吹大擂打天下！

　　大蛤蟆这个乐队有没有会弹钢琴的？有没有会弹琵琶的？有没有会拉小提琴的？他们会什么？只会呱呱叫，还说自己的乐队最好，真是——"大吹大擂"。有的同学不好好学习，光夸耀妈妈给买的玩具，也叫——"大吹大擂"。

三顾茅庐

诸葛亮，住草房，
刘备三次去拜访。
请来军师本领强，
初出茅庐打胜仗，
打得曹操直叫娘！

知道诸葛亮吗？太有才了，刘备为了请他，费很大劲。光上他家请就去了三次，这叫——三顾茅庐。你要学美术，好不容易找到一个优秀的老师，但老师说他的学生已经够多了，不再招收。你爸爸拿着你的作品反复请求老师，这也叫——"三顾茅庐"。

前人栽树，后人乘凉

前人栽树，
后人乘凉。
祖宗造福儿孙享，
儿孙孝敬爹和娘。

爸爸妈妈在院子里种下一棵小树，过了几年，小树长大，你就在树下乘凉，这叫——前人栽树，后人乘凉。刘备重用诸葛亮，刘备死后，诸葛亮尽心尽力地扶助刘备的傻儿子阿斗，对阿斗来说，这叫——前人栽树，后人乘凉。

一箭双雕

有位少年箭法好，
一箭射中两只雕。
小猴见了学一招，
扔块石头打俩鸟！

小红暑假光玩手机，妈妈哄她去实习，既能勤工俭学，又能得到锻炼，这叫——一箭双雕。

　　根据儿歌内容引导学生理解本义，然后尽量从生活中举例引导学生理解比喻义，生活中的例子都是对孩子进行健康向上的正确引导。

　　2. 前后联系记题目

　　后面学到意义相关的儿歌时，要引导学生和前面学过的联系，这四本书的儿歌读一读达到识字的目的就可以了，没有反复记忆的价值，但题目值得反复读，熟读成诵，在生活和作文中应用。

百里挑一

小猴来买桃，

买桃挑又挑。

百里挑一挑好桃，

挑个好桃给小猫。

　　百里挑一的人很优秀，他的名气可不是吹出来的，你联想到前面学过的哪个成语？（大吹大擂）

鹬蚌相争，渔翁得利

鹬和蚌，太逞强，

争持半天不相让。

渔翁见了喜洋洋，

捉住鹬蚌熬鲜汤。

　　鹬和蚌刚开始争夺时，渔翁就看到了，他未动手，打的是什么主意？想到前面学过的什么？（一箭双雕）

吹牛皮

癞蛤蟆，没肚脐，

拍胸脯，吹牛皮：

我的胆量数第一，
捉只老虎换飞机，
换个飞机开飞机，
开着飞机去炸老狐狸！

吹牛皮就是大吹大擂。

各打锣鼓合唱戏

小鸭子，大公鸡，
还有兔子和狐狸，
各打锣鼓合唱戏，
齐心协力都欢喜。

打扫卫生时，我们分工合作叫——各打锣鼓合唱戏，不能怎么样——同床异梦。

好树结好桃　好地长好苗

好树结好桃，
好地长好苗。
公鸡起得早，
早起喔喔叫。
小鸡起床做早操，
蹦蹦跳跳身体好。

有了好树才能结出好桃；有了好地才能长出好苗；有了公鸡早起打鸣，才能有小鸡早起锻炼；前面还学过什么前后相连的事情？（前人栽树，后人乘凉）

大路朝天，各走一边

大路朝天，各走一边。

狍子打柴奔南山，

狐狸钓鱼去河边。

狍子狐狸仰着脸，

见面假装没看见。

　　狍子和狐狸同在一条路走，却装作没看见对方，只想着各做各的事，这叫什么？（同床异梦）同床异梦是不对的，应该怎么做？（各打锣鼓合唱戏）。

　　3. 学以致用乐达标

　　简单、好玩、学以致用是这四本书作为入门读物的最大优势，尤其是学用结合的特点让孩子和家长们很有成就感。比如学了《歇后语儿歌 100 首》之后，学生用一串歇后语来描述运动会：

　　运动会上，运动员们"猴子上锅台——一股猛劲儿"，刘佳乐轻松取得跳远比赛第一名，"隔着窗户吹喇叭——名声在外"，他当时那高兴劲简直就是"骑驴吃豆包——乐颠了馅"。王雨泽吹嘘自己稳拿第一名，"典型的老母猪耕地——光会使嘴"，结果也如大家预料的那样，"他使出吃奶的劲还是瘸腿驴追兔子——赶不上"，同学们急得就像"猴子跳上煎饼锅——瞎蹦跶"，但还是"老牛掉水井——有劲儿使不上"。下午还有好多比赛项目呢，咱们"骑驴看唱本——走着瞧"，希望我们班的成绩"芝麻开花——节节高"！

　　课堂上变换着方式一遍又一遍诵读儿歌这个"整体"，每首儿歌下面有生字，至于生字能不能认识，都不做要求，有能力的学生自己"定位认读"，遇到不认识的字，就到儿歌这个"整体"中找即可，老师不用教。

　　会读儿歌达到一星标准，会认生字达到二星标准，会口述"大显身手练一练"就达到了三星目标。这就是"分级达标"的理念，分级达标使全班所有孩子都在课堂上海量读起来。只读儿歌，那么一节课可读两到三个单元，两个月轻松读完四本书，春节前就结束这四本书的学习了。对自己达标不满意的学生，寒假可以再学，之后重新达标。

　　这四本书是可以反复读的，等再过半年或一年，孩子识字多了，假期中可以再翻出来自学"我会认"和"大显身手练一练",开学后找老师抽查。海量阅读和常规教学很大的不同就是没有"齐步走"。

当学生读完这四本不用解释、一读就笑哈哈的儿歌之后,有两个收获:一是口头语言丰富了很多,成语、歇后语等经常被他们活学活用,虽然有时用得不怎么恰当。春节期间"童言"给家长带来很多荣耀感,由此会得到部分对海量阅读心存怀疑的家长的认同。二是常用的 1000 多字认得差不多了,单个挑出来不一定认得熟,但在文章中能认识。拼读速度提高明显,大约三分之二的学生具备了自己阅读注音读物的能力,在低年段,具备阅读能力的孩子都像无意中闯进了神奇的花园,不由自主、欣喜若狂地沉迷到了阅读中。培养阅读兴趣,靠的不是想方设法地引导,而是通过海量阅读尽量具备阅读的能力。在低年段,有能力就会有兴趣,而且这种兴趣持续终身的可能性极大。

(三) 二至六年级诵读儿歌轻松掌握多音字

记得年轻时,一学期都在纠缠课文中出现的多音字,不知反复练习多少次,学生还是全出错。曾经让我和学生头痛的多音字遇到《多音字儿歌 200 首》之后,难题迎刃而解。

《多音字儿歌 200 首》虽然是儿歌,但不倡导一年级学生读,应该把常见字的读音在学生头脑中打下牢固的基础后再学相对生僻的读音。我们学校二年级学这本书的班级最多,三四五年级都有把这套书搬到课堂上集体共读的老师。三星标准分别是:读儿歌、读词例、口述单元练习。

226 个多音字,几乎囊括了所有能用到的多音字,数量足够大,其中的读音很多老师读不准。

叨

老猫设宴先叨叨,(dāo)

叨唠半天真可笑,(dāo)

笑得老高大声叫,

惊醒梦中小花猫。

小猫抱怨没睡好，

叨咕半天怨老高。（dáo）

老高听后才知晓，

发誓下次不叨扰。（tāo）

　　这首儿歌中的多音字，我在各国各地讲座时讲过数十次，能读准的老师很少。学生到上完大学都学不明白的多音字通过背诵 200 多首儿歌，就能轻而易举地学会。小学二年级的孩子在背诵方面依然是天才，背过这 200 首儿歌，就为牢固掌握 226 个多音字打下了基础。然后可以再读词、读句子。

　　读准词语

dāo　叨叨　叨唠

dáo　叨咕

tāo　叨扰　叨光　叨教

　　读准句子

上了年纪的老人总是爱叨唠，叨咕起来没完没了，给别人造成好大的叨扰。

　　每首儿歌下面有"词例"，前面是音节，后面是扩充的词语，学生可以自测，老师也方便检查。五首儿歌一个单元练习，先是"读准词语"，就是把五首儿歌中的词语打乱顺序排列在一起让学生读。然后是"读准句子"，通过读句子，强化记忆五首儿歌中出现的多音字。

　　为了把多音字编进儿歌中，《多音字儿歌 200 首》的故事情节不如《成语儿歌 100 首》等四本好玩，但通过老师的"编造"，故事性也就明显起来，如"摩、模"这两个多音字，在诵读过程中插这样的故事。

摩

老狗獴，爱打扮，

系领带，穿花衫，

摩挲摩挲头发，

摩挲摩挲脸，

骑着摩托去上班。

上班就得拼命干，

腰酸腿疼下了班。

下班就去泡温泉，

洗澡按摩挺舒坦。

有一只老狗獾，年龄不小了，但还是很爱打扮，上班之前，他先干什么？

学生齐读："老狗獾，爱打扮，系领带，穿花衫，摩挲摩挲头发，摩挲摩挲脸。"

老狗獾摩挲完头发，摩挲完脸（老师借讲故事的机会强调多音字的读音），然后"突"的一声，骑着摩托车上班去了。老狗獾把自己打扮得这么漂亮，到工厂里可不是为了摆在那里让人看了，人家上班之后拼命地工作，累得不行了，下班之后泡泡温泉，按摩（强调多音字读音）一下，舒舒服服地回家睡觉。第二天早上他又开始做什么？

学生再次齐读："老狗獾，爱打扮，系领带，穿花衫，摩挲摩挲头发，摩挲摩挲脸。"

模

猪大妈，大胖脸，

模样长得太一般。

当模特儿，穿花衫，

装模作样来表演。

来表演，没人看，

只好打工去做饭。

去做饭，很能干，

当上了劳模心里甜。

我在飞机场时喜欢看空姐，因为他们年轻漂亮、身材好。三年前，我到澳大利亚学习的时候，发现那里的空姐不能叫空姐，都是大嫂大妈，很多胖子。为什么？缺少劳动力，中国可以从很多女孩子中挑出年轻漂亮、身材好的，但澳大利亚没有那么多人可以挑。

但不论中国还是澳大利亚，有一个行业，必须身材好才能做，什么行业？模特儿（强调多音字读音）。你看猪大妈，那张大胖脸，长得肉嘟嘟的，那模样（强调多音字读音），一点儿也不漂亮。但她喜欢当模特儿，花了好几千块钱买了一件花衫。在她们小区的街心花园铺上地毯，放着音乐，装模作样（强调多音字读音）地表演。这么丑，根本没有人愿意看。大妈很失望，她表演了好几天，终于等到一个人，那个人就是卖给她花衫的服装店老板，服装店老板求他不要再表演了，因为自从大妈穿着这件花衫表演后，人们走到服装店就说这件花衫被大妈穿了之后感觉好难看啊！

大妈不好意思再表演了，就去到学校食堂给小朋友做饭，大妈做的饭可好吃了，小朋友们个个吃得身体倍儿棒，大妈当上了劳动模范（强调多音字读音），小朋友们觉得大妈穿着厨师服可漂亮了。

开开心心听故事的过程是诵读儿歌的过程，也是强调多音字读音的过程，老师讲故事过程中，要特别强调多音字的读音。

二、写字教学

海量阅读团队中，朱霞骏的写字教学最扎实高效，她在低年级写字教学过程中创编了《趣读识写一条龙》，解决了写字的老大难问题。《趣读识写一条龙》是识写一体同步教学的一套书，在"课内海量阅读丛书"中是唯一一套教写字的书。

（一）书写第一阶　笔画

跟阅读教学一样的思路，写字教学也从最简单、最基础的 29 个笔画开始写字教学的第一步。简单的儿歌海量读，阅读的根基扎实，学生的阅读能力才能有迅速提高的基础；简单的笔画海量练习，汉字的书写打下坚实的根基，学生的字才能写得又快又漂亮。

9 月刚入学时，教学拼音的第一课是从学习"声母表、韵母表"这个"整体"

开始的，写字教学也是从"笔画名称歌"这个"整体"开始的。

刘维丽录了笔画名称歌，朱霞骏制作了动画视频，让孩子们在课堂上观看学唱，课上书空很快就有了些样子。为了让一年级小朋友"奔放"起来，她让学生站起来，放大动作幅度，跳"笔画舞"。

所谓的"笔画舞"，是运用全身器官来演绎笔画书写过程的一个活动。有些书写过程不太复杂的笔画，如"点""横"等，还是主要运用手部动作来完成，不过，动作幅度远远要比"书空"大很多。书空更多的是用手指完成，笔画舞需要动用整个手臂的配合，来夸张演绎笔画书写过程。"写"竖画的时候，一些孩子两手相握，好像手持一支超大的毛笔一样，从头部以上直直地"挥舞"到地面，这样的全身运动不仅是对笔画书写的另一种诠释，同时也让孩子手脑并用地活动起来，这样一来，课堂的"温度"顿时升高了很多。这样的学习内容，要的就是动起来——一个不落地动起来！

于是，跳"笔画舞"和用田字格"小彩板"书空交叉进行，动静搭配，劳逸结合。"小彩板"被我戏称是小朱老师的一项"大"发明。这项"大"发明其实就是一个特大号的田字格。一张 A4 纸，只打印两张小彩板。

一年级的孩子手嫩，要学书写，用"小彩板"既可以练习书写，又比较省时省力。在孩子借助书空熟悉笔顺的同时建立书写位置的概念，帮助孩子们在日常的书空中也关注到每个字在田字格中的位置。

随着笔画的书写日趋成熟，很多孩子的书写已经不止停留在"正确"这个水平上，他们从内心萌发了要写得"美观"这样一个愿望。

小朱对于每一个笔画的书写进行了研究，给每一个笔画编了儿歌，还设计了朗朗上口、便于书写和记忆的口诀，并给每一个笔画画了书写要诀的图例。

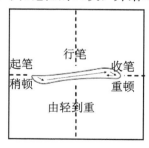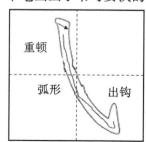

笔画书写

　　这些内容方便老师在课堂上进行笔画的细化指导，图例部分还方便了孩子们在家自己练字、书空时参考、学习、模仿和感受，对孩子们的笔画书写提升起到了相当大的帮助作用。

　　在书写过程中，首先引导学生"观察"，这比"落笔"更重要。课堂上运用"小彩板"，能更好地帮助学生建立了"田字格"的位置意识。一二年级孩子是不留书面作业的。不能用铅笔书写，又要进行书写的复习，怎么办呢？这一张漂亮的小彩板完美地解决了这个问题，成了一部分孩子取代默写的"神器"，既保护了学生幼嫩的身体，又提高了书写的效率。

　　笔画儿歌、笔画动画、跳笔画舞，再加上小彩板书空……这第一个月的笔画学习因为这样多变的形式而丰富多彩，孩子们也在这样的过程中"玩"会了所有的笔画。

　　接下来，老师和孩子们进入笔画复习阶段——开展笔画竞赛。在接下来的一段时间里，"笔画竞赛"进行了多次，每一次的竞赛内容都是写出笔画，但竞赛形式一直在变。

　　刚开始是听写，老师按笔画名称歌的顺序每个笔画念两遍，孩子把听到的写下来。

　　接着是看拼音写笔画。同样也是按着笔画名称歌的顺序排列拼音，孩子根据看到的拼音写出相应的笔画，因为孩子们对于笔画名称歌已经比较熟悉，所以，即使拼读不是太熟练的孩子写出笔画来也不困难。

　　然后是看笔画名称写笔画。

　　再往后，依然是按听写、看拼音写、看名称写（逐渐实现去拼音）的形式推进，不过，在循环运用这些形式的过程中，老师逐渐调整笔画出现的顺序，不再按着儿歌顺序进行，因为越到后来，能够熟练背诵笔画名称歌的孩子越来越多，他们可以不听不看，直接将29个笔画快速、完全、准确地写出来。这个时候就可以一点一点提高难度了。先是小范围调整一部分，进而是完全打乱顺序。如此循序渐进，一段时间后，每一个孩子不知不觉地对于这29个基本笔画可以信手拈来，烂熟于心了！

　　汉字的书写尽量延后。

　　充分练习笔画之后，根据教材生字设计的摹字本和摹写纸，发放给了孩子们，每天定时定量摹写生字，并及时进行表扬。

尽量减少用笔写，强化"书空"。

书空，即用手指按正确笔顺在空中"书写"生字。

每天回家后，要求学生练，对照着课文"我来描一描"的笔顺书空。如"个"这个字，边在小彩板上书空，边说："一笔撇，二笔捺，三笔竖。"

这一步，既帮助复习笔画，又不会因为丢开了教材生字的笔顺而为后面的复习造成负担，孩子书空生字没有压力，反而觉得好玩，在一边复习笔画，一边熟悉笔顺的过程中。学生在不知不觉将生字记在了脑海里。

以上两点是在扎扎实实进行笔画教学的前提下与教材的写字要求挂钩的一点儿小策略。所以老师尽管忙着练习笔画，教材的生字书写先"丢"在了一边，相对于同年级的其他班级，写字教学似乎落下了一大截，然而，有了良好的笔画基础，再加上每天不动笔的小彩板书空，这些看似轻松的"准备工作"，切切实实地帮助孩子们打下了一个扎实的书写底子。

整整一个多月，每天执着地进行着笔画的书写和指导，只为了将孩子们写字的根基打得扎扎实实。小学阶段，书写是一座相当难爬的山，从笔画入手，由习惯培养着眼，从观察、模仿入手。

笔画是书写的根基，"万丈高楼平地起"，没有一砖一瓦，就盖不成摩天大厦，而笔画正是这至关重要的"一砖一瓦"，笔画熟练了、写漂亮了，对以后的识字、写字大有助力。

（二）书写第二阶　部首

当班级里所有的孩子都牢牢掌握了 29 个基本汉字笔画后，老师再带着孩子们开始学习部首儿歌，书写进程正一点一点走上一个新的台阶！

汉字中，大部分的形声字，形旁（形旁是表示汉字意义的那个部分，声旁是表示汉字读音的那个部分）多为它的部首，部首归类对于学习汉字的字源、字义都是有一定帮助的。此外，部首的书写也是有一定规律的。从笔画逐渐过渡到部首，这是书写逐渐上一个台阶的过程。

每天，老师带着孩子们认识三到四个部首，并从部首儿歌中学习和这几个部首相关的儿歌。

伸手歌
shēn shǒu gē

（一）

拍　白字伸伸手，手儿拍一拍；
bái zì shēn shēn shǒu　shǒu er pāi yì pāi

抬　台字伸伸手，手臂抬一抬；
tái zì shēn shēn shǒu　shǒu bì tái yì tái

摆　罢字伸伸手，手儿摆一摆；
bà zì shēn shēn shǒu　shǒu er bǎi yì bǎi

排　非字伸伸手，大家站一排。
fēi zì shēn shēn shǒu　dà jiā zhàn yì pái

（二）

抄　少字伸伸手，抄起双手；
shǎo zì shēn shǒu　chāo qǐ shuāng shǒu

扮　分字伸伸手，扮演小丑；
fēn zì shēn shǒu　bàn yǎn xiǎo chǒu

扣　口字伸伸手，扣好纽扣；
kǒu zì shēn shǒu　kòu hǎo niǔ kòu

找　戈字伸伸手，找到朋友。
gē zì shēn shǒu　zhǎo dào péng you

　　这些儿歌句式统一，领读起来很轻松，稍稍念两遍，学生就能背诵了。课上除了读一读，也会聊一聊这些部首的相关知识，联系儿歌中带有这些部首的字来了解部首的含义，这样的学习不仅印象深刻，学生也能从字理角度来了解所学的生字，对孩子了解字源有很大帮助。

　　比如，学习的"月字旁"，孩子们从阅读的儿歌和认识的字串中发现并了解到：这个"月字旁"也叫"月肉旁"，本意不是"月"，而是"肉"，它所构成的字多是与身体各部位有关的。这样的归结，对于孩子很有吸引力，他们似乎发现了新大陆，一个个眼睛闪闪亮。

　　又如，通过小故事做重点讲解学习"示字旁"："'示'的甲骨文就像古代祭祀用的灵石。"老师边讲解边在黑板上画出甲骨文的"示"字，边给孩子们编故事，"这台上是可以放祭品的，好向神灵祈求、祈愿。所以，凡'示'字旁的字，往往与天地、祖宗、鬼神、祈福等有关，比如说祸、福、神、祖、祀、祥……"

　　这样一讲解，一画图，一示范，孩子就不会再将"示字旁"和形似的"衣字旁"

混淆了，不仅如此，他们中的一些还会饶有兴致地将"示字旁"的故事讲给朋友和爸爸妈妈听呢！

一共学习了 80 个部首，按照部首在汉字中的位置，将这些部首分成了左旁、右旁、上头、下底、半围和全围部首这六大类。同一类的部首在书写上常常存在一定的规律和联系。在这样的归类学习和书写，老师所侧重的是讲规律，每讲一个部首，都会结合它的书写规律来进行教学。

比如，学习居于汉字左侧的左（旁）部首时，老师和孩子们一起通过一次次观察对比去发现：多数整体较窄长，所占位置多小于右部分，通常占汉字左半三分之一的位置。很多左旁部首（最后一笔的）横画收身变为"提"（如车字旁、舟字旁等），捺画收腿变为"点"（就如木字旁、矢字旁等）……

很多时候，学习就是一个发现规律的过程，所以，老师试图带孩子们通过这样的一种学习一起学会"发现"，学会"归结"，这才是学习的真谛，也是书写教学高效的前提。

每次学完部首儿歌后，最后一个环节就是师生共同的观察和总结后进行书写，老师从儿歌中选择出声旁部分书写比较简单，或者教材上要求书写的独体字和当前部首结合而成的合体字来写。

比如，学习"反文旁、鸟字旁、右耳旁和立刀旁"这四个部首后，书写了含这四个部首的字"鸭、都、放、剃"。

"鸭"和"都"是沪教版教材书写要求范围内的字，"放"和"剃"是书写要求内的字"方""弟"加上了新学的部首，指导的过程主要放在对比上，尤其是"鸟字旁"和"鸟"的对比，"右耳旁"和"左耳旁"对比，还有左右高低的整体把握，这些都是在逐渐带着学生进一步学习观察，习惯好的学生会在落笔书写前仔细看老师的示范，琢磨一阵后落笔一挥而就，这样的学生，往往完成作业又快又好！不是因为他们有多聪明，不是因为他们的视力特别好——而是因为他们已经养成了良好的书写习惯！

孩子们在学部首后书写的字虽然都是合体字，这些字看似复杂，其实都是用当天学的部首加上教材要求掌握的独体字而成的汉字，一边是在复习教材的书写内容，一边在写字指导中掌握左旁部首汉字的结构规律。这其实给孩子创造了一个缓坡，由易到难，符合孩子们书写的成长规律。

　　这里要补充说明一点，进入了部首的学习阶段后，笔画书写仍然没有放手。每天课前老师依然会安排三五分钟的复习时间，挑选几个笔画让孩子们继续通过看拼音、看名称等形式进行书写，但这一阶段不再追求所有笔画日日全部过一遍，而是有针对性地挑选孩子们容易写错、书写规范上容易出偏差的一些笔画。

　　一而再，再而三地"揪"着笔画不放，实在是因为这项"根基工程"太重要了！

　　所以，只要班级里有一个孩子还没有熟练掌握汉字的笔画，在我看来，笔画的教学就没有结束！

　　渐渐地，随着部首学习的深入，每天复习笔画的过程中，老师逐渐加入了几个部首，一起巩固了一下。随着孩子们对笔画掌握的熟练程度，逐渐减少笔画的复习内容，将部首复习一点一点加了进来，今天加两个，过两天加四个……因为进程缓慢，且不断重复，孩子们丝毫没有感到压力。部首的复习方式不是直接报部首名称，而是老师说部首含义和部首名称（到了后期，有时候就只说部首含义了），孩子们记录部首，如老师说："与眼睛和眼的动作有关（的目字旁）。"孩子们再写下这个部首，这样的复习方式不仅复习了这个部首，更帮助孩子们清晰了含有这一部首的字串通常相关的含义，用意一举两得。

（三）书写第三阶　字族

　　形声字是汉字中的一支"大部队"，而字族文中的字根部分常常就是表音的偏旁了。将一个字根与若干部首组合，成为一组新的汉字，这些汉字无论从读音还是含义上，学习起来都比单独放在不同的情境中学习要来得容易很多——读音便于寻找规律，学习书写也有规可循。

　　基于此，在部首儿歌之后开启了字族儿歌的学习之旅，这阶段通过 103 首儿歌一起学习了 100 个字根，同时，进入写字教学的第三阶梯，这一阶段是对部首的一个复习巩固，渐碰渐熟的过程，同时，通过字族识字，建立汉字之间的微妙联系，大大降低学生识字写字的难度。

　　每天，基本上学习四个字族儿歌，并从中各选取了两个字族文字指导书写。

　　如，学习了"良、兰、胡、我"字根后，指导书写字族文字"娘""狼""拦""烂""湖""葫""鹅""饿"。

字族文书写指导的过程是对部首的一个复习巩固。一般每天选择进行书写练习的字部首都不会重复。相同字根的字，也会尽量选取不同结构的文字，目的是教会学生归类了解不同结构字的书写比例和位置关注点，在不断地循环反复中，孩子们对于这些规律会越来越熟悉，逐渐内化为自己的书写规则。

当学生的笔画掌握得相当熟练后，部首这块一点一点加入，渐渐和笔画"平分天下"。笔画、部首，再慢慢进入字族归类学习，学生的书写局面渐渐打开，一些学生凭借着课堂内外对于汉字规律、造字起源等的学习和了解，对汉字的陌生感越来越少，这就是带着学生以这样的一个过程学习汉字以及汉字书写的原因。

这一阶段，每天的复习环节内容和笔顺结合起来，从单纯的笔画书写变为了以汉字笔顺为形式的笔画复习，这样的形式转换是在每一个学生的笔画掌握得已经滚瓜烂熟、倒背如流的前提下开展的。

五₃ 面₇ 花₇ 吹₅ 没₅
为₃ 正₄ 过₅ 长₃ 母₃

如上，每一个汉字后面的数字表示的是写出这个字的第几个笔画。这样的复习一举两得，一则复习笔画，二则熟记笔顺。那段时间，小彩板的书空每天依然还在继续着，一部分用心的孩子将每天学习的字根、字族文字都一一进行书空复习，很快记住了很多汉字的书写笔顺，可谓收获满满！还有一点更重要的——这样复习书写，孩子们不觉得累。

说到笔顺，这是小学阶段的一个小难点，说难，是因为它比较零散，即使有所谓笔顺规则，也无法套用到每一个汉字，因此，在学习一些笔顺比较特别的生字时，老师要反复强调一些容易写错的笔画，此后的巩固也是一个重要环节，否则，积少成多，一些孩子就容易混淆。

每天拿出几个易错笔顺的字复习，根据孩子错误的字，有针对性地多次书空，有助于孩子牢记这个字的笔顺，更重要的是，通过书空，记住了一个字根的笔顺，同时，也相当于将带有这个字根的一组字族文字都记住了，可谓举一反三，轻松有效！就这样，在每天不经意的、毫不费力的书空复习中，老师带领学生将"笔顺"这座困难的小山一点点"攻下"。

复习环节，部首依然也继续"掺和"，每天的复习过程都是与部首本身的含义和用法链接起来的，在报部首的同时，也会说几个带有这个部首的字，唤起孩子们的回忆。

三、成语教学

经过半年的海量阅读，一年级的学生有了脱胎换骨的变化，从只知玩闹的小捣蛋变成了捧着书读得津津有味的小读者。下学期课堂共读的材料难度明显增加。适合一年级下学期集体诵读的材料有成语接龙、古诗接龙、短小故事、蒙学读物等。

2007 级学生上三年级时，我曾在图书展销会上买了 60 本《成语小词典》，让全班通读了一遍。读词典，好像是有些偏执的行为，教学起来也有些困难，但我固执地认为，小学语文老师要给学生打好字音基础，词的意思完全可以在阅读中无师自通，读读而已，成语的意思看不看都无所谓。2014 级的学生，朋友推荐我教他们编写的《成语接龙》，这一教就尝到了甜头，一口气开发了三套成语接龙。成语接龙的教学，从一年级下学期到六年级都可以进行，只是年级不同，教学内容和教学方法的选择也不同。

对低年级学生来说，成语不像儿歌和小故事那样一读就懂，有些成语解释了学生也不明白，从这个角度来讲，低年级学生学成语接龙有难度，但《成语接龙》龙头接龙尾，适合背诵，低年级学生个个是背诵的天才，从这个角度来说，成语接龙很适合学生学习。成语虽说是死记硬背到脑中的，但以后在文章中见到这些成语时就有了似曾相识的感觉，还因为《成语接龙》是四个字的，比较短，适合练习拼音，可以集中复习一下拼音。我们学习的第一条是《登鹳雀楼》为龙头的成语接龙。

（一）《成语接龙——登鹳雀楼》

这套成语接龙以《登鹳雀楼》这首诗的 20 个字"白日依山尽，黄河入海流。欲穷千里目，更上一层楼"当龙头，上册 10 条龙，下册 10 条龙。选择这条成语接龙是因为录音节奏明快，伴奏的音乐给人以欢快跳跃的感觉，男女声搭配的诵读吐字清晰响亮，音质优美。我和淄博的两个徒弟刘维丽、寇丽君边教边改，改编成了"傻瓜相机"一样好操作的书。

一边是生字，一边是成语接龙。

我会认	
愉 斜	白头到老　老气横秋
虚 横	秋高气爽　爽心悦目
爽 扬	目不斜视　视死如归
箭 悦	归心似箭　箭不虚发
视 似	发扬光大　大获全胜
获 秋	胜任愉快　快人快语

1. 叔叔和阿姨结婚时，你会用什么成语祝福他们呢？

2. 放学了，玲玲的肚子特别饿，她急急忙忙往家走。你会用什么成语形容她此刻想回家的心情？

3. 在学校的合唱比赛中，我们班荣获最美声音奖、最佳指挥奖、最具创意奖，所有的奖项都被我们摘取了。你能用哪个成语来形容？

教学时反复整体诵读这一页成语接龙的 12 个词，诵读过程中安插"猜一猜"用来活跃气氛，引导孩子学以致用。"猜一猜"只是一个例子而已，老师们很快就有了自己根据班级具体情况设计的"猜一猜"。

老气横秋：用来形容没有朝气，或自负摆老资格的样子。

秋高气爽：形容秋日晴空明净高朗，气候凉爽宜人。

爽心悦目：指看到美好的景色而心情舒畅。

视死如归：把死看得好像回家一样。形容不怕死。多指为正义事业，不怕牺牲。
发扬光大：使美好的事物在原来的基础上不断发展、扩大和提高。
胜任愉快：有能力承担并能很好地完成任务。

老气横秋：形容没有朝气，或自负摆老资格的样子。
秋高气爽：形容秋日晴空明净高朗，气候凉爽宜人。
爽心悦目：指看到美好的景色而心情舒畅。
视死如归：把死看得好像回家一样。形容不怕死。多指为正义事业，不怕牺牲。
发扬光大：使美好的事物在原来的基础上不断发展、扩大和提高。
胜任愉快：有能力承担并能很好地完成任务。

参考释义

　　这些成语的解释，一年级的学生阅读起来有一定难度，所以如果一年级学这本成语接龙，就只有部分识字多的学生完成"根据释义猜成语"，对识字少的孩子来说，这是给家长和老师做参考的。如果二年级及中高年级的学生学习这本成语接龙，学生完全可以自己完成。目标的达成要"因人而异、因班而异"。

成语接龙（上）检查表

龙次	拼读、指读注音成语 ★	指读无注音打乱顺序的成语 ★★	背诵成语 ★★★	认读生字 ★★★	根据释义猜成语 ★★★★	奖励
1 白						
2 日						
……						

　　像这样的表格，朱霞骏在教学成语接龙时就把"拼读、指读注音成语"这一项取消了，因为她的学生拼读已经很熟练了，拼读不熟练的班级就可以保留这个最低的目标。"背诵成语"和"认读生字"哪项更难一些？就要根据学生的年龄来确定。一年级小朋友"背诵成语"速度快，中高年级学生当然是"认生字"容易。2000 年我在青年路小学教的学生姜奕彤 2016 年大学毕业，她教六年级设定的目标加上了"背诵默写接龙"这个目标。年级不同，"星级评价表"的内容和顺序不同。

第 2 页：

箭不虚发　胜任愉快　老气横秋　快人快语
目不斜视　归心似箭　发扬光大　秋高气爽
白头到老　大获全胜　视死如归　爽心悦目

第 3 页：

群雄逐鹿　长话短说　理屈词穷　二龙戏珠
手到病除　珠联璧合　语重心长　合情合理
穷兵黩武　武艺超群　鹿死谁手　说一不二
　……

　　《成语接龙——登鹳雀楼》上下册，都在书的最后放了十页"打乱顺序、无注音"的接龙。上课反复强化的是"按顺序接龙"这个整体，当学生能对"整体"熟读成诵之后，就可以根据"整体"去自学"打乱顺序、无注音"的这个"部分"。我给学生编排阅读材料，首先要为学生自学设置方便条件，所以我的学生一入学就能自学，随着识字量的增加，自学能力越来越强。

这个版本的《成语接龙》引发了一线老师的无限创意，公开课、集体活动展示等，都能让学生"嗨"起来，观看者激动不已。

（二）《成语接龙——画》

第二本《成语接龙》是以《画》这首诗为龙头的，是承德的宋彦国和霍宗学两位校长编排的成语。我和淄博的刘维丽、成都的周平昭、上海的朱霞骏边教边加解释和应用。成都周平昭老师班的学生家长何淼老师一鼓作气为学生们配了960幅漫画。《成语接龙——画》因为有了漫画，个别生僻的成语也变得简单易懂，孩子们学得很开心。

远走高飞　飞黄腾达　达官贵人　人见人爱
爱不释手　手下留情　情同手足　足智多谋

当然，这些漫画一直存在争议，大多是从"音"上帮助记忆，并没有画出成语的意思。但我们在教学中发现，这些让我们成年人看起来挺没意思的漫画，孩子们却一看就心领神会。

我们的"海量阅读系列丛书"是"教"出来的，不是"写"出来的。这套成语接龙，我的学生和家长们参与了改动。

……

邻女嫛人：<u>一男人对邻居楚人的妻子耍流氓，被楚人妻子责骂。挨了骂的男人认为找妻子就应该找邻居楚人妻那样忠于自己婚姻的女人。比喻各为其主。嫛，指"骂"。</u>

户告人晓：让每家每人都知道。<u>（这个可以删去）</u>

竹马之好：<u>几个小孩骑着竹竿当马一起玩，指童年时代就要好的朋友。</u>

……

上述内容中加下划线的部分是琪琪和家长一起改的，上课时，我已给学生们解释了成语，但面对50多个学生时，老师对学生的了解不如家长细致：哪些成语不解

释学生也会，就删去；哪些成语学生不理解，但老师没有解释就添上；哪些成语解释的语言学生不懂，就改成学生能理解的语言。

《画》成语接龙 "远" 字头龙教案

第一组

远走高飞　飞黄腾达　达官贵人　人见人爱

爱不释手　手下留情　情同手足　足智多谋

谋财害命　命中注定　定国安邦　邦家之光

你们俩一起学习一起玩耍，感情很深，如同什么？

熙晨、雨诺、欣冉不但自己学习好，而且帮助同学。她们长大后学问好，人品好，能成为什么样的人才？

钧同将来成了大企业家，挣了很多钱做公益，电视台采访我："这位学生怎么这么乐善好施啊？"我就说："因为他们从小接受经典的熏陶，像他这样又善良又有学问的学生是_____"

第二组

光明正大　大得人心　心口不一　一心二用

用兵如神　神不守舍　舍生忘死　死灰复燃

燃眉之急　急于求成　成人之美　美不胜收

最近有小偷半夜潜入人家偷东西，搞得人心惶惶的，这个贼不长眼，竟然偷到警察局长王一川的房间了，王局长抓住了小偷，这真是_____

我们以后学习经典文化，知道圣人倡导杀身成仁，国家有难时，我们应该怎么做？

园林设计师小于把潍坊建设漂亮极了，老师们今天来到潍坊，感觉潍坊怎么样？

我设计的以上几个问题，大部分以我的学生为主人公。

（三）任选一个字就能成语接龙的绝招

2015 年 5 月，海量阅读群中的网友在淄博举办了"第一届海量阅读年会"。刘维丽带自己班的学生在会场上学完一条《成语接龙》后，请参会老师任意说一个字，他的学生马上以这个字为龙头进行成语接龙。一年级的小不点成了"考不倒"，震惊了整个会场。同年 6 月，数位老专家到我所任职的学校检查工作，我的 50 多个学生，一个不落地拉到会场上，专家任说一个字，小朋友们都接龙，老专家很高兴。

刚刚入学不到一年的学生为什么能够考不倒？

第一，因为低年段的小孩子死记硬背的本领强。两套成语接龙，接近 2000 个（包括重复的）成语，背得滚瓜烂熟，有的学生字不一定认识，但能背诵，到了中高年级，学生这项背诵的神奇本领就会无声无息地消失。能背诵，但却不一定认识其中的生字，更谈不上理解，有用吗？也许，有的人会认为这是伤害学生的死记硬背。我们静待花开，等到三年级，看我们学生的作文，一个又一个成语用得自然恰当，那不是老师教的，是那些能读熟或能背诵的成语在自由阅读过程中，学生无师自通地理解了意思、学会了应用。

第二，上场之前当然要临阵磨枪，经常任说一个字练习接龙。

第三，还有一个小小的技巧，按《新华字典》上"汉语拼音音节索引"的顺序给每一个音找一个成语。列出表格。万事开头难，对那些成语缺少的读音加强一下训练，只要开了头，接上几个成语，就链接到了他们背诵过的成语接龙上，小朋友就能一个成语一个成语地接下去，小孩子的智力真是神奇。

这种接龙练习有什么用呢？

首先从声音上激活，生活中遇到了任何一个音节，都能激活学生头脑中的一个成语。以后，学生年龄稍大一些，阅读量达到一定程度之后，再从意义上激活。

一年级的学生，不假思索地从小嘴中蹦成语，让人感觉特别可爱。所以，有人听课，我不喜欢搜肠刮肚地设计花样，一节平淡而高效的课之后，请听课的老师随意说一个字，我们就开始成语接龙，把课堂气氛推向高潮。那些低年级的学生大多是"人来疯"，特别喜欢在听课的老师面前显示他的本事。

（四）读成语、编故事、练书法

学生喜欢听故事，喜欢读押韵的文字，《韵读成语》深受孩子们的喜爱。这套书按古代"十八韵"编排了720对成语，每一对成语的意义都有关联，这和适合死记硬背的成语接龙有所不同，要从意义上来记忆成语。所以在一年级学习难度较大，适合2～6年级学生诵读。从成语意义上来记忆，除了记诵了一些成语外，还积累了一部分近义词、反义词，同时在学成语的同时了解音韵知识。

学习的方法和成语接龙一样，首先采用各种形式诵读，诵读永远是学习语言的最好途径。

1. 诵读的各种节奏

以下面成语为例说明诵读的各种节奏：

家无斗储　寅吃卯粮　捉襟见肘　欲盖弥彰　撤水拿鱼　池鱼遭殃
每况愈下　病入膏肓　剖腹藏珠　剜肉补疮

（1）青蛙唱歌。

申艳琼老师录音的节奏，每个字平均用一样的时间，读的速度较慢，听得清楚，我们戏称青蛙唱歌。平日课堂上，上课铃声一响，就放"青蛙唱歌"的录音。每每新授，先用"青蛙唱歌"的节奏读几遍，在学生基本读正确之后，再换速度快的"小鹿狂奔"节奏。

（2）小鹿狂奔。

每个字都快速诵读的节奏可以叫"小鹿狂奔"，速度快，用时少。《韵读成语》前后相连的两个词意思相关，可以让学生从以前学过的《成语接龙》中找更多意思相关的词，这个过程中可以用速度快的"小鹿狂奔"节奏，拍着手或拍着桌子读。

家无斗储　寅吃卯粮　捉襟见肘　欲盖弥彰
撤水拿鱼　池鱼遭殃　每况愈下　病入膏肓
剖腹藏珠　剜肉补疮

（3）麻雀跳舞。

故事讲完了，相关的词也找了，学生已把这一页 10 个成语读熟了，就可以用"麻雀跳舞"的节奏读，这种节奏四个词一组，读完这一页，翻到下一页接着读。

家无斗——储——　寅吃卯——粮——　捉——襟——见——肘——　欲盖弥——彰——

撤水拿——鱼——　池鱼遭——殃——　每——况——愈——下——　病入膏——肓——

剖腹藏——珠——　剜肉补——疮——

过渡到下一页成语：

酪——酊——大——醉—— 踉踉跄——跄——
……

2. 边听故事边读成语

《韵读成语》这本书每页十个成语，我绞尽脑汁地把这十个成语编成一个故事，边讲故事边诵读成语。我编写的故事情节很多与历史相关，如《韵读成语》寒韵第二十二组。

言不由衷　玄之又玄　妖魔鬼怪　鹰鼻鹞眼　尖嘴猴腮　摇旗呐喊　怒目圆睁
虎视眈眈　鹦鹉学舌　挑拨离间

乾隆皇帝是一个非常有魄力，非常伟大的君主。但是他在晚年宠爱一个奸臣，大家知道叫什么吗？叫和珅，和珅这样的奸臣啊，光会拍马屁，说话都不是发自内心的，皇上喜欢什么，他就说什么，他整天说些言不由衷的话，说那些很玄妙的难以理解的话，玄之又玄的话。在和珅的周围，有很多像妖魔鬼怪一样的坏人，他们因为老做坏事，长得也凶，鹰鼻鹞眼；要么就长得尖嘴猴腮，样子很丑陋。这些人摇着旗子就大声地喊，皇帝英明，皇帝真帅……乾隆皇帝沉迷于天朝大国的美梦中，他觉得中国当时是世界是最强大的，疆域最广阔的。外国的使者想拜见他，他坚持要求三跪九叩，但外国的使者接受不了这样的礼节。这个乾隆虽然是一代圣明的君主，但是他和唐太宗李世民比起来可就差远了，唐朝时四方来朝，那些外国使节按照自己国家的礼仪来拜见李世民，李世民不坚持三跪九叩的礼节。乾隆没有李世民的胸怀，把外国人当成蛮夷，当成野蛮人，不知道国外现在发展迅猛，对中国虎视眈眈，想着伺机来瓜分中国。因为乾隆周围的人，都像鹦鹉学舌一样，乾隆说中国非常强大，他们也跟着说很强大，如果有一个忠臣，有一个放眼看世界的人告诉乾隆国外发展得很快的话，那么奸臣正好借机挑拨离间。

《韵读成语》唐韵第一组从另一个角度再讲和珅的故事。

泱泱大国　不卑不亢　大权独揽　如愿以偿　根深叶茂　桂子飘香　丢卒保车

李代桃僵　一张一弛　千妥万当

这是乾隆年间的故事。乾隆有两个喜欢的大臣，一个叫纪晓岚，他特别有才，敢于说真话，体现了中国这个泱泱大国的风范，做人做事不卑不亢，非常有分寸。还有一个大臣叫和坤，他是个趾高气扬，盛气凌人的人，对皇上专拍马屁，通过拍马屁讨皇上欢心，从而大权独揽如愿以偿。很多事情他说了算，别人上供的东西，他先挑好的，把不好的给皇帝。他还任用了很多的官员，那些拍他马屁的人就当上了大官。和坤觉得自己的势力已经根深叶茂，地位已经很稳固了。在桂子飘香的季节，就是中秋节的前后，他和他的那些孝子贤孙，也就是巴结他的那些坏人喝酒庆贺。正高兴的时候，传来了一个他非常害怕的消息，乾隆死了，乾隆的儿子嘉庆帝正在调查他做的那些坏事。和坤吓坏了，打算把他做的那些坏事找一个替罪羊来顶上，于是巴结他的那些坏的官员替他顶罪，丢卒保车，把那些小卒子丢出去，保住他这个车，让别人代他去死，李代桃僵。嘉庆帝没有被他迷惑，把他的家抄了，和坤的势力彻底倒了。嘉庆帝抄了和坤以后，从他家搜出的金银财宝太多了，是清政府十年的国库收入。嘉庆有了这么多的钱，就可以松一口气了。以前嘉庆帝为了保住自己太子地位，要巴结这个和坤，搞得自己非常紧张，现在一切都非常妥当了，千妥万当，嘉庆帝就可以松一口气了，一张一弛。

讲故事要和当下的生活产生联系，如当时正热播电视剧《芈月传》，我就把芈月编到《韵读成语》寒韵第五组的故事中。

计功授爵　奖勤罚懒　量才录用　任人唯贤　优胜劣汰　宁缺毋滥　以厂为家
埋头苦干　各就各位　各管一摊

芈月和她的王后姐姐打起来的时候，她的姐姐派刺客去刺杀她。芈月把那个刺客抓住了，绑在大殿前，还让很多士兵一起听她演讲。她对这些刺客和士兵说："在我们秦国，什么样的人能当官呢？不是你的祖先当官，你就能当官，而是要看谁对这个国家有功劳。如果你有功劳，你就能够取得爵位，当上官，计功授爵。勤奋的就能得到奖励，懒的就会受到惩罚，这叫奖勤罚懒。有才的能得到录用，这叫量才录用。贤德之人能够被任用，这叫任人唯贤。如果你是优秀的，那你能够胜出；如果你是差的，那你就会被淘汰，这叫优胜劣汰。这个职位如果没有合适的人才，宁可缺着也不能任用一些无用的官员，这叫宁缺毋滥。"芈月凭借这个演讲取得了天下百姓甚至奴隶的拥护。一个工厂也是这样，要奖勤罚懒，量才录用，任人唯贤，优胜劣汰，才能得到能干的工人的支持，工人才能以厂为家，埋头苦干，各就各位，各管一摊，各自管好自己的那一摊子。

唐韵第七组和学生的生活联系得就更紧密了，完完全全是学生自己的生活。

如梦初醒　豁然开朗　雨后春笋　蒸蒸日上　旱苗得雨　苗壮成长　奇葩异蕾
含苞欲放　雕栏画栋　金碧辉煌

小朋友们，你们上学一年半了，还记得刚上一年级时"ba、pa"也拼不出来的时候吗？（小朋友们想起往事，点头）现在你们把六年级的课本都读完了（小朋友们骄傲地笑）。现在认识了这么多字，在书中发现很多好玩的故事，才如梦初醒、豁然开朗，原来读书这么有趣。你们的本领如雨后春笋蒸蒸日上，你们是在雨水滋润下的小苗正苗壮成长。长成含苞欲放的奇葩异蕾，真美！韩老师天天欣赏咱们班的51朵花，这朵鑫鑫花很美，这朵林林花很靓……咱们二年级五班这些栋梁之材长大后，会把每个家庭都建设得雕栏画栋、金碧辉煌，祖国到处美丽。

鑫鑫、林林都是我的学生，讲故事把学生编排进去，孩子们好开心啊。
给小孩子讲故事当然是讲得好玩，《韵读成语》141页唐韵第九组就能编成一个好玩的故事：

鸡毛蒜皮　竞短争长　横拖倒拽　生夺硬抢　塞翁失马　龙凤呈祥　盲人瞎马
不堪设想　锅碗瓢盆　奇形怪状

有一个小流氓整天跟别人争鸡毛蒜皮的小东西，竞短争长，争不到就横拖倒拽、生夺硬抢。有一个老爷爷家的被子被流氓抢走了，老爷爷心态很好，说："旧的不去，新的不来，<u>塞翁失马</u>，焉知非福，我们的东西被抢走了，这件坏事是好事的征兆，<u>龙凤呈祥</u>的吉兆马上就要呈现了。"老奶奶说："你个傻老头子，东西一件一件被抢，我们最后就会一贫如洗，就会饿死，就像<u>盲人瞎马</u>会掉到沟里摔死一样，后果<u>不堪设想</u>。"老爷爷笑呵呵地安慰老奶奶要乐观。正说着，他们家的<u>锅碗瓢盆</u>变得<u>奇形怪状</u>，成了三角形等，变着变着，铁的、瓷的锅碗瓢盆变成银的了，变成金的了……真的<u>龙凤呈祥</u>啦！

　　这种"瞎编乱造"的故事最受孩子们欢迎，讲到锅碗瓢盆的变化时，只听小朋友一阵惊呼，我感觉自己好有才啊！孩子们的这一声声欢呼，他们抬头期盼故事的眼神，使我备受鼓舞。老师经常编造这些无厘头的故事，孩子们听了好开心，天天盼着上语文课听故事，激发了学习的兴趣。这些故事虽说都是随口编出来的，但把成语的意思都解释清楚了，通过一个小故事理解 10 个成语，效率也算得上高。在老师的指使下，家长们对孩子从老师那里转述的故事表示了浓厚的兴趣，听得兴致盎然，激发了孩子讲述的热情，孩子就愿意把听到的故事复述给家长，这是就口头作文练习。讲述过程中，孩子会加上自己的创作，老师没编故事时，学生会自己编，这是更高层次的创作。

　　辽宁少年儿童出版社把何淼老师的漫画插到了我讲的故事中：

　　刘备三顾茅庐把诸葛亮请出来之后，他们过了一段艰苦的岁月。刘备被曹操追

得东逃西窜，这一段不寻常的岁月，就叫 。这段岁月很快就过去了，

，诸葛亮借东风火烧赤壁，奠定了三足鼎立的局面，刘备有了自己

的地盘之后，在天府之国四川 。他们并没有因为有了地盘

就开始享受，而是把武器放在枕头底下，时刻准备战斗，，

想把挟持皇帝的曹操打败……

　　这样，学生边读文字，边思考图画，"峥嵘岁月　光阴荏苒　安营扎寨　枕戈待旦"等成语就学得轻松愉快了。

韩老师：

　　您好！

　　杰杰周末和他朋友一起出去玩，把你教的知识好好炫耀了一番。吃饭的时候他朋友在发呆，他说人家"呆若木鸡"。吃完饭他又建议成语接龙，同是二年级的，差别就大了，人家接了一两个，剩下都是他自己说的，简直就是口若悬河，他朋友和他父母听得一愣一愣的。由于最近学《韵读成语》，您上课讲的历史故事多，杰杰最近迷上历史，回家也不和小朋友一起玩，看起了电视《康熙王朝》，边看边讲，说得我都自叹不如。那个小朋友直接不感兴趣，他父母也有些急了。昨晚读《韵读成语》，我朗读"东韵篇"，自我感觉不错，就故意说我比韩老师读得好吧，他却说："你简直就是以卵击石，韩老师会把你击成七棱八瓣。我们韩老师那是名师，你不要班门弄斧、贻笑大方。"前期学成语接龙时，他还没把成语运用得这么恰当，自从学了《韵读成语》，两本结合起来，最近这种成语运用得特别多，时不时蹦出一句来。家长看在眼里喜在心里，真是太感谢韩老师为孩子们的付出了。孩子在您的影响下知道的越来越多，以前我老和班里那些优秀的学生比，感觉我们差了一大截，老凶他，其实和别的小朋友比他还是不错的。怎么有点王婆卖瓜，自卖自夸的味道？哈哈！我也会学以致用了！

　　祝福您和孩子们！

木杰妈妈

3. 练习书法、写话

　　朱霞骏的学生写字基础打得好，写话练习得早，他们在二年级学《韵读成语》时就不仅仅是口头说话，也进行书面写话。写一段话，尽量用上更多的成语，所以，

这也就成了一本练习写作的书。《韵读成语》还配了书法练习本，第一行可以描，第二行可以临摹。

北海学校三（5）班学生张泽源的写字作业

四、经典教学

（一）蒙学读物

古代的蒙学读物，如《三字经》《弟子规》，对现代的孩子来说，理解上有一定难度，但得到孩子喜欢的原因除了读物本身的魅力外，还因为很多小朋友在学龄前读过开头几页《三字经》《弟子规》，所以一念，小朋友就像见到亲人一样忍不住欢呼雀跃。其实，很少有把整本《三字经》《弟子规》念到底的，老师再往下教学，还要想出种种招数才能引导小朋友学到底。

  首先是诵读的各种形式，首先听普通话正常语速的朗读，网上能搜到录音，有了录音，老师就有精力观察提醒学生专心读书。正常语速朗读几遍，读准字音后，再加快速度，用陈琴的歌诀乐读法练习，反复诵读后就慢慢熟读成诵了，读累了，就跟着慢慢悠悠的吟诵录音"唱"。诵读的方式快慢有致，劳逸结合，学生很喜欢。

  低年级蒙学读本以读为主，理解的方式有三个：一是老师可以深入浅出地简单讲解；二是部分识字多的学生看译文背诵原文；三是老师引读。老师的引读是为了帮助学生理解。第一次的引读范围大，等反复引读以至学生都会说引读的话时，第二次引读的范围缩小，可以帮助学生理解得更细一些。

  以《三字经》第三章"循序渐进读经典"为例。

  第一次引读的标记是"一、1，一、2，一、3……"，第二次引读的标记是"二、1，二、2，二、3……"。这些引读的问题最初可以按顺序问，等学生熟悉后可打乱顺序问。开始是老师问，学生读，后期可以学生问，学生读。像四书的第一本《论语》这样引读的语言要反复说，简单一句话的重复并不浪费时间，却强化了一个概念。句子的意思只讲一次即可，不需要学生能讲出意思，小孩子理解得似是而非，感觉好像"学了跟没学一样"也不要紧，只要后期能跟上古文的海量阅读，所有似乎"水过地皮湿"的阅读都会化为学生的能力。

> 一、1：古人读书的顺序是什么？
> 一、2：哪几行介绍四书？
> （二、1：四书的第一本《论语》，齐读，背诵）
> （二、2：四书的第二本《孟子》，齐读，背诵）
> （二、3：四书的第三本《中庸》，齐读，背诵）
> （二、4：四书的第四本《大学》，齐读，背诵）
> 一、3：古人以孝治家治国，先读《孝经》，再读《四书》，然后读什么？
> 一、4：哪几行介绍六经？
> （二、5：六经指哪六本书？齐读，背诵）
> （二、6：六经的第一本《易经》，齐读，背诵）
> （二、7：六经的第二本《尚书》，齐读，背诵）
> （二、8：六经的第三本《周礼》，齐读，背诵）

> （二、9：六经的第四本《礼记》，齐读，背诵）
>
> （二、10：六经的第五本《诗经》，齐读，背诵）
>
> （二、11：六经的第六本《春秋》，齐读，背诵）
>
> 一、5：六经读完再读《诸子百家》，齐读，背诵。
>
> 一、6：诸子百家读完读史书

对照着下面的文字就能把上面的提问看得一清二楚。

> 一、1：凡训蒙，须讲究，详训诂，明句读。
>
> 　　　　为学者，必有初，小学终，至四书。
>
> 一、2：论语者，二十篇，群弟子，记善言。二、1
>
> 　　　　孟子者，七篇止，讲道德，说仁义。二、2
>
> 　　　　作中庸，子思笔，中不偏，庸不易。二、3
>
> 　　　　作大学，乃曾子，自修齐，至平治。二、4
>
> 一、3：孝经通，四书熟，如六经，始可读。
>
> 一、4：诗书易，礼春秋，号六经，当讲求。二、5
>
> 　　　　有连山，有归藏，有周易，三易详。二、6
>
> 　　　　有典谟，有训诰。有誓命，书之奥。二、7
>
> 　　　　我周公，作周礼，著六官，存治体。二、8
>
> 　　　　大小戴，注礼记，述圣言，礼乐备。二、9
>
> 　　　　曰国风，曰雅颂，号四诗，当讽咏。二、10
>
> 　　　　诗既亡，春秋作，寓褒贬，别善恶。二、11
>
> 　　　　三传者，有公羊，有左氏，有谷梁。
>
> 一、5：经既明，方读子。撮其要，记其事。
>
> 　　　　五子者，有荀扬，文中子，及老庄。
>
> 一、6：经子通，读诸史，考世系，知终始。

当然，古代的蒙学读物对今天的老师、学生、家长来说都不简单，也可以放到二年级或二年级以后学习。对《弟子规》的学习一直存在争议，读不读要看老师的理念，但《三字经》无论早晚是一定要学习的，而且要反复背诵其中对历史精练的总结文字。

　　因为有家长和学校的支持，没有了考试和写话的掣肘，我们的一年级读得高效，读得开心。到 6 月，所有的学生都乐于自由阅读小故事，阅读的能力在恰当的年龄得到明显提高，阅读的兴趣也就自然而然地培植起来了。

（二）陈琴歌诀体乐读法和吟诵

　　我跟陈琴是十多年的好友，但一直没有像她那样从低年级就教难度大的古文，总觉得很难操作，我一直到高年级才教学长一些、难一些的古文。2015 年，我在成都的"经典海读成长营"听了陈琴十节课，也第一次借班上了十节课。陈琴的这十节课改变了我的观念，也教给我很多方法。回到学校后，我自己掏钱给学生买了三本陈琴的《中华经典素读范本》，之所以由我掏钱，是担心教不好。教了两本后，发现有了打快板似的"陈琴歌诀体"录音，低年级学生也能接受那些难度大的古文。

阿房宫赋（唐·杜　牧）

　　六王毕，四海一，蜀山兀，阿房出。覆压三百余里，隔离天日。骊山北构而西折，直走咸阳。二川溶溶，流入宫墙。五步一楼，十步一阁；廊腰缦回，檐牙高啄；各抱地势，钩心斗角。盘盘焉，囷囷焉，蜂房水涡，蠹不知其几千万落。长桥卧波，未云何龙？复道行空，不霁何虹？高低冥迷，不知西东。歌台暖响，春光融融；舞殿冷袖，风雨凄凄。一日之内，一宫之间，而气候不齐。

　　把诵读的重音标上符号，全班一起边拍边读，真是声震屋瓦、气势宏大。
　　语文课首先是读书课，古诗的学习比白话文难度要大，更要落实诵读。《诗经》这首诗的教学过程中讲几句就读一读，十分钟学完这首诗，共读了 8 遍。陈琴的歌诀体诵读法和吟诵倍受学生喜欢。

诗经·鄘（yōng）风·相鼠

　　相鼠有皮，人而无仪！人而无仪，不死何为？
　　相鼠有齿，人而无止！人而无止，不死何俟（sì）？
　　相鼠有体，人而无礼，人而无礼！胡不遄（chuán）死？

（1）"相鼠"的"相"是什么意思？和"相马、相面"一样是"看、观察、品评"的意思。

今天我们来"相"一只老鼠，是只什么样的老鼠呢？齐读——

（2）先相一下这只老鼠有什么？外有皮，内有齿，整体有身体。齐读——

（3）再来相一个人，看人缺少了什么？

> 仪：仪表、仪态
> 止：停止、节制
> 礼：礼节

齐读——

（4）人不如老鼠，所以人家骂他：

> 为什么不去死？
> 不去死还等什么？
> 为什么不快点去死？

齐读这首诗人骂人的话：

> 不死何为？
> 不死何俟？
> 胡不遄死？

三千年前，我们的祖先就这么赤裸裸地骂人，骂得这么解气。齐读——

（5）韩老师给大家编故事听不听？

三千年前，一个叫丽丽的小姐姐接到远方的姑姑的来信，姑姑想她了，丽丽的妈妈让她跟着叔叔去看姑姑。路上，王叔叔骨折，等养好伤已过三个月，到了姑姑家，发现找不到姑姑了，姑姑家大门紧闭，不知去哪里了。路费已用得差不多了，没钱回家，只好暂时在姑姑家的那个镇上租了房子开服装店挣回家的路费。有一个流氓看到丽丽长得漂亮，天天去逼着丽丽嫁给他。丽丽不理他，他就把顾客赶走。丽丽一怒之下就拉着他去见官。那个官员刚听丽丽说完，就说："把这个流氓拖出去乱棍打死。"然后走到丽丽面前，摸着丽丽的脸说："好美啊！给我当小老婆吧！"

知道丽丽怎么做的吗？齐读——

诗经中的民风部分大多没有史料根据，老师可以根据诗句的意思随意编故事。

（6）听录音，跟着陈琴老师一起吟诵。

（三）其他经典诵读文本

在经典文化已经断层的今天，咱们当老师的人不懂声律知识，但不能因为我们的文化已经断层，而让后代永远断层下去。不懂的老师如何教学生？最简单的办法就是跟学生一起诵读《声律启蒙》《幼学琼林》。按照由浅入深的原则，最好从丁慈矿老师的《晨读对韵》开始学起，朗朗上口而又语意清浅。

一麻（a）

天对地，室对家，落日对流霞。黄莺对翠鸟，甜菜对苦瓜。狗尾草，鸡冠花。白鹭对乌鸦。门前栽果树；塘里养鱼虾。有时三点两点雨；到处十枝五枝花。

优对劣，丑对佳，肃静对喧哗。光明对黑暗，谨慎对浮夸。苹果脸，葡萄牙。异卉对奇葩。知音存海内；朋友遍天涯。黄梅时节家家雨；青草池塘处处蛙。

二波（o）

繁对简，少对多，蔓草对松萝。珊瑚对玛瑙，河蚌对田螺。星妩媚，月婆娑。曲径对斜坡。黄鹂歌婉转；绿柳舞婀娜。芳林新叶催陈叶；流水前波让后波。

弦对管，鼓对锣，淅沥对滂沱。观光对借鉴，浊浪对清波。须奋斗，莫蹉跎。北海对东坡。眼中沧海小；衣上白云多。气似长虹贯玉宇；心如皓月映澄波。

······

五、诗歌教学

（一）古诗接龙

古诗教学的起步从《古诗接龙》开始最为简单易行。古诗教学无论是从低年级还是从中年级开始，都是先以鹦鹉学舌地跟着录音诵读开始，诵读过程中对诗的意思可以不求甚解。诵读过程中，学新诗的时候要联系以前学过的诗词，可以联系同类的诗作，可以联系作者的生平，可以联系作者所处的朝代背景，最后形成诗、人、史串在一起的知识网络。

1. 鹦鹉学舌诵读古诗词接龙

《古诗接龙》的录音节奏欢快鲜明，低年级小朋友们可以一边诵读一边跳跃，分不清是体育课还是语文课。像成语接龙一样，上一首的诗尾接下一首的诗头。

春晓（唐·孟浩然）

春眠不觉晓，处处闻啼鸟。夜来风雨声，花落知多少。

劝学（宋·朱熹）

少年易学老难成，一寸光阴不可轻。未觉池塘春草梦，阶前梧叶已秋声。

夏日绝句（宋·李清照）

生当作人杰，死亦为鬼雄。至今思项羽，不肯过江东。

商歌（宋·罗与之）

东风满天地，贫家独无春。负薪花下过，燕语似讥人。

大林寺桃花（唐·白居易）

人间四月芳菲尽，山寺桃花始盛开。长恨春归无觅处，不知转入此中来。

题目、作者背不背、讲不讲？

在一年级，最重要的是抓住这个死记硬背的关键时期，只诵读不讲解，对题目、作者完全可以视而不见。网上有的东西，书店里现成的书，我们向来奉行"拿来主义"。低年段的学生仅仅跟着录音、指着打印出来的古诗诵读即可。甚至不指着文本，只是跟着鹦鹉学舌也可以，把录音当上课铃声，两分多钟听完 20 首诗词的录音，就上课；也可以当课堂中间休息时的活动背景音乐，站起来跟着录音闭着眼活动活动。这种念的不知是什么字的鹦鹉学舌，当时看来毫无用处，但二年级再对着文本学习时，孩子会有似曾相识的感觉。

古诗接龙的录音速度较快，像打快板一样，学生学得也快。但吟诵的速度慢，与接龙形成强烈的对比，我从中选择一部分吟诵的录音放给学生听，并重点选择几首反复放，和学生一起跟着录音吟诵。在一年级进行吟诵的目的不是为了学会多少，而是让孩子对吟诵产生认同感。我曾经让高年级学生跟着录音学吟诵，他们不但没有觉得美，反而觉得好笑。所以，吟诵一定要从一年级开始，学生会慢慢爱上吟诵，爱上我们美丽的汉语。

2. 诵读古诗词接龙的过程中理解大意

《古诗接龙》低年级、中年级都可以学习，不同年龄侧重点不同。

一年级诵读完全可以鹦鹉学舌，跟着录音即可边活动身体边读，字有没有念准都可以不做要求，有的孩子没有看文本也不要紧，题目和作者都不管，只管跟着录音反复诵读。二年级和一年级一样，还是死记硬背的好时机，可以适当加入一些较为轻松的理解方式。

（1）看图理解。

看图猜古诗、背古诗是孩子们喜欢的活动。我们设计了一副一面是图一面是古诗的扑克牌。平昭和秀红的班初涉"海读"，家长特别支持，他们班每个学生一套扑克。像我这样从一年级入学第一天就开始海量阅读的班级，家长对海量阅读习以为常，再加上我们平日阅读量大，买书多，我就特别注意尽量给家长省钱。我在教室里只放了三套扑克，每套200张，足够一个班50个学生用。完成学习任务的学生就拿几张扑克牌看图背诵，背完后在"签记表"上做好记录再找老师抽查。"签记表"主要是横线，要求学生每次检查前，在横线上写上他会看图背诵的诗的序号。右下方是序号，学生每背一首就划掉相应的序号。学生找老师抽查合格后，老师在学生写的序号后面盖章或签字，证明学生已通过检查。学生放回背过的扑克牌，再换几张背。看图背1～70首，每首得1分；背71～140首，每首得2分；背141～200首，每首得3分。背得越多，得分越高，所以孩子们越背兴致越高。

（2）诵读过程中穿插理解大意。

小学生读古诗重在诵读，我们班不到一个星期学完一百首古诗，虽然包括一部分以前学过的，但速度还是很快。如何提速，而且还要学得有趣？那就要在诵读的基础上穿插讲解大意。

首先是听录音，专门找个学生负责开播放器。上课铃声一响就播放录音，学生一边往教室座位上走，一边背诵，坐下后就迅速翻开文本指着念。为了帮助那些"超级巨懒"们迅速进入学习状态，我给每一排找了一个排长，排长由已经背过这二百首诗的学生担任，排长前后走动，帮助自己那一排同学迅速找到所念的诗词。

录音就是上课铃声，每节课播放 25～50 首。

课堂上再重点诵读生疏的古诗。我念诗词的题目，学生一起连同题目、作者、诗句一起连读两遍。然后，我再引导他们简单理解。解释完再读两遍，然后进行下一首。

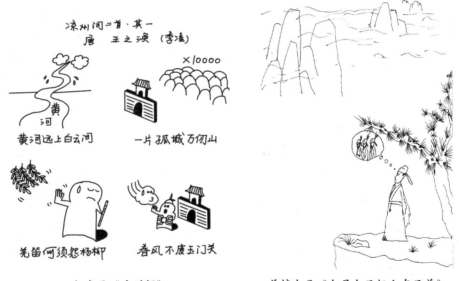

何森画《凉州词》　　　　　　姜梓杰画《九月九日忆山东兄弟》

读多了，读熟的，自然而然就理解意思了。但只诵读，课堂气氛会有些沉闷。老师应该在诵读的间隙穿插简单的、内容活泼的解释，这种解释只是让学生粗知大意就行，不用逐字逐句解释，老师问，学生七嘴八舌地答，老师问的问题其实就是引导学生理解。

竹枝词（唐·刘禹锡）

杨柳青青江水平，闻郎江上踏歌声。

东边日出西边雨，道是无晴却有晴。

这是一首情诗，谁在唱情歌？

从"闻郎江上踏歌声"中知道是一个叔叔，一个小伙子在唱歌。

他为什么唱情歌呢？也许他喜欢对面的姑娘，想对她表达爱意，但如果小伙子直接走到姑娘面前，对她表白："我爱你！我喜欢你！"姑娘可能拒绝，也可能会骂小伙子癞蛤蟆想吃天鹅肉，小伙子会多难堪啊！

于是，这个才华横溢的小伙子采用另一种表达方式——开口唱歌。清亮的嗓音犹如高原上的一只雄鹰高亢嘹亮，自然会吸引到对面的姑娘，姑娘要是喜欢"郎"，也会跟着轻声附和起来，这样就说明姑娘对小伙子也有爱意；要是姑娘不喜欢，就会对小伙子说："你这唱的什么呀，太吵了。"小伙子则可以对她回复："我又没有唱给你听。"进退都可。用唱情歌的形式表达爱意，即使被拒绝了也不失面子。所以最后一句，"道是无晴却有晴"。表面上是说这边日出那边下雨，实际上是小伙子的歌声中带着一份浓浓的情意。

闻王昌龄左迁龙标遥有此寄（唐·李　白）

杨花落尽子规啼，闻道龙标过五溪。

我寄愁心与明月，随君直到夜郎西。

李白这个大名人有个好朋友——王昌龄，他这次倒霉了，从哪儿看出的？（左迁：古时候贬官），他被贬哪去了？（龙标）远不远？（很远，从夜郎西看出）李白就用自己的心来陪伴王昌龄去。李白和王昌龄是好朋友，还和谁是好朋友？（《送孟浩之广陵》《赠汪伦》）学生背诵相关古诗。

还自广陵（宋·秦　观）

天寒水鸟自相依，十百为群戏落晖。

过尽行人都不起，忽闻水响一齐飞。

秦观在路上看到了什么景物？（水鸟们聚集在一起，傍晚时飞起来很壮观等），它不怕什么呢？（过尽行人都不起）怕什么呢？（忽闻水响一起飞）。

画　松（唐·景　云）
画松一似真松树，且待寻思记得无？
曾在天台山上见，石桥南畔第三株。

这首诗写的是什么呢？

一幅画，画的是一棵松树画的像不像呢？画松一似真松树。进一步用班上一同学王耀民举例：

画民一似真耀民。且待寻思记得无？
曾在北海学校见，三五班中第一排。

这样一说，小孩子都高兴。你看，王耀民画得真不真？我们在画展里见到这样一个人物的形象，画的是北海学校的王耀民，有人看着画像说，曾经在北海学校三年级五班见过他。说明画得太逼真了。画上的小松树是天台山上石桥南边的第三棵。

还有哪首诗说画得很像？

学生背诵：远看山有色，近听水无声。春去花还在，人来鸟不惊。

（3）引读是高效的学习方法。

学习诗词最实用最简单的办法就是朗诵。理解后带着感情朗读，不理解的情况下模仿着朗读，对孩子来说都是有效的。在读李清照的《如梦令》时，因为我们刚刚读过一个故事，知道少女时代的李清照活泼可爱，并没有一般大家闺秀的娇羞，也并不像我们想象中的那样柔弱。喝酒、游玩是她常做的事，给人感觉有点"野"。跟学生这么一说，"争渡，争渡，惊起一滩鸥鹭"的味道就读出来了，一边朗读一边想象那个坐在船上乱划一气的朝气蓬勃的姑娘。

在反反复复朗读的过程中，孩子不但能背诗词，诗的意境也会随着声音留在脑海中。

课堂上的集体学习主要任务是读熟古诗词并进一步加深对诗词的理解。跟着录音读、老师或学生领读、全体齐读之后，老师边提问边"引读"。先看《望江南》的教学过程。

望江南 （五代·李 煜）

多少恨，昨夜梦魂中。还似旧时游上苑，车如流水马如龙。花月正春风。

李煜做了一个什么梦？学生齐读两遍："还似旧时游上苑，车如流水马如龙。花月正春风。"

他做梦回忆以前当皇帝时游玩的热闹情景，好梦带来什么心情？学生齐读两遍"多少恨，昨夜梦魂中。"

为什么？学生七嘴八舌地说诸如"梦境越是美妙，梦醒后越是悲凉，用欢乐反衬凄凉，用盛况反衬孤寂"之类的话，说得是否准确并不要紧，不求甚解的理念应该是小学语文教学的"原则"。最后给学生自己当堂背诵两遍的时间，大部分孩子就当堂背过了。这首短词的教学时间大约2分钟，学生听一遍，读、背五遍。

《踏莎行·候馆梅残》的教学过程也和上面的《望江南》一样，学生听、读、背六遍诗词原句。只是在"引读"过程中开了个玩笑，加点儿现代生活气息搞笑，以调节气氛。

踏莎行·候馆梅残 （宋·欧阳修）

候馆梅残，溪桥柳细，草薰风暖摇征辔。离愁渐远渐无穷，迢迢不断如春水。
寸寸柔肠，盈盈粉泪，楼高莫近危阑倚。平芜尽处是春山，行人更在春山外。

行人离家时的景象如何？学生读"候馆梅残，溪桥柳细，草薰风暖摇征辔。离愁渐远渐无穷，迢迢不断如春水。"

行人越走越远，心情越来越愁苦，他想象妻子在家做什么？怎么思念他？学生齐读两遍"寸寸柔肠，盈盈粉泪"后老师引导学生议论："假如那时有电话，行人就问：'老婆，你心情如何？'妻子说：'我正哭得一塌糊涂呢！'行人会怎么劝说妻子？学生齐读两遍：'楼高莫近危阑倚。'为什么劝说妻子不要到高楼上远眺？学生齐读两遍：'平芜尽处是春山，行人更在春山外。'"

下面的《采桑子·恨君不似江楼月》也学得兴味盎然。

采桑子·恨君不似江楼月 （宋·吕本中）

恨君不似江楼月，南北东西，南北东西，只有相随无别离。

恨君却似江楼月，暂满还亏，暂满还亏，待得团圆是几时？

这个吕本中好像精神不太正常，先说："月亮，月亮，我爱你！"为什么爱月亮？因为月光常照。学生齐读："恨君不似江楼月，南北东西，南北东西，只有相随无别离。"吕本中一会儿又变了，说："月亮，月亮，我恨你！"为什么恨月亮？因为月有圆缺。学生齐读："恨君却似江楼月，暂满还亏。暂满还亏，待得团圆是几时？"

老师再说"月亮，我爱你……我恨你"时夸张的语气、动作、表情使教室里一片笑声。

教师是从整体"引读"较长的句子，还是细碎地"引读"只字半句，要根据具体内容决定。

生查子·元夕 （宋·欧阳修）

去年元夜时，花市灯如昼。月到柳梢头，人约黄昏后。

今年元夜时，月与灯依旧。不见去年人，泪湿春衫袖。

哪儿写去年约会？学生齐读："去年元夜时，花市灯如昼。月到柳梢头，人约黄昏后。"

哪儿写今年失恋？学生齐读："今年元夜时，月与灯依旧。不见去年人，泪湿春衫袖。"

老师两个问题，学生两次齐读，就完成了这首诗的教学。

蝶恋花·庭院深深深几许 （宋·欧阳修）

庭院深深深几许，杨柳堆烟，帘幕无重数。玉勒雕鞍游冶处，楼高不见章台路。

雨横风狂三月暮，门掩黄昏，无计留春住。泪眼问花花不语，乱红飞过秋千去。

这首词的主人公是什么人？学生大多能答出是个女子。这个女子的住处很封闭，在哪里？学生齐读"庭院深深深几许？杨柳堆烟，帘幕无重数"。她的丈夫到哪里去了？学生齐读"玉勒雕鞍游冶处，楼高不见章台路"。

丈夫在秦楼楚馆肆意寻欢，妻子在重重深院独守空房面对的是什么？学生齐读"雨横风狂三月暮，门掩黄昏，无计留春住。泪眼问花花不语，乱红飞过秋千去"。

这首诗三问三答，学习的速度也比较快。

下面的《桂枝香·金陵怀古》很长，理解起来有一定难度，便采用多问多答的方式"引读"

桂枝香·金陵怀古（宋·王安石）

登临送目，正故国晚秋，天气初肃。千里澄江似练，翠峰如簇。归帆去棹残阳里，背西风，酒旗斜矗。彩舟云淡，星河鹭起，画图难足。

念往昔，繁华竞逐。叹门外楼头，悲恨相续。千古凭高对此，漫嗟荣辱。六朝旧事随流水，但寒烟、衰草凝绿。至今商女，时时犹唱，《后庭》遗曲。

老师往讲台上一站，伸长脖子远眺，问王安石在做什么？学生齐读："登临送目，正故国晚秋，天气初肃。"他先看到江水，学生读"千里澄江似练"，又看到山，学生读"翠峰如簇"，又看到船，学生读"归帆去棹残阳里"……

这种"引读"法教学的好处很明显，一是学生在短时间内读的次数多，全部学生能够当堂熟读，部分学生能当堂背诵，知识目标的达成度很高。二是老师"引读"的语言帮助学生进一步理解了诗词。

这种几分钟教完一首诗词的做法与常规的文本细读差别很大，表面上看，不如一两节课的精读扎实，但实际上，短时间内不求甚解地学习大量诗词，学生的理解能力提高很快，背诵能力也提高明显，这是精读所望尘莫及的。也有人会说，面对曼妙优雅的诗词，如此快速地学习，会不会失去审美情趣？也不会的，反而在大量诵读过程中，学生深刻感悟到了诗词的韵律美，读得越多，越感到口颊生香，美不胜收。那铿锵的声韵，那华美的词句，可以让人感觉到不可名状的一种快慰，学生的用词能力、语言的表达能力在潜移默化中提高。当学生像阅读白话文一样轻松阅读诗词时，他们的阅读范围扩大了，阅读兴趣提高了。他们开始喜欢读诗词作者的传记，如李白、杜甫、苏轼、陆游、辛弃疾等人的传记，由此延伸到喜欢读历史书籍，还喜欢读诠释诗词的书。这些并不是自然状态下小学生喜欢读的书，因为大量诵读诗词的过程中会对高产作家的身世进行探讨，会牵扯到历史故事等。历史课告诉学生显性的史实，祖国的文化是要从古人的诗文中体会的，读多了、读懂了，就找到了我们的"根"，学生就成了有根的人。有了历史之根，才能结出未来之果。读多了，孩子们猛然发现，经典并非曲高和寡，并非高不可攀，不知不觉间，他们已经熟读或背诵了 200 多首宋词，已经成为"腹有诗书"的才子才女。

（4）比较归类学习。

我个人的阅读跟着教学走，教唐诗宋词时，我一是读诠释诗词的书，二是翻了诗人词人的传记，林语堂的《苏东坡传》深受几个朋友的喜爱。我发现林语堂对王安石的评价很差，甚至把他当小人看待，当作性格有问题的人。读过这本传记的一位朋友也憎恨起王安石来。可我尽管佩服林语堂的文字，却无法认同他对王安石的评价，只因为在学生时代读过柏杨的《丑陋的中国人》，柏杨称中国人除王安石外都是"酱缸蛆"，是老顽固，只有王安石才是伟大的改革家。两个作家不同的观点在我的大脑中产生碰撞，于是我有了自己的思考和观点。孩子的阅读也是如此，读的书多了，不同的观点就会引发他去思考，在思考的基础上去实践，就成了创造。

在课堂上学诗词要想学出诗词的意境难度很大，对老师的个人素质要求很高，备课更要下很大功夫。但再精美的食品，因为量过少，成长中的孩子还是会缺乏营养的。所以"海量"对学经典来说也是必要的。十分钟学完一首词，要让学生大概背过，还要适当理解以避免不容于正统的教学理念，还要让那些捣蛋的孩子有事做……还真有点儿难度。

比较成功的教学方法是"比较"，这也是我的惯用手法。比如学李清照的《武陵春》，和她少女时代写游玩的词比较，和年轻时的闲愁比较，和辛弃疾的"欲说还休"的愁绪比较……

这天学习欧阳修的《生查子·生夕》。

去年元夜时，花市灯如昼。月到柳梢头，人约黄昏后。

今年元夜时，月与灯依旧。不见去年人，泪湿春衫袖。

有个学生背了这首诗：

"去年今日此门中，人面桃花相映红。人面不知何处去，桃花依旧笑春风。"

"人面不知何处去，桃花依旧笑春风。"人去景在，在诗人的心中引起了难言的惆怅、失落乃至悲凉；可桃花却浑然不察，依旧笑对春风！喜滋滋、乐呵呵，多少不合时宜的笑，多么不解人意的笑！"今年元夜时，月与灯依旧。不见去年人，泪满春衫袖。"也是如此，在对比中产生强烈的情感。词诗学得越多，学生越爱进行比较，他们的大脑已形成一个固定的思维，每每学了新知识，就会横向、纵向进行比较，于是，诗词的学习渐入佳境。

我推荐学生读苏轼传记，孩子们对苏轼仕途生涯中遇到的一些重要人物都有所了解，在学习古诗词的过程中，我又引导学生联系起来进行比较。

"苏轼为什么一再遭贬，以至病死途中？"

"因为无论是王安石为首的新党，还是司马光为首的旧党，苏轼对其中的一些不合理的做法都反对。"

"王安石很固执，人称拗相公。他当姥爷时，在外孙面前拗不拗？"

"不拗！而且很宠孩子，要梨给梨，要栗给栗……"接下来当然是争先恐后地背诵。

赠外孙（宋·王安石）

南山新长凤凰雏，眉目分明画不如。
年小从他爱梨栗，长成须读五车书。

儒家十分讲究礼仪，孔子就责骂上课睡觉的学生是朽木粪土，到了宋朝，更是变本加厉，但刻板的理学家也有贪玩的时候，你看程颢在大好春光中不好好读书，而是玩去了。

春日偶成（宋·程　颢）

云淡风轻近午天，傍花随柳过前川。

时人不识余心乐，将谓偷闲学少年。

在教学中，我不断强化进行归类诵读，力求使学生形成习惯。

春　雪（唐·韩　愈）

新年都未有芳华，二月初惊见草芽。

白雪却嫌春色晚，故穿庭树作飞花。

读后问学生："韩愈写什么季节的景色？"学生东一句西一句凑明白了：写的是早春季节，新年过后，草芽刚刚冒出来的时候，雪花还在飘飞的时候。"

不等老师开口，孩子们就知道我会问什么，主动归类诵读：

"'早春呈水部张十八员外　唐·韩愈　天街小雨润如酥，草色遥看近却无。最是一年春好处，绝胜烟柳满皇都。'这首诗也是写早春景色。"

"我们以前也学过韩愈的诗……写早春时节的诗还有……写晚春时节的诗有……"

山中问答（唐·李　白）

问余何意栖碧山，笑而不答心自闲。

桃花流水窅碧山，别有天地非人间。

"酒仙李白喜欢隐居生活，还有谁喜欢？"

"王维！"学生略一思考就叫起来，刚叫完马上跟上背诵，"山中　唐·王维　荆 jīng 溪白石出，天寒红叶稀。山路元无雨，空翠湿人衣。"

"苏轼也很喜欢隐居生活，刚学过的一首词中写他羡慕王维的生活，哪一首？"

"青玉案……辋 wǎng 川图上看春暮，常记高人右丞句。作个归期天定许。春衫犹是，小蛮针线，曾湿西湖雨。"

从诗的作者和内容等方面进行扩充归类，已经成为部分学生的思维常态。

比如《春草》。

春 草（唐·唐彦谦）

天北天南绕路边，托根无处不延绵。萋萋总是无情物，吹绿东风又一年。

还有哪首诗词说草是"萋萋无情物"？于是学生背诵：

草（唐·白居易）

离离原上草，一岁一枯荣。野火烧不尽，春风吹又生。
远芳侵古道，晴翠接荒城。又送王孙去，萋萋满别情。

蝶恋花·花褪残红青杏小（宋·苏 轼）

花褪残红青杏小。燕子飞时，绿水人家绕。枝上柳绵吹又少，天涯何处无芳草。
墙里秋千墙外道。墙外行人，墙里佳人笑。笑渐不闻声渐悄，多情却被无情恼。

草绿了、花开了都让人感到时间过得真快，催人想家。还有什么诗也写这样的感情？

绝 句（唐·杜 甫）

江碧鸟逾白，山青花欲燃。今春看又过，何日是归年？

再比如《金陵图》。

金陵图（唐·韦 庄）

江雨霏霏江草齐，六朝如梦鸟空啼。无情最是台城柳，依旧烟笼十里堤。

金陵现在是什么地方？南京。
南京是六朝古都，东晋是叫建康，我的弟子在三年级读过四本成语故事，东晋的人和事他们知道一些，王导、王羲之、谢安、谢道韫、淝水之战等都略知一二。
凭吊六朝古迹的诗词有哪些？

乌衣巷（唐·刘禹锡）

朱雀桥边野草花，乌衣巷口夕阳斜。旧时王谢堂前燕，飞入寻常百姓家。

石头城（唐·刘禹锡）

山围故国周遭在。潮打空城寂寞回。淮水东边旧时月，夜深还过女墙来。

对这三首诗进行粗略比较之后，老师又谈到这些诗充满对六朝兴亡和人事变迁的慨叹，悲凉之气笼罩全诗，都是触景生情，借景怀古，表达往事如梦，富贵不长久，或者物是人非的感慨。还有哪些诗词也表达这样的情感呢？

念奴娇·赤壁怀古（宋·苏　轼）

大江东去，浪淘尽。千古风流人物。故垒西边，人道是，三国周郎赤壁。乱石穿空，惊涛拍岸，卷起千堆雪。江山如画，一时多少豪杰！

遥想公瑾当年，小乔初嫁了，雄姿英发，羽扇纶巾，谈笑间，樯橹灰飞烟灭。故国神游，多情应笑我，早生华发。人间如梦，一樽还酹江月。

永遇乐（宋·苏　轼）

彭城夜宿燕子楼，梦盼盼，因作此词。

明月如霜，好风如水，清景无限。曲港跳鱼，圆荷泻露，寂寞无人见。纨如三鼓，铿然一叶，黯黯梦云惊断。夜茫茫、重寻无处，觉来小园行遍。天涯倦客，山中归路，望断故园心眼。燕子楼空，佳人何在？空锁楼中燕。古今如梦，何曾梦觉？但有旧欢新怨。异时对，黄楼夜景，为余浩叹。

赤　壁（唐·杜　牧）

折戟沉沙铁未销，自将磨洗认前朝。东风不与周郎便，铜雀春深锁二乔。

这里说的似乎有点远了，但总是有相通之处。最重要的是达到了归类复习的目的。学生的大脑像仓库，学习的知识在大脑皮层中是一个个孤立的点，这些点极容易消失，要不断地理顺归类，教师要有意识地帮助学生采撷同类内容构成语言系统，使新学的知识进入已有的认知结构，在大脑皮层构建新的联结，产生新的系统，从而融会贯通，牢固掌握。否则到了箧丰匣满时，就成了乱七八糟的死知识，永远消失在大脑仓库某个隐蔽的角落。

3. 历史、诗人、诗作串联为一个整体

（1）读故事学诗词。

到了中年级，学生识字多了，阅读能力强了，就选择一些读故事学诗词之类的书在课堂上共读。不用老师讲，学生自己在书中去阅读每一首诗词的故事，去了解每一首诗词背后作者的人生故事，去探讨每个作者背后的历史故事。学生第一遍读过故事之后虽然了解大意，但并不扎实。老师要和学生把故事"串"起来。比如，从晏殊开始串：第一，晏殊一生顺风顺水，当时北宋也太平，所以他的词把平易的生活写出深意。第二，晏殊的儿子晏几道比他的爸爸写得还要语淡情深。第三，晏殊推荐的范仲淹因为耿直多次被贬，但会带兵打西夏，所以他的词在当时婉约词盛行的时候带点豪放的味道。第四，晏殊推荐的欧阳修做官不怕得罪权贵，但词风温雅疏淡，属婉约词风。第五，晏殊和欧阳修都能提携过的王安石做宰相搞改革很固执，但写词既有气势又很华丽，这样就把人物串起来了。这样就从历史人物这个角度把一串作者串起来了。每个作者的特点在当下和以后学习他们的诗词时会反复印证。

蝶恋花·槛菊愁烟兰泣露（宋·晏　殊）

槛菊愁烟兰泣露。罗幕轻寒，燕子双飞去。明月不谙离恨苦，斜光到晓穿朱户。昨夜西风凋碧树。独上高楼，望尽天涯路。欲寄彩笺兼尺素，山长水阔知何处！

清平乐·红笺小字（宋·晏　殊）

红笺小字，说尽平生意。鸿雁在云鱼在水，惆怅此情难寄。斜阳独倚西楼，遥山恰对帘钩。人面不知何处，绿波依旧东流。

读上述两首词，让学生分析：是不是把"平易的生活写出了深意"？

苏幕遮·怀旧（宋·范仲淹）

碧云天，黄叶地。秋色连波，波上寒烟翠。山映斜阳天接水。芳草无情，更在斜阳外。

黯乡魂，追旅思。夜夜除非，好梦留人睡。明月楼高休独倚。酒入愁肠，化作

相思泪。

渔家傲·秋思（宋·范仲淹）

塞下秋来风景异，衡阳雁去无留意。四面边声连角起。千嶂里，长烟落日孤城闭。

浊酒一杯家万里，燕然未勒归无计。羌管悠悠霜满地。人不寐，将军白发征夫泪。

范仲淹的词在婉约词盛行的北宋早期是不是带点豪放的气息？景色是不是写得很壮阔？

采桑子·轻舟短棹西湖好（宋·欧阳修）

轻舟短棹西湖好，绿水逶迤，芳草长堤，隐隐笙歌处处随。无风水面琉璃滑，不觉船移，微动涟漪，惊起沙禽掠岸飞。

蝶恋花·庭院深深深几许（宋·欧阳修）

庭院深深深几许，杨柳堆烟，帘幕无重数。玉勒雕鞍游冶处，楼高不见章台路。雨横风狂三月暮，门掩黄昏，无计留春住。泪眼问花花不语，乱红飞过秋千去。

天不怕地不怕的欧阳修，文坛大腕欧阳修，是不是词风温雅疏淡，绝对是婉约派的？

……

这样，通过阅读《讲给孩子的唐诗故事》《讲给孩子的宋词故事》等书，作者的风格在学生的心中越来越熟悉，古人的形象、思绪就在学生的心中"活"了起来，仿佛是身边熟悉的朋友一样。

一条条线，尤其是历史故事这条充满趣味的线，串联起一个个诗人词人的生平和诗词，这样，那些零零散散的诗词就变得系统完整。所以说，在低年级，只管说小朋友鹦鹉学舌的诵读即可，到了一定年龄，就能阅读理解两不误，就能一串串、一片片地理解诗词的意思和作者的风格和写作背景。

（2）给学生一个"诗"与"史"的整体，引领学生不断联系。

诗词的学习接着一、二年级鹦鹉学舌的步子向理解诗文转变。诗词跟历史关系密切，大唐盛世才会孕育出李白的狂傲，王维的洒脱，靖康之耻才会导致陆游、辛弃疾、岳飞的悲壮……到了三年级，有低年级对 200 首诗词的初步了解，再次学习时，我力求让孩子们对历史有初步了解。所以《历史朝代歌》《三字经》中关于历史的部分，会在学习诗词的过程中不断重复，使"诗"与"史"产生链接。

历史朝代歌

唐尧虞舜夏（约前 2070）商（约前 1600）周（约前 1046），

春秋（前 770）战国（前 474）乱悠悠，

秦（前 221）汉（前 206）三国（220）晋（265）统一，

南朝北朝（420）是对头，

隋（581）唐（618）五代又十国（907），

宋（960）元（1206）明（1368）清（1616）帝王休。

三字经   1 上古

自羲农，至黄帝，号三皇，居上世。

唐有虞，号二帝，相揖逊，称盛世。

2 奴隶社会

夏有禹，商有汤，周文武，称三王。

夏传子，家天下，四百载，迁夏社。

汤伐夏，国号商，六百载，至纣亡。

周武王，始诛纣，八百载，最长久。

周辙东，王纲坠，逞干戈，尚游说。

始春秋，终战国，五霸强，七雄出。

3.1 封建社会——合：秦汉

嬴秦氏，始兼并，传二世，楚汉争。

……

下面是唐朝四个阶段的划分及著名作者的生卒年月。

初唐 从建国 618 年到玄宗当政 712 年，大约 100 年。

唐玄宗：685—762，712—756 年在位，755 安史之乱。

完成了诗歌声律化过程，奠定了中国诗歌中律诗的形式。诗歌的题材从宫廷走向社会的大众生活，风格也从纤柔卑弱转变为明快清新。

王绩（589—644）　　卢照邻（636—680）　　骆宾王（638—684）

……

下面是宋朝两个阶段的划分及著名作者的生卒年月。

宋朝：960—1279 年，享国 319 年。上承五代十国下启元朝

分北宋（960—1127）和南宋（1127—1279）两段。

一、北宋：960—1127

柳永：约 987—约 1053　晏殊：991—1055

范仲淹：989—1052　欧阳修：1007—1073

……

下面是《小学生拼音报》社王兆福写的《中国诗歌发展脉络歌谣》。

中国诗歌发展脉络
王兆福

大中华，五千年，古诗歌，亮闪闪。

自上古，诗起源，劳动中，号子喊。

口相传，歌谣盛，至先秦，集《诗经》。

风雅颂，赋比兴，思无邪，当讽咏。

创楚辞，再发展，奠基人，是屈原。

浪漫诗，抒衷情，写《离骚》，最有名。

东西汉，兴乐府，登诗坛，迈大步。

有孔雀，东南飞，《陌上桑》，闪光辉。

五言诗，成长快，十九首，展风采。
叹魏晋，南北朝，诗发展，掀高潮。
有三曹，称七子，并世出，显笔力。
……
清诗坛，龚自珍，三百年，第一流。
朱彝尊，陈维崧，与性德，词著名。
三大家，数性德，为奇才，唱赞歌。
歌而诗，诗而词，词而曲，诗歌史。

  上述内容都是"诗"与"史"的"支撑点"无论学哪首诗，都联系一下，学生头脑中的历史和诗词就会慢慢形成知识网络。比如孟浩然比李白年龄大还是小？大多少？学生一算生卒年月就算出孟浩然大 12 岁，李白是孟大哥的小粉丝，有诗为证。于是学生思考后齐背《黄鹤楼送孟浩然之广陵》。

  李白对偶像多么迷恋，孟大哥的孤帆已消失了，他还在呆呆地看着"长江水从天际流来"。

  再比如，大诗人李白、杜甫、白居易，经常搁一起说，但李白和杜甫、孟浩然、贺知章都有故事，怎么和白居易没有故事呢？小朋友一查上述资料，发现李白在 762 年去世，白居易在李白去世 10 年以后的 772 年出生，不可能见面，也就没有故事发生啊。倒是白居易和刘禹锡（772）、柳宗元（773）是同时代人，他们是好朋友。

  于是，三年级时，我的学生把历史和诗词的意思掺在一起学习，理解得全面、深刻。

  每一首诗的作者后面加上了生卒年月，学生可以跟名气大的诗人对照，以了解这个作者所处的年代。

春　晓（唐·孟浩然）

春眠不觉晓，处处闻啼鸟。夜来风雨声，花落知多少。

劝　学（宋·朱　熹）

少年易学老难成，一寸光阴不可轻。未觉池塘春草梦，阶前梧叶已秋声。

夏日绝句（宋·李清照）

生当作人杰，死亦为鬼雄。至今思项羽，不肯过江东。

······

4. 诗词游戏和运用

（1）飞花令和主题接龙游戏。

《中国诗词大会》节目火了，我们班课堂内外也盛行玩"飞花令"。每天的"飞花令"令主由学生自告奋勇担当。飞花令令主出什么主题字由令主说了算，对抗的人数也由令主自己选择。比如令主可以抽签（盒子中放全班 12 个小组的组号）抽几个合作小组对抗，也可以对抗全班的女（男）同学，或者全班同学。令主对抗的虽然人数众多，但完全有把握以少胜多。因为题目是令主出的，他有充分的时间做准备，他可以事先把所有学过的诗句都记到脑子中，令主尽量准备全班学过的诗句，这是给"听众"学习的机会。如果令主准备了全班没学过的诗句，他必须解释得大家明白才算数。至于他怎么解释大家才明白，就要他自己动脑筋了。这个准备的过程就是学习的过程。令主如果胜出，他选择了多少个对手，就赢得多少分。令主的对手，每答对一句，老师随时发小奖状。这样的活动，令主、对手、观众都在学习。

同桌两个人每天轮流当"令主"出题，这样，"令主"的数量大增，学生得到锻炼的机会就多了，可以大面促使学生在准备过程中主动学习。每天的语文课都固定时间让同桌对抗，失败的给胜利的十分的奖状。

老师出题，学生写诗句，以合作小组为单位，在规定时间内，看小组成员一共能写几句。写完后，有时间可以念一下，前一个组念过的，后面的小组不用再念，但只要写上了就得分，这样念的过程又成为学习的过程。最后，全班所有的合作小组流水批阅。流水批的顺序是 2 组批阅 1 组的，3 组批阅 2 组的……最后一个小组批阅 1 组的。流水批和两组互批的好处是避免互相照顾。小组所有成员一共写对几句，全组成员就得几分。这样会促进小组成员平日互帮互学，"飞花令"游戏就成为学生的常态游戏，玩和学成为一体。

"飞花令"的内容可以更宽泛一些。如"草"这个主题，从我们班学过的诗词中能找到下列句子。

离离原上草，一岁一枯荣。

细草微风岸，危樯独夜舟。

细数落花因坐久，缓寻芳草得归迟。

天苍苍，野茫茫，风吹草低见牛羊。

谁言寸草心，报得三春晖。

独怜幽草涧边生，上有黄鹂深树鸣。

终须买取名春草，处处将行步步随

红树青山日欲斜，长郊草色绿无涯

花下一禾生，去之为恶草。

草长莺飞二月天，拂堤杨柳醉春烟。

疾风知劲草，板荡识诚臣。

天街小雨润如酥，草色遥看近却无。

迟日江山丽，春风花草香。

上面诗句中带着"草"这个字，这是电视节目中玩的"飞花令"。我们玩的"飞花令"不限于诗词，成语也可以：

寸草不生、草长莺飞、草木皆兵、拈花惹草、草菅人命、绿草如茵、斩草除根、打草惊蛇、风吹草动、兵马未动，粮草先行、草草了事、一草一木、奇花异草、寸草春晖、屯粮积草、疾风知劲草、风行草偃。

也可以不一定带某个字，意思相关即可。

比如"孝悌"这个主题。学生学过的古诗有相关的，读过的名句中有相关的，《论语》中关于孝悌的内容更多。学生在背诵时顺便解释一下更好。

七步诗（三国·曹 植）

煮豆燃豆萁，豆在釜中泣。本是同根生，相煎何太急！

这首诗批评兄弟相残，违背"孝悌"。

游子吟（唐·孟 郊）

慈母手中线，游子身上衣。临行密密缝，意恐迟迟归。谁言寸草心，报得三春晖。

这首诗说母慈子孝。

子游问孝。子曰："今之孝者，是谓能养。至于犬马，皆能有养。不敬，何以别乎?"

论语中的这句话的意思是，"尊敬"才是真正的孝敬。"孝在于质实，不在于饰貌"也讲同样的意思，孝敬要发自内心。

事父母几谏。见志不从，又敬不违，劳而不怨。

论语中的这句话的意思是说"尊敬"不是无原则地顺从，应该劝父母不做坏事。

老吾老，以及人之老；幼吾幼，以及人之幼。
爱亲者，不敢恶于人；敬亲者，不敢慢于人。

这两句话的意思是"孝悌"可以延伸到天下人。

为人父，止于慈，不当因其子之贤愚而异爱。
父母威严而有慈，则子女畏慎而生孝矣。
遗子黄金满籝，不如一经。

这三句是说父母如何做，才能培养出"孝悌"的子女。

上述与"孝悌"相关的句子，不一定出自诗词，不一定含有"孝悌"这两个字，仅仅是内容与"孝悌"有关联就可了。这样的游戏，用丁惠臻老师的说法叫"主题接龙"。

练习"主题接龙"（飞花令）有什么好处？

接龙是在竞赛的环境，每个人的大脑都像飞轮一样在运转、在搜索，学生的精力非常集中，学习的效率高，这是"接龙"的好处。通过接龙游戏，学生形成迅速把同一个"主题"调到在一起的思维定式，那么口头、书面表达时，就能迅速筛选最恰当的语言来表达，学生的作文就能轻而易举地引经据典。

（2）学以致用。

问刘十九（唐·白居易）

绿蚁新醅（pēi）酒，红泥小火炉。

晚来天欲雪，能饮一杯无？

我从艺璇桌上拿了一个水杯，举到她同桌孙陶面前说："艺璇准备了新酿的米酒，把小火炉烧得殷红。天快黑了，大雪要来了，孙陶同学，愿意来喝一杯吗？"孙陶嘻嘻笑着，我又把杯子举到家铭前作起诗来："问家铭，绿蚁新醅酒，红泥小火炉。晚来天欲雪，能饮一杯无？"聪明活泼的弟子们把杯子举到了同学面前作起了诗："问……绿蚁新醅酒，红泥小火炉。晚来天欲雪，能饮一杯无？"

孩子们在生活中也乐于学以致用。

我的两大担心事

王馨婕

我最担心的是一件事我的身高，再一件是我的牙齿。这两项都是容貌的大忌。

先说说我的身高，猜猜人生最大的苦事是什么？是一个大高个和一个小矮个同桌，哎！我现在正遭受着这种痛苦。我的同桌丁丁是我们班的最高海拔，有160厘米呢，而我呢，却只有134厘米，虽然说人有早长晚长之分，但每一次看丁丁我都要仰起头来，那真是"别有一番滋味在心头"啊！每次我要求丁丁守纪律时，他都叫我"小矮子"，就在刚才我还是以如老虎下山的气势瞪着他，一声"小矮子"，我就如霜打的茄子的，蔫了！

每当我觉得自己高了，就兴致勃勃地跑去测量，当爸爸把测量结果报出来时，我就干什么都无精打采了。什么多种营养片、蛋白质粉我都吃了一堆了，还是"无可奈何花落去"，大个子在我眼前一晃，我还是"触目柔肠断"。

第二个令我烦恼的是我的牙齿，小时候我有一口令人美慕的好牙齿，结果自己总是偷偷地吃糖，好像一下子虫牙就出来了，连饭都吃不好，吃含纤维多的东西总是塞牙，一到体检的时候就害怕，害怕医生看我的牙，看到别人一口皓齿，我只能"试问闲愁都几许？一川烟草，满城风絮，梅子黄时雨"。

（二）儿童诗读写的海读教学法

2012 年，朱霞骏教的那一批学生进入二年级，在一年级阅读了大量儿歌、儿童诗的基础上，二年级上期，小朱开始带着这群学生进行单篇儿童诗的诵读和仿写，因为前期一路酣畅的阅读，孩子们的创作便自然而然成了一种释放。到了二年级下期，一堂课一首两首的儿童诗诵读似乎早已满足不了孩子们对于诗歌的渴望，于是，朱霞骏做了一个大胆的尝试，她从图书馆借，从市面上买，在身边聚集了厚厚一沓儿童诗集，在认真阅读、甄选之后，确立了十几个主题，每个主题摘集了十首上下（少则七八首，多则十五六首）儿童诗，放到课堂上，带着孩子们读，开始了"主题儿童诗读写"的探索和实践之路，让儿童诗读写在"海量"中怒放了一回！

那一年，因为主题儿童诗的诵读，她们班的孩子写下了好几百篇纯美的诗歌作品，朱老师把这些作品编辑成册，送给孩子们，二年级的孩子于是就有了人生活中自己的第一本诗集——《毛绒绒的希望》。时至今日，她的家长和所有读到过这本诗集的人依然啧啧惊叹于孩子们的想象力，惊叹于孩子和这个世界的互动互通，那样一个绽放"童心"的过程充满奇妙。

2014 年，通过海量阅读，朱霞骏和王爱玲结识，上海的小朱将《毛绒绒的希望》寄给了远在山东的爱玲，本身就富有诗人气质，对儿童诗情有独钟的王爱玲一看就喜欢得不得了，两人一拍即合，心有灵犀地摸索出一条儿童诗的海读教学法。

那么，这主题儿童诗的海读教学法在课堂上具体怎么落实呢？

小朱和爱玲的做法，基本"不谋而合"。每一堂主题儿童诗读写课，老师先选定一个主题，课上，将选出的同一主题的十来篇儿童诗一气儿读下来，比如《果》这个主题，选入了《草莓》《我是石榴》《苹果》《通红的柿子》《小水果乐园》等诗歌，课堂的前二十几分钟和孩子们一起边读边简单交流，在大量诵读的基础上，孩子接着围绕"果"这一主题当堂进行自己的诗歌创作。

上课的主要流程大致如下。

（1）默读圈画诗眼。（5 分钟左右）

（2）朗读自己最喜欢的诗歌。（3 分钟左右）

（3）边读边交流。（20分钟）

学生读一首，一起交流一首：为什么喜欢，圈画了哪些你认为的"诗眼"，为什么？

（4）当堂创作。（5～10分钟）

以上，第1、第2、第4环节都是自主环节，不多作解释。关键是交流环节的内容。以下是王爱玲结合自己指导学生创作过程中积累的一些感性经验，做出的几点总结，在儿童诗教学的课堂上可以穿插着讲一讲，并不刻意地在每节课上进行一些关于"写诗"的小技巧引导。

1. 节奏感

节奏感是诗歌的主要特点，诗歌有内在的节奏感和外在的节奏感。内在的节奏感很难去言说和指导，有些孩子天生就有诗的语感，有的孩子经过锻炼也能慢慢地把握诗歌的内在节奏感。但在最初的时候可以从最简单的外在节奏感入手，先求"形似"，写得时间长了，再求"神似"。

外在的节奏感的方法有"押韵""叠词""复句"，甚至"复段"。

押韵法：儿童诗多是简洁明朗，押开口韵（a打头）的比较多，也可以转韵。不必非要一韵到底。可以末字、隔句、末句都行，小朋友有那个意识就行。

叠词法：相比押韵，孩子掌握叠词法来要容易得多，尤其是在仿写的时候，什么形式的叠词都行，比如："我喜欢生长，生长真叫人喜欢。叶子软软的，太阳暖暖的。"

复句法：复句也很好驾驭，就是重复。比如："花儿飘落，花儿飘落，她的绿叶妹妹们在偷偷传说。"。还有的首尾句重复，像三明治一样，比如谢尔的《今天的风真怪》。

有的诗歌小节和小节重复的很多，只有几句不一样，我们把它夸张地称为复段，比如叶圣陶那首著名的《风》。

这些，孩子都很喜欢很容易模仿，效果还不错，孩子容易产生成就感，有"小诗人"的感觉，这就增强了孩子写诗的兴趣和自信心。

2. 画面感

在儿童诗里，画面感是非常重要的一个因素，因为形象思维占主导是儿童思维的特点。比如王爱玲的《风娃娃在田野上撒欢》中的诗句："吹跑了小蚂蚁的头巾，吹飞了小蝴蝶的早餐，吹翻了小蜜蜂的蜜篮，风娃娃在田野上撒欢。"

她的诗，特别具有画面感。一句一个画面，像摄像机的镜头捕捉画面一样，让更简洁的诗包含更丰富的意象。

3. 陌生感

"陌生感"是文学性比较强的一个词，但是它也不神秘。就是要有创新，在诗歌里，有"陌生感"的词句和意象，往往会成为点石成金的诗眼。比如，金子美玲的《春天的织布机》中"从前，春天女神/开动了织布机。/麦子织成绿色，油菜织成黄色……"把春天比喻成"织娘"，这样是不是很有陌生感啊？

再如，李德民的《夏天的田野是一篇草稿》中"夏天的田野/是秋天的草稿/风一遍遍地审读着/琢磨着……"把夏天的田野比喻成一个老师，给人以耳目一新的感觉。

4. 幽默感

谢尔的诗歌孩子大都喜欢，因为他极具幽默感。比如"今天的风真怪。阴天里却清爽凉快。吹走了我的脑袋，我的帽子却还在。今天的风真怪。"这样的文字一出，学生就乐得东倒西歪的，而且极大地引发了他们的创作热情。纷纷创作出他们的"怪风"，甚至有"怪雨""怪太阳"。

5. 动态感

画面感如果是一幅幅照片，动态感就像一个个链接起来的小镜头。比如圣野的《小雨点》。

来一点，小菌们撑着伞。
来一点，荷叶站出水面来等。
小水塘笑了，一点一个笑窝。
小野菊笑了，一点一个敬一个礼。

这里边一点一点地重复出现，既有节奏感、又有动感、又有画面感。

很多动词的巧妙运用可以让诗歌具有动态感，就像一幕微电影一样。比如安武林的《风孩子》中，"有时把落叶踢到泥塘里/有时把风筝的线儿咬断/有时把窗纸敲得哗哗直响/有时在胡同里装妖怪叫唤"这里的"踢、咬、敲、叫"几个动作就让顽皮的风孩子跃然纸上，仿佛就在耳边眼前捣乱的小孩子一样。

动词在儿童诗里的贡献是很大的，就是因为它对于诗歌的张力极有帮助。

6. 收束感

朱自强老师在谈到绘本创作的时候，用了这个比较陌生的词。我觉得在儿童诗里同样适合。收束就是结束的意思。但是用"收束"就是强调结尾要有力，要压轴，要让人觉得它有分量。怎样能够做到有"收束感"呢？从诗歌的形式上要有变化，比如前三小节相似的，最后一小节要有变化。另外，在意象上，前三小节可以为一类，最后一小节可以有突变。在情感上，最后一小节也可以恰当地"表白"，比如我们的这本《主题儿童诗读写》的卷首诗"大自然在干什么"最后一小节。写诗的人要让读诗的人最后产生满足感，结尾的亮相是非常重要的。当然这个孩子不一定能驾驭得了，但是老师要知道。

除了以上总结的"六感"之外，还有修辞、想象、文体等也非常重要。

诗歌和其他文体一样，多样化的修辞手法都是诗歌的调味品。其中最常见的就是"拟人"，一切的一切都是"人"。在孩子的世界里一切的一切都可以有人的动作、语言、神态、情感、称呼、工作、身体部位等。板凳可以哭，锅子可以笑、路灯可以发呆、电视机需要睡觉……当这些事物都蒙上"人"的色彩时，就已经有了诗的味道了！看看这两首大家都很熟悉的顾城的诗："最后，石头也会发芽/也会粗糙地微笑/在阳光和树影间/露出善良的牙齿""蛾子对毛虫说：你的头发闪金光。毛虫挺自然，可能，我的兄弟是太阳。"

这里边的"微笑""牙齿""头发""兄弟"分别是人的神态、身体部位、称呼。拟人的手法在课本中学习的时候可能不会讲这样细致，诗歌为了追求它的凝练和传神，需要在课堂上讲得细致一些，孩子能更有抓手。

比如说，在讲《风》主题的时候，就从称呼开始，让孩子打开思路。可以怎样称呼"风"？怎么称呼四季的风？怎么称呼不同级别的风？孩子从称呼开始就打开了想象的大门。

当然在诗歌里比喻、排比、反复、夸张等手法及联想和想象等写作手法也都有点石成金的作用，但是不管用什么修辞切记不要太过华丽，儿童诗是浅语的艺术，越接近孩子的语言越能有返璞归真的美妙。

以上的这些小妙招是对教学中第三大环节的补充，适时运用，每次可以点几下，但切忌每节课讲太多。在点评孩子创作的诗歌时也可以进行强调，那样孩子会很有成就感。

因为这段有意思的儿童诗海读之旅，有了这本产生于课堂的《主题儿童诗读写》本，其中收录了 15 个主题，每个主题精选了 10 首儿童诗，有的老师说，我们选的儿童诗太好了，要不要让孩子读熟了，甚至会背了，再去创作。对于读诗，我们觉得吧，还是有新鲜感更能激发创作热情和想象力，所以，无论是小朱还是爱玲的课堂上，每次写诗歌都是安排在初读后。至于读熟或背诵，建议放在创作之后实施，感受诵读的快乐，这个不一而论，每个老师都有自己的教学实践选择，不管怎样，带孩子们读诗和写诗本身就是一件很美妙的事！

六、白话文阅读和写作教学

（一）课本阅读教学

1. 低年级课本教学

低年级学生读儿歌的难度尚且不大，读一遍学生就能理解，连蒙加猜再借助拼音，学生就能自己诵读。但课文比较长，一年级学生阅读的难度就比较大了。解决的办法很简单，多听几次录音即可，听多了就能熟练诵读。听熟了，学生自己念、同桌互读，然后在开火车读的过程中纠正读音，顺便理解大意。

对低年级学生来说，诵读流畅是最有价值的。对那些学前基础差，上课精力不集中的学生来说，通过集体教学达到读流畅的目标并不容易，这些瞪着眼睛不知在想什么的学生需要一对一地盯着教。在大班额的班级中，老师没有精力一对一地盯，最好的办法是培训小老师。培训小老师是一举两得的事情，一方面当上小老师的学生自己得到了锻炼，为学生树立了榜样，最重要的是课堂上、教室里出现十到二十多个"小老师"时，一对一的教学就完全能实现。只要努力就能当上小老师，王侯将相宁有种乎？给小老师挂上胸牌，对所有想努力进取的孩子都是一种鼓励。

2. 快速诵读二年级到六年级教材

在低年级，白话文教学的一个重要目标是全体学生都形成流畅诵读的能力，不经预习就能流利诵读的能力。这种能力的形成靠的是海量诵读大量的文本。

课本是低年级白话文教学的重要教材。课本的语言规范，是最好的白话文读物。

学校统一发的课本，除去写字，除去为了应对考试而进行的练习，仅仅是课文的诵读，一本课本用两个星期时间就足够了。低年级的学生诵读能力虽然差一些，但课文短，所以学得快。

2014级学生读的课本，人教版是集体发的，苏教版是家长团购的，其他各种版本是从网上下载后加上注音的，都配有声情并茂的录音，学生根本不认为是在学习，而是在听故事。在读《成语接龙》这样对一年级学生略有难度的读物过程中，我们穿插读各种版本的小故事。学生喜欢得不得了，因为是故事，因为简单，因为他们已具备一定的识字量和拼读速度，所以听两遍就能自己绘声绘色地诵读，喜欢讲给家长听。不知不觉中，班级图书角的小故事书借阅量大增。

2015年11、12月，我带着我的二年级学生用一个半月把二年级到六年级苏教版课本全部通读一遍。一个半月通读九本语文书，速度有多快？4、5、6、7、8册，每本用两到三天读完。9～10册对二年级小朋友难度大一些，我们阅读的速度就慢一些，每本用四到五天。

为什么要以这样脱离常规的速度读课本？

2002年，我们的教研室主任打算让我两个月后带学生到全省的创新教育现场会上展示朗读水平。无奈之下，我从六年级学生手中借来课本，一个星期读两本教材，用不到一个月的时间把三、四、五年级的教材读完。当时学生的诵读水平迅速提升，让我眼前一亮，心中也亮起一盏明灯，那次被动的快速阅读成为我坚定不移地推行海量阅读的强大动力源泉。10多年之后，看到家长给每个学生团购的一大包2～6年级教材（一年级的教材是我从上届学生手中借来的），于是我主动进行了一次速读。

首先给家长写了一封信。

各位家长：

苏教版4～12册语文书，以后还要按年级一本一本地学习、写字。从下周开始，我想试验一下用很短的时间读完9本书，看孩子的朗读能力能不能迅速提高，对此，我充满信心。2002年我在青年路小学时曾试验过一次，已把名为

《泡汤的现场会促生海量阅读》的一段文字贴到了群中。当时曾经成功过，现在（5）班的家长比那一届家长更关注孩子，成功的可能性就更大。我们期待着今年春节时，您的孩子随便拿一本书、翻开任意一页都能在亲朋好友面前流畅地朗读。这段时间的任务一是要认真写字，二是用心读书，每个周四我都会拿一节课让孩子们自愿录像，录像的内容主要是朗读，还有全班抢答口头填空题，填课文中的一个字或一个词。促使孩子用心读、用心记。朗读能力是最重要的基本功，企盼家长们重视。

速读第一周发给家长的飞信：

今天早上，我拿了三、四年级的课本，找了几个早到校的学生读。韵晗、梓旭、昀都分别读了三上、三下、四下的课文各一篇，三个孩子都能正确回答我提出的问题，他们略略一读都能理解课文大意。所以，理解不是难点，难点是朗读，朗读的关键是读熟生疏的词语……要求学生读课文遇到不流畅的地方画上线反复念。把三上课本也带上，这个星期念这两本，周四录像自愿上台，读得好的有大奖，请家长鼓励孩子挣大奖。

——11月30日   星期一

今天三年级上册已听完四个单元，明天上午能全部听完。4～6册课文中需要强化认读的重点词语已发群中，辛苦家长试试孩子会认吗。

——12月1日   星期二

今天有八个学生通过了二下、三上认读生词的检查，明天朗读比赛要录像，或者会读课文后面的"读一读"（30分），或者会读打印的生词（50分），否则不能参加朗读比赛。如果有的字间隔开时间复习了三遍还是记不住，可以把字写到本子上注音，家长只要写条说明孩子已经反复读过了，也可以参加朗读比赛。朗读比赛划分标准：流畅50分，感情恰当50分，答对口头填空题50分。

——12月2日   星期三

今天自愿上台录像，敢上台的都读得不错，表扬！录像已发到群中，请家长和孩子一起观看，表扬孩子的优点，学习同学的长处。大部分学生已检查完4、5册生词的认读，特地表扬博文、茹斐读得流畅。

——12月3日   星期四

速读第二周发给家长的信

今天六册的课文听了一半。明天听完录音，然后读单元练习中的成语。钧同和宇泽今天说他俩要比赛谁读得好，受他们启发，我打算周四的时候，有的学生比赛读屏幕上的课文，有的学生比赛读纸质的书，翻到哪一页读哪一页。如果遇到不认识的字，只要在每篇课文后面自己写了字、注了音，就算是会读。这样，就需要家长和小老师共同听弱一些的孩子把所有课文都读一遍。边听孩子读，边画出读错的词，反复读词。这样周四的时候分两组比赛，每组都会选出得大奖的学生。加油！

认读的两份练习已发群中，有能力读的请打印，教室里也印了几份。识字少的学生不用读打印的词，家长和小老师合作听学生读一遍课文，把不认识的字注上音。或都注到课文上，或都注到课文后的生字表旁。朗读比赛分三组进行：一、会读生词的读屏幕上的课文，得分 50～150；二、在课文后的生字表旁注音，得分 20～100；三、在课文上注音，得分 10～50。加油！

——12 月 7 日　星期一

昨天、今天两天时间学完了 6 册，估计明、后天学完 7 册，朗读比赛估计要等到下周一。随着年级增高，课文越来越长，学习的时间可能稍长一些。但无论是几年级，最低的目标（家长和小老师合作听一遍，把不会读的字注音）一定要达到。回家或预习或复习都要和上课内容一致，不要再补以前的。今天尽量读完第 6 册，读不完的，就要辛苦双休日补一补了。

——12 月 8 日　星期二

今天 7 册听了 4 个单元，我要求学生边听录音边把不认识的字画上线，每节课都留给下 10 分钟时间，让弱生向小老师请教注上音，如果能在预习或复习时把不认识但生字表上有的字注上音，上课的速度就更快了，虽然有的孩子可能边读边忘，但忘记了也在脑海中留了痕迹，忘记了也有用。家长听孩子读了哪篇，要在目录上签字。小老师听了哪篇，也签字。这样保证每个孩子都能通读一遍 2～6 年级的课文。各位家长，我们期待着孩子们朗读能力的飞跃。

——12 月 9 日　星期三

亲爱的家长：今天自习时间很长，孩子们有的同桌俩一起学习，有的教同桌学习，小孩子的学习速度真是惊人，已经有 15 个学生检查完了打印的 6 册、7 册生词和单元练习上的成语。对识字少的学生，家长尽量听孩子读课文，在课文上注音，在课文后面生字表旁边注音都可以，只要读完 2～6 年级的课文，即使读得磕磕绊绊，也会有阅读能力的飞速提高，识字量也会大增。

下周一进行朗读比赛：

三星标准：看屏幕读，读完打印的 6、7 册词语的学生参加。

二星标准：看没拼音的书（老师同学的书）读；

一星标准：看自己带拼音的书读。

家长和孩子根据自己的情况量力而行。

带上四年级下册的语文书，比赛结束后朗读。

下面是对用了两天半学完的八册教材的总结，是分组发给家长的表扬短信：

表扬优秀同桌：沾硕、郡泽，丰亦、昱言，雨诺、砚鹏，这三对同桌都出色完成了四年级下册（8 册）的学习任务，砚鹏达到了三星标准，进入了最优秀的学生行列。表扬艺儒、一川两位同桌今天上课读书效率高。

四年级下册达到三星标准（会读打印的生词，熟读课文）的共 33 个学生，您的孩子是其中光荣的一位，不到三天读会四年级的书，够厉害！

四年级下册达到二星标准（熟读课文，个别不认识的字看注过音的生字表）的共 10 个学生，您的孩子是其中一位，再使把劲就会念生字了，就能赶上四年级学生了。表扬！特别表扬凡凡进步最大，婷婷朗读水平飞速提高。

四年级下册达到一星标准（熟读课文，生字在课文中注音）的共 8 个学生，您的孩子是其中一位，再使把劲就会念生字了，就能赶上四年级学生了。表扬！

红红生病还能读会四年级下册的一大部分课文，挣了 45 个印章，表扬！

…………

从上述跟家长交流的内容中，大家可以看到，我的二年级学生，两个星期读完了三、四年级共四本教材。就这样，二年级学生用六个星期读完 9 本中高年级课本。学生的表现并不像我们认为的中高年级的课本难读，而是越读越熟练，越读越轻松。读完之后，3000 常用字，或扎实，或模糊地认识了，全班所有学生都能不经预习，就流畅朗读任何一篇儿童读物了。

3. 中高年级课本教学

到二年级或三四年级，学生早已在海量诵读的过程中过了流畅朗读这一关。这时课本及其他白话文教学的重点是积累语言。积累语言最简单的方式是让学生背诵口头填空题。比如《燕子》。

1. 一身_____的羽毛，一对_____的翅膀，加上____似的尾巴，凑成了_____的小燕子。

2. 才下过几阵____的细雨。微风吹拂着____条才展开带____的____的柳丝。____的草，____的叶，_____的花，都像____似的____过来，形成了_____的春天。小燕子从南方____来，为春光增添了许多____。

3. 在____中，在____中，燕子____身子在天空中____过，____地叫着，有的由这边的稻田上，____飞到了那边的柳树下边；有的____过湖面，尾尖偶尔____了一下水面，就看到波纹_____地____开去。

4. 几对燕子飞____了，____在电线上。____的天空，电杆之间连着几____细线，多么像____啊，停着的燕子成了____，谱出一支_____的春天的____歌。

我在开学前就把一本 20 多页的口头填空题的电子稿发给家长打印出来。有的学生开学之前就完成了口头填空题的背诵，一入学就找老师检查。但同时也存在不足，一是有的学生看到密密麻麻的填空题，难免心生畏惧；二是学生习惯于背老师给准备好的填空题，难以养成主动积累语言的好习惯。于是，我换了两种检查方式：如果教室里的屏幕效果好，可以看屏幕背诵；如果打印方便，可以打印小条。

海量阅读课文教学基本流程如下。

看屏幕背诵

1. 听录音跟读一个单元（根据学生情况，也可以是一两篇课文）课文。

2. 学生自己诵读，自己选择句段背诵。

3. 出示课文填空

4. 学生自主练习填空

个人排火车填空或四人小组一人一句填空，最后齐读，理解大意。

评价：合作小组或一排学生中，有几个答对得几分，在黑板上给小组画"正"字。

看小条背诵

1. 同上。

2. 同上。

3. 给每个小组一沓小纸条（一节课的内容），每张纸条都标有序号，小组成员轮流背诵。背完一条就在小组签字表上签序号。比如：

刘红：1、3

王云：2、4

张明：1、2、3、4

赵杰：4

4. 老师用小纸条抽查学生的背诵情况。虚报的小组一分不得，符合实际的小组得分，小组得分是小组每个成员的总分（上述小组得 9 分），或者总分除以 4（上述小组得 2 分）。

得分原则：最低要求每人一句，如果有某个孩子一句也答不对，其他孩子全对也不得分。这样，弱学生有压力，优秀学生有动力。为了给全组挣分，每个学生都卯足了劲儿。更重要的是，口头填空题的内容是不确定的，学生事先不知道，在学某篇文章之前，学生就会提前猜测老师出什么口头填空题，并且主动背诵。于是，学生就养成了自觉积累语言的好习惯，好习惯一旦养成，学生就会随时随地积累，学生的语言一定会丰富生动。

三四年级诵读的重点是诗词。经典的学习是由易到难、循序渐进的。在海量诵读诗词之前，首先要解决一个现实问题：作文和考试。作文和考试都是显性的，如果不能让家长看到效果，即使读再多的经典，也无法得到家长和社会的认可。尤其我任教的班级，一二年级没参加过考试，没写过作文，省出好多时间读书、写字。三年级了，作文、考试已绕不过去。识字多了、阅读能力提高了。再做卷子比在一年级省时省力得多，但作文教学起步，还是难度不小。三年级的目标是，所有的学生都能写出不少于 400 字的，通顺流畅、错字病句很少的作文。

（二）作文起步

1. 抄写课文学格式

2014级学生一直在学习两本教材。二年级时，家长们已把苏教版二年级至六年级教材都买齐了。苏教版每个单元练习上都有带稿纸格子的习作。哪天语文课多一些，就让学生抄写一段，在抄写中学习作文格式。这种带格子的作文抄完后，再找简短的对话、带特殊标点的段落让学生抄写。

标点符号的运用看似简单，实则是作文教学的一大难题，为数不少的学生直到小学毕业都乱用标点。标点分标号和点号，"点号"（顿号、逗号、分号、句号、问号、叹号）不能写在每一行的第一格，如果上一行没有格子了，就挤着写到格子外面。书名号、引号（标号）的前半部分（《"）不能写在一行的最后一格，书名号、引号的后半部分（》"）不能写在第一格。即使讲二百遍，小朋友还是不会，那就先做简单的事，抄写文章。

作文教学，我也秉承海量阅读的理念——简单的事海量做，等学生对标点的应用有了一定的认识之后，我再加大难度，听记课文。听记课文，一是为了从课文中学习写作知识，二是为了尽快熟悉常用汉字的书写，提高写作的速度。

2. 听记课文

10月中旬，我带孩子们写了他们的"处女作"——成语接龙游戏。这个游戏很容易写长，一是活动有内容可写，二是老师可以随时让孩子停止游戏进行作文指导：在台上进行成语接龙的同学有什么表情、动作，观众有什么反应……细节描写就有了。写这个游戏要用到复杂的标点：冒号、引号，甚至单引号、双引号。由于前期抄写过课文，写这些复杂的标点并不是太难。但从没有写过作文的三年级小孩子写一篇作文太慢了，当堂写了300多字交上的只有一个学生，其他都是回家写完第二天早上再交的。文章的质量真让我满意：由于诵读得流畅，所有的学生都写得通顺。但写得慢怎么办呢？首先要明白为什么写得慢？常用的汉字不会写，不常用的更不会写，问同学、问老师、查字典，这太费事了。怎么提高写字的速度呢？

于是，我开始每天上课听写一段课文，想促使学生读课文时用心。此时，正在学要考试的人教版课本，我一边教课文一边教作文知识，加上听记课文，速度就慢了下来，没有像以前那样两个星期教完教材。听记就是家长或老师读课文，不读标点，孩子写课文和标点，这样既练习了写字，又练习了标点符号的运用，还巩固了课文内容，一举多得。老师上课给孩子们听记的内容，会借机讲点作文知识，比如学课文时，老师讲解对话的形式，对话可以分段写，那么就听记对话。

男孩看看列宁，说："会飞回来的，一定会飞回来的。它还活着。"
列宁问："会飞回来？"
"一定会飞回来！"男孩肯定地说。

老师在不同的课文中选择不同的对话形式练习听记，不只学习汉字的书写，还在学作文知识。

"不，妈妈。如果我忘记了这件事，明天见到她时，可以道歉；可是我并没有忘记，我不能失信啊！"
"我明白了，我们的庆龄是个守信用的孩子。"妈妈望着庆龄笑了笑，说，"那你就留下来吧！"

通过听记这样的对话，学生不但能慢慢掌握汉字的书写，还顺便学会对话的不同形式。

除了对话要用引号，需要强调的词也要加引号。这样的知识点，在阅读教学中讲过了，听记时再说一次，学生印象更深。

"那儿找过了吗？"
"没找过，说不定'幸福鸟'就落在那儿呢。"大家说。
我们向那房子跑去，继续寻找我们的"幸福鸟"……

句号在引号的里面还是外面，要看这个引号管得是一个词，还是一句话。如：

连英国女王和俄国沙皇也千里迢迢前去拜访他，欣赏他的"玩具"，并从"玩具"里观看新世界里的"居民"。

老人说："你问的那只骆驼，是不是左脚有点跛？"

"是的。"

中心句后用什么标点？两个分句之间用什么标点？如：

盘古倒下后，他的身体发生了巨大的变化。他呼出的气息，变成了四季的风和飘动的云；他发出的声音，化作了隆隆的雷声。

要求学生用带格子的纸：作文本、稿纸都可以，便于查看格式对不对。

课堂上的听记，最初每天都进行，听记之后同桌互批。后来慢慢变为每周听记一次，并固定为每周五的上午。听记之后老师批阅，学生发到听记卷子后，错十处以内的改完错字就交给组长，组长凑齐全组成员改过错的听记小卷子后领"小组分"。领"小组分"便于老师以小组为单位记录学生的作业情况，比一个一个记录要省事，二是有利于小组成员之间互相督促，迅速完成。像改错字这样简单的作业，我都以小组为合作小组为单位记录完成情况；难度大、跨越时间长的，比如背书，就以个人而不是小组为单位记录。

我请家长每天先让孩子自学一课或两课，然后从中选取 100 字左右听记。三年级固定的家庭作业就是听记课文。家庭中的听记作业对学生的督促效果比课堂上更明显，因为家长一对一地盯着孩子，对孩子的情况了解得更清楚。孩子被家长的目光盯住时，遇到不会的地方，心情相对会紧张一些，下次努力的动力会强一些。

家长根据自家孩子的具体情况制定奖惩制度。当家校联合的"听记"练习促使孩子养成仔细看字形、标点、格式时，作文中的错误就会明显减少。第一个星期，要求学生每天把作业带到学校来，老师逐个检查；以后每个星期给老师批阅一次；后来就不用交作业，每个星期只安排一次十多分钟的听记课文考试就行了。

我给家长留的作业，一向简单而持久。一、二年级时，听孩子读书，三年级听记。诵读、作文基础打结实了，以后就基本不需要家长帮忙了。

3. 活动作文

起步作文都是先在课堂上搞活动，课堂上的活动有利于便于学生观察，便于老师指导。《成语接龙》写了两次，第一次是口头接龙，第二次是学生在黑板和纸上按小组接龙。《词语搭配游戏》玩了两次。写活动的过程中来学习如何表达。

游戏开始了，这次从"硕"字开始接龙，蒋沾硕马上说"硕果累累"。杨易冉停顿了一下，也马上说"雷厉风行"。高砚鹏最好玩，他的头一会儿扭到左边，一会儿扭到右边，一会儿向上，一会儿向下。就这样绕了一圈，也没有想出来，在众目睽睽之下，他想笑又不敢笑，在台上显得十分尴尬。最后，刘小于实在忍不住了，便大喊"兴风作浪"！高砚鹏才接上。表现最突出的是张宝月，她还没等高砚鹏说完，就以迅雷不及掩耳的速度说："浪迹天涯！"

——张萌珂

这节课让我感到最遗憾的是——最后的一轮比赛没有叫我参加，这让我的心一下子坠入了谷底，但他们的表现把我的心情从谷底拉回了峰顶上。他们中最有趣的要数刘小于，他之前在同学不会时还提醒过别人，现在不知怎么了，居然还需要同学提示，他接完后捂着嘴笑了一会儿。最让我赞叹不已的是杨雨诺，她等前面的同学话音未落，一个成语从她嘴中脱口而出，真让我佩服得五体投地！

——刘金岫

这是 2014 级学生的处女作，是我第一次在课堂上指导作文。我的这届三年级小朋友从 2014 年入学以来，一、二年级从来没有写过作文，读书占三分之二以上的课堂时间，写字占不到三分之一的课间时间。做的都是最简单的事情，师生海量读，不用着急，相信海读的力量，相信没有"举三反一"的海读基础，有些孩子练一辈子也不会做试卷上那些破题，相信海量诵读能把作文难题化解于无形之中，相信阅读会给孩子更大的发展潜力。一、二年级我们不做卷子，不写句子、段落，宝贵的时间做孩子最能做好的读书、写字，其他都不着急。起步晚是为了夯实基础，是为了走得更远。

我最烦那些把考试、做卷子当作打基础的论调。那些自以为是的专家因为脱离了教学实践，从成人的角度看问题，才把写话、写段落认为是很简单的事。写话、写段落对低年级不会写多少字的学生来说很难，学生唯有读书简单，唯有诵读高效。

写字是低年级教学的难点，如果解决不了，就像我一样绕道而行：不写话。但改变习惯思维，好难！谁能有本事说服领导写一句话、一段话对小朋友来说很累？有几个老师能让家长同意你两年不做一张卷子？我在潍坊已完整地从一年级到六年级带了两届学生，如果没有前两届家长的良好口碑，不可能两年内不写话、不做卷。我们学了一堆其他班学生不会的内容；人家都会的，我们却一概没有练习。如果不是我有这么"老"的资格，能这么任性地做自己认为对学生真正有用的事情吗？

（三）其他白话文的学习

中年级是作文教学的关键时期，学习白话文，保证作文能力持续长进。

1. 听标点符号故事，做标点符号练习

朱霞骏发现了《标点符号历险记》的录音故事深得学生的喜欢，于是我们找到了原作者，在原书的基础上，我加了一些标点符号的练习，这些练习都是针对学生作文起步中的小问题而设计的。

比如，读完第一章之后做下面的练习。

（1）顿号、逗号、分号表示句子中间的停顿一个比一个大。顿号表示并列词语之间的停顿，分号表示并列句子之间的停顿。

空格标数字处应该加什么标点，比较一下它们表示的停顿大小。

在司巴克大总统所管辖的伯舒岭山区的原始森林里最近发现了一个少数民族部落，这个部落的人，说话没停顿，快得像打机关枪，除了他们自己，其他人简直听不懂，甚至有时连他们自己都闹误会，弄得啼笑皆非在他们的书面语言中也没有标点符号。

为了人民的需要，我们不留恋考硕士 博士 当教授 我们要到最需要我们的地方去。

"管它有多远！"感叹号说，"那里当然好啰 在原始森林里 树上到处是松鼠 小鸟 猴子 地上到处有大象 梅花鹿 狍子 简直是个天然动物园！"

（2）句号、问号、叹号三种表示句子末尾的停顿，叫句末标点。同时表示不同

的语气。

"你们也想到伯舒岭去　"这时，徘徊在人群外围的大头，向感叹号和句号迎了过来。

"那当然。"感叹号大声说。

"嗯。"句号点了点头。

……

做这些练习，为三年级的作文起步奠定了基础。

2. 在欢声笑语中学语言

课内海量阅读的教学设计力求"一个学生也不落下"，所以要选择学生喜爱的文本。

教学要学生全员参与才不会出现学困生。所以，我的教学内容力求有趣，同时语言的训练也要到位。

喜欢看孩子们边读边笑的神态，所以把这套台湾引进的《成语笑话》搬进课堂。这套书先讲一个小笑话，笑话中含着几个成语。然后学生口述练习，巩固成语笑话中出现的成语。

每一个笑话故事都是这样编辑内容的。

花枝意面

小明喜欢品尝美食。有一次，他在逛（guàng）夜市时，看到一家小店招牌上写着"花枝意面"。小明疑惑不解："面条里面怎么会有'花枝'呢?"

店里高朋满座，人声鼎（dǐng）沸，小明按捺（nà）不住好（hào）奇，也叫了一碗，满心期望能吃到。吃了半碗，小明才发现：咦? 怎么里头根本没有"花枝"? 他觉得自己受骗上当了! 小明端着碗，到老板娘面前兴（xīng）师问罪："我叫的是花枝意面，碗里根本没有花枝!"

老板娘一点儿也不在意，笑容可掬（jū）地说"花枝是我的名字啦!"

一、成语意思猜一猜

1. _____：比喻自觉有理，向人理论责难。

2. _____：形容宾客众多。

3. _____：形容人的复杂情感控制不住，终于表露出来。

4. _____：形容满面笑容，令人亲近。

5. _____：不懂不明白，很迷惑（huò）的意思。

6. _____：形容人声嘈（cáo）杂，如沸腾的水声一样。

二、成语运用猜一猜

1. 得到了老师的表扬，我_____喜悦的心情飞快地回家告诉了妈妈。

2. 他喜欢结交朋友，家里总是_____。

3. 姐姐总是_____的，怪不得这么受欢迎。

4. 他气冲冲地跑过来，不知道要向谁_____？

5. 适逢百货公司周年庆，各个楼层_____，好不热闹！

6. 大雨过后，天边为什么出现彩虹？我感到_____。

……

出示学习方法。

> 一、学习单个故事
> 1. 听笑话
> 2. 自己练习讲故事
> 3. 开火车口头填成语
> 4. 看成语接力讲故事
> 二、单元竞赛

首先，学生看着书上的故事听录音，录音很多由刘维丽录制，她创造性地在讲完故事后加上了各种不同的搞怪的笑声，把孩子们逗得开怀大笑。听完故事可以问学生："这个故事好笑在哪里啊？"

然后，老师让学生自己练习讲故事。学习《成语故事》的第一节课，学生可能自己练习讲故事时并不用心，但马上他就知道用心有利，应付有害，因为下一步是"开火车填成语"。

花枝意面

　　小明喜欢品尝美食。有一次，他在逛夜市时，看到一家小店招牌上写着"花枝意面"。小明＿＿＿＿＿："面条里面怎么会有'花枝'呢？"

　　店里＿＿＿＿＿，＿＿＿＿＿，小明＿＿＿＿＿好奇，也叫了一碗，满心期望能吃到。吃了半碗，小明才发现：咦？怎么里头根本没有"花枝"？他觉得自己受骗上当了！

　　小明端着碗，到老板娘面前＿＿＿＿＿："我叫的是花枝意面，碗里根本没有花枝！"

　　老板娘一点儿也不在意，＿＿＿＿＿地说"花枝是我的名字啦！"

　　开火车时能说对答案的给小组加分，小组成员用热烈的欢呼声来奖励他；说不对答案的，下次一定会努力的。

　　疑惑不解　　高朋满座　　人声鼎沸　　按捺不住　　兴师问罪　　笑容可掬

　　学生看着成语自己编故事，这就是口头作文，是激发创造性思维的训练机会。有的学生照原文往下接力讲故事，这是复述练习。当学生把六本《成语笑话》复述下来之后，绝大部分学生作文语言丰富，最慢的学生也能做到语言通顺。这套书落实了我"中年级诵读白话文打好作文基础"的阶段目标。接力的次序可以按座次横排接力。教室一般是四排座位，每排两个学生，根据每个学生接力的质量打分，这个分数记在学生所在的小组名下。集体的力量是巨大的，所有的学生都会重视得分，自学时质量会明显提高。这种接力以小组比赛的形式更能调动学生的积极性，能有效地促使互帮互学风气的形成。

　　按这样的顺序学完一组五个笑话故事后，再让学生自学这一组五个笑话中的练习"成语意思猜一猜、成语运用猜一猜"，然后选择部分有难度的"猜一猜"打开屏幕开火车说答案，照旧以小组比赛的形式接力。

　　最后出示从各组中挑选的成语，让学生接力说一段话，能用上多少个成语就得几分。也可以写下来，以小组为单位合计总成绩。

　　接力加上小组竞赛整合了个人和集体的力量，在全班集体学习过几个课时后，很多学生就能快马加鞭自学完整套书，还会主动地教同学。

　　学生们笑着、读着、创造着……

3. 诵成语接龙，读成语故事

我和海读的粉丝们还开发了第三套成语接龙，李新轩老师寄给我他给南京浦口区行知教育集团编写的校本教材。3000 个成语一气呵成，词尾接词头时，没用一个谐音字，没有一个是字同音不同的多音字。更绝的是以十二生肖把 3000 个成语等分为十二篇。比如，"鼠"字头龙以"鼠目寸光"开头，接到第 250 个成语时以"气壮如牛"接到"牛"字头龙的"牛鬼蛇神"上……十二组三千个成语中音的连接没换一个字。我一见到就拍案叫绝，直呼"恨不相逢未嫁时"。编辑《登鹳雀楼——成语接龙》《画——成语接龙》时，曾想换掉同音字起头和生僻的成语，但牵一发而动全身，深知把 3000 个较常用的成语连到一起的难度有多大。

已经有两套成语接龙了，这套还要不要出版，我问徒弟朱霞骏、刘维丽。这几位海读的骨干同样爱不释手，商量到如何编排时，我们都想到各自的学生在学习的两套成语接龙后对阅读成语故事的渴望，成语故事发生的年代久远，又牵扯到许多让学生头晕的历史背景，所以远远不如绘本、童话、小说受孩子们欢迎。但在读前两套成语接龙的过程中，老师把精力放到了诵读上，并没有讲多少成语故事，学生在对成语接龙熟读成诵后，如饥似渴地喜欢起成语故事来。市场上那么多大同小异的成语故事，读什么好呢？所以我和徒弟们一拍板，学完前两套成语接龙的孩子们正需要成语故事，就以这 3000 条成语接龙为链接讲成语故事，这样，中高年级的学生就可以把诵读、默读结合起来学习这套《成语接龙故事会》。

七、高年级读史学文

文史不分家，我和学生在高年级读的文本大多是历史、古文掺在一起的。

（一）按历史顺序学习成语

1. 为了学生沉思静读

我引以为豪的最大本事是选书，有家长评价："韩老师选书的眼光相当厉害，但进了服装店眼神就不怎么的了。可能把选衣服的本事全用到选书上了。"家长开玩笑的口气中是不是透着庆幸？老师会选书对学生的成长有利嘛。但适合在课堂上共同阅读的书实在很难遇上。比如，全注音的读物字数少，同样花 10 元钱，读到的内容比非注音读物少很多；而非注音读物呢，一个字也不注音，阅读过程中遇到生字主动查字典的人是少数，遇到似是而非的字，大人孩子都喜欢瞎蒙，意思能蒙对，读音不容易蒙对。再比如，市面上常见的成语故事，内容并不好玩。因为小孩子的头脑中时空概念很模糊，那些曲折的历史情节，复杂的历史人物，学生并不容易搞懂，所以对那些出自历史的成语故事，他们并不觉得好玩。但成语应该尽量在小学阶段多学一些，学习语言年龄越小越好。这个矛盾如何解决？文言文也应该在小学阶段大量"不求甚解"地接触，尽早形成对文言文的"语感"。我选了一套带文言引文的《中华上下五千年》和《成语故事》，因为学生喜欢故事，通过故事学文言，在一定程度上降低了学习的难度。但那两套书的文言引文和故事并不是对应的，文言的意思不能通过自己读故事学会，还需要老师讲解，这就没法达到让学生"沉思静读、自求博取"的目的。

面对学生读物的种种让我不满意的状况，我决心编辑《读历史学成语》，编写这套书的想法是从 2005 年教学《中华上下五千年》时产生的，当时积累了一些与五千年故事相关的成语。2010 年春节前，我的十位同事自愿报名按我的要求补充素材。有的章节，我亲自撰写修改，有的章节"逼"着同事反复修改。这是我的第一套原创书，是方便老师教、便于学生学文言文的书。

首先，这套书给部分字注音，我估计小学高年级学生读不准的字就注上了音节。因为内容是与历史相关的成语故事和文言文，有些字音，我和同事们也搞不懂。我和两位中文系毕业，又教过中学语文的同事王欣香、臧运红利用两个暑假，反复查证。

"历史梗概"文字简洁，占用最经济的纸张和读者最少的阅读时间搞懂历史脉络。

"相关成语"也是占用最经济的纸张和最少的阅读时间，从中学到大量的成语。排版方式便于自测，学生盖起左边的成语，看着右边的解释可以反复记忆这些成语。市面上所有的读物，没有一本是这样排版的，我的排版方式很怪，但再怪也要这样排，因为我的 50 多个学生读这样编排的书稿最高效，最利于学生自学，最方便老师检查。学生在很短的时间内可以读到大量的成语，老师一句话不用说，完全靠学生自学即可。学生自学半天，老师只用几分钟时间抽查几个成语就知道学生是不是已经掌握。

下面是第一单元《远古》部分的"相关成语"。

1. 开天辟地：古代神话盘古氏开辟天地，创立世界，开始有人类历史。比喻前所未有，有史以来第一次。辟：开辟。

2. 补天浴日：太阳女神的十个儿子每天轮流值班，女神常带儿子们洗澡，把太阳洗得明明亮亮的。"女娲补天"与"太阳洗澡"两个神话组成这个成语。后用来比喻人有战胜自然的能力，也比喻极大的功勋（xūn）。

3. 三过家门而不入：禹为了治理洪水，三次经过家门没有进去。比喻因公忘私的高尚行为。

4. 洗耳恭听：许由嫌尧让他当官是侮辱了他，到河边洗耳朵。现在形容恭恭敬敬听别人讲话或欣赏优美的乐曲。

5. 己饥己溺：孟子说："稷（jì，谷神）和禹想到天下还有挨饿、落水的人，就当作是自己挨饿、落水，尽力去解救。"比喻对别人的痛苦深表同情，并将解除这种痛苦当作自己的责任。

书中的"成语故事"单从趣味性上讲，内容一般，我不是作家，没有写作的才华，也没有太多时间去雕刻，所以故事写得不够精彩，这是缺点。但我把文言文的解释都蕴含在故事中的，尽量直译，不用老师教，孩子就能在故事中找到译文。做到这一点不容易，我和欣香、运红下了很大功夫。书存在不足，但编写过程中一心为老师的教、学生的学着想。

我是一个过度勤奋的老师，勤奋得有些偏执，但勤奋中蕴含着"偷懒"的心态。文言文的意思在故事中直译，就是为了教学时"偷懒"——不用老师教，学生完全能自学，更便于老师检查。懒孩子、慢孩子把译文找出来画上线，然后读熟即可；勤奋的学生把文言文遮盖起来，看着译文背诵原文。

"成语运用"是这套书最精华的部分。大约每十个成语组成一组应用的例子，"不求甚解、强化朗读"加上"排除法"，学生个个能体会到运用的快乐。还是以《远古》为例：

成语运用

1. 如此甚妙，我们_____。

2. 政府官员有了_____的精神，就会关心群众的疾苦。

3. 我们乡里办图书馆，这是_____第一回。

4. 老张一心扑在工作上，都赶上_____的古代圣贤了。

"成语运用"和前面的"相关成语"的顺序并不一致，方便学生自己动脑思考。

2.《读历史学成语》基本教学方法

这套书成语含量很大，阅读有一定困难。集体教学的首要任务是"读准"，把成语、古文读正确，课堂上要反复领读，老师、学生领读都可以，力求每个学生都能正确朗读；然后才是"理解"，理解主要靠学生自己通过反复研究阅读完成；在学生自己理解的基础上老师再带领学生"讨论"。后面附的教案都是在达成"读准""理解"两个目标的前提下进行第三步教学：讨论。第三步的教学对老师要求高，最能体现老师的"学问"，最好看，具有观赏性，很适合讲公开课。但第三步如果省略掉，学生没有太大损失，如果前两个目标没有达成，学生就失去了一次提高阅读能力的机会。达成前两个目标，对老师来说，不需要多大的"学问"，只需要在全班学生读一读的基础上落实每一个学生的达标情况即可，老师能起到督促检查的作用即可。

（1）星级达标标准。

学生拿到书，首先明确达标标准。不论成绩好坏，全班学生一起在课堂上"海量"阅读，这是我们崇拜的教育家苏霍姆林斯基推崇的理念。由于一个班几十个学生的能力有差别，勤奋程度也不一样，要做到全班阅读速度统一，就要制定不同的达标标准。这套书的达标标准是：

一星标准

读熟书中的文字即可。"历史概述""相关成语""成语故事"都读熟。

在"成语故事"中画出文言文的译文。

在"成语运用"中书面填写答案，读熟句子。

二星标准

历史概述：读熟。

相关成语：盖起左边的成语，能看着意思说出成语。

成语故事：能读熟古文，遮起故事中的译文，能解释古文。

成语运用：能看着前面的"相关成语"说出答案。

三星标准

历史概述：读熟。

相关成语：盖起左边的成语，能看着意思说出成语。

成语故事：看着古文能解释意思，看着意思能背诵古文。

成语运用：能直接说出答案，不参考"相关成语"。

（2）课堂教学。

四人合作小组轮流上讲台讲课，老师站在讲台一侧，倾听、追问、评判。没有经过训练的班级可以由老师先示范几次，然后再由学生当"小老师"讲。合作小组四个人一起当"小老师"比学生一个一个上台当"小老师"更能保证"教学"的效果，因为合作小组的成员在备课时会互帮互学。

"历史概述"部分由一个或两个"小老师"轮流读一遍。每读完一段，把需要强调的词领读一遍，全班学生齐声跟读三遍。哪些是需要强调的词呢？一是生词，二是段落中的重点词。如《远古》的最后一段领读"陶唐氏、有虞氏、禅让"。读完问学生：尧、舜的名字还可以怎么称呼？舜让位大禹，后人把这种让贤行为称为什么？

"相关成语"中的成语，小老师全都领读一遍，全班齐读三遍。小老师可以选择部分生疏易错的成语重点领读。比如："宁戚饭牛""宁"读"nìng"，姓氏读四声。

成语解释由学生自己阅读，不需要上课一起读。小老师一次领读一页中的成语，不要一个词一个词地读，那样太耗费时间。领读完一页或两页可以提问题。比如《春秋》部分，读完第一组成语"风马牛不相及"的时候提问"与春秋五霸之一的齐桓公相关的成语有哪些"？读完最后两组时讨论"吴越之争"的历史。

"成语故事"部分主要由学生自己阅读，上课集体学习的只读文言文。讲台上两个学生当"小老师"，"小老师"甲领读文言文，全班学生跟读一遍文言文。"小老

师"乙读解释，全班还是读文言文，还是以《远古》为例，"小老师"乙读成语故事中的译文。

禹哀痛父亲鲧治水无功被杀，因此劳身苦思，在外十三年，经过自己家门也不敢进。

全班学生齐读相对应的文言文。

禹伤先人父鲧功之不成受诛，乃劳身焦思，居外十三年，过家门不敢入。

"小老师"乙继续读成语故事中的译文。

禹自己吃穿都很简朴，但对祖先神明的祭祀却很丰厚尽礼。虽然自己居住的房屋很简陋，但不惜耗巨资致力于修渠挖沟等水利工程。

全班学生继续齐读相对应的文言文。

薄衣食，致孝于鬼神。卑宫室，致费於沟淢。

这样读有点儿绕，主要是为了强化朗读文言文。我们在编辑成语故事时，力求在故事中直译文言文，这样，文言文的解释不需要老师教，学生完全可以自学。但是成语、文言文的发音要准确，这是课堂集体教学的重点。汉语是母语教学，从生活中学习口语，不需要解释，在反复听说的过程中自然就能学会；从书本上学习书面语言，也要淡化解释，强化朗读。语文老师的责任，首先是让学生发准音，至于理解，学生会在海量阅读的过程中无师自通，况且，成语故事中对文言文的直译，已经给小读者提供了一个不会说话的老师。

"成语运用"部分完全由学生自学，上课集体学习不安排这部分内容。这部分二星、三星标准是一样的，我们班学生在学习这本书稿时觉得这一部分最简单，先自己猜测答案，再看一下前面的"相关成语"，或后面的答案，两遍就能记住答案。

"成语运用"为阅读与写作搭建了一座桥梁，把时间用到这里，比用于作文训练的效率要高得多。

（3）复习。

每节课前 20 分钟，全班集体学习，后半节课和课外时间由学生自学。学完一个单元后进行总复习。总复习时老师提的问题提前抛给学生，比如，《春秋》部分的问题是与春秋五霸相关的成语。上课复习时，先由两个学生分别在中国地图和黑板上贴上"齐、晋、楚、吴、越"的卡片，然后分别找出与齐桓公、晋文公、楚庄王、吴王、越王勾践相关的成语。回答完老师的问题之后，可以由学生随意提问，全班学生自由回答。

至于单元复习时提什么问题，老师通读整个单元后，自然就能提出涵盖范围比较大的、有助于理清历史脉络的问题。复习《战国》部分，可以让学生找"与战国七雄相关的成语"；复习《秦》部分，可以让学生找"与秦始皇、项羽、刘邦、刘邦的大臣相关的成语"；复习《汉》部分，可以让学生分别找"与汉高祖、汉文帝、汉景帝、汉武帝、西汉末年皇帝，东汉光武帝、东汉末年皇帝相关的成语"……问题都不难提，老师粗知历史，详细地阅读每一个单元，就能提出恰当的问题。海量阅读教学的好处就在于师生共同在阅读中成长。上海的朱霞骏老师带领学生共读这本书的过程中，对这本书的修改提了不少建设性的意见，学生也写了好多应用成语的句子。

一次我数学考试考得不好，看到考试成绩时，我整个人都呆若木鸡。回到家后，奶奶看到了我的成绩后，开始了她的"考后训话十分钟"。"你看你，对数学一窍不通，考成这样！"我央求道："奶奶，您就网开一面，这次就原谅我吧！我下次一定会考好！""你心里想的什么，我都洞若观火，你看看人家大数学家陈景润，每天夜以继日地苦学，多厉害呀！你要是有他一半好，我也不会操那么多心了！"（陈珊琦）

1948 年，解放军全线反攻，使恶贯满盈的国民党土崩瓦解。（刘思怡）

小雨偷了东西，还杀了人。被抓捕归案后，他向警察求饶，请他们从宽处理，可事情已经覆水难收，他也只能被判死刑。（夏培培）

……

3.《读历史学成语——春秋》教案

第一遍教学是集体预习，读准成语和古文。

第二遍学生按三星目标自学。

第三遍师生集体讨论，理顺春秋五霸之间的关系。

（1）复习。

前一章，西周是如何灭亡的？周幽王烽火戏诸侯，玩"狼来了"的游戏，当强悍的邻居犬戎族真的围困他时，诸侯不再来救驾，于是被杀。他儿子周平王"惹不起，躲得起"，就把首都搬到了东边的洛邑，就是现在的河南洛阳，离野蛮的犬戎族是远了，但中原的诸侯觉得天子首都都丢了，连自己都保护不了，哪有能力管他们？周天子的命令没人听了，听谁的？哪个诸侯国强大就当霸主，大家听霸主的。东周的前三百年就是诸侯争霸的春秋时期。第一个霸主是谁？

（2）老师指地图讲解。

齐国是周武王封给功臣姜太公的。

中原诸国大多是周王亲族的分封国，如卫、鲁、燕、晋、虞、虢等，也有功臣和姻亲的封国，如齐。个别是商王后代，如宋。东周 200 多年来，中原各国一直要朝拜天子，他们交往频繁，有很多共同的理念。现在，周天子力量衰弱，他们需要一个霸主来处理中原各国之间的纠纷，还要联合起来对抗周边外族的侵袭。对中原威胁最大的外族是楚国。所以中原第一霸主齐桓公与楚国有摩擦，中原最大的霸主晋文公就是打败楚国后当上霸主的，晋楚之间小战争无数，决定霸主地位的战争有两次。

楚国由古老部落转化来的，楚国国君早先曾请求周天子给他们一个公侯的封号，但周天子没理会，因此楚君一气之下自立为王，表示和周天子分庭抗礼。楚人好争斗、轻礼义，地域广阔，物产丰富。但中原诸侯老笑话楚国是"蛮夷之邦"，叫他们楚蛮。楚国是中原各国排斥的对象。

还有一个国家被中原各国排斥，那就是秦国。

秦国本来是一个弱小的附属国，怎么变成诸侯的？还记得把首都迁到洛阳的周平王吗？当时秦襄公护送平王去洛邑，平王封他为诸侯，并说：犬戎族占了我的地盘，如果你有能力收复就归你。秦君赶走了犬戎，逐步发展起来，也想争当中原霸主。所以春秋时，晋楚争霸是主旋律，后来，晋国也与秦国为敌。

（3）在老师的引导下读"相关成语"和"成语故事"来了解春秋争霸的具体情况。

A组齐桓公。

齐桓公能当上霸主，是因为他任用贤才，他任用过哪些有才德的人？做了什么有利于国家发展的事？

管仲、鲍叔牙、宁戚、陈敬仲：

管鲍之交　见异思迁　宁戚饭牛　老马识途　勿忘在莒　卜昼卜夜

齐桓公能当上霸主除了重用贤才，使国家强胜之外，还因为制定执行了正确的政策，什么政策？尊王攘夷。哪几个成语体现这个政策？

老马识途　天威咫尺　风马牛不相及

齐桓公刚当上君主时，没有确立"尊王攘夷"政策时，曾做过欺凌弱小的事情。从哪几个成语能看出？

一鼓作气　辙乱旗靡

欺凌弱小得不到大家的拥护，齐桓公就改变了政策，我当大哥，来帮助弱小，来拥护原来的老大周天子。周天子虽然力量薄弱了，但二百多年来，大家习惯把他当老大，现在拥护原来的老大，大家都服气，如果自己当老大，就会惹得群起而攻之。

B组晋文公。

晋文公当上国君前，他的父亲在扩张，争夺周围的地盘。他的兄弟在争权夺利。哪些成语讲这层意思？

假途灭虢　唇亡齿寒　马齿徒增
一国三公　欲加之罪，何患无辞　救灾恤邻

晋文公的霸主威信怎么树立起来的？也就是晋国打败了哪个国家才当上霸主的？

退避三舍　莫予毒也

除了晋楚南北之争外，还有什么争夺？秦晋东西之争。

秦晋之好　墓木已拱　厉兵秣马　济河焚舟

C组宋襄公、楚庄王。

自己理顺，谈谈C组成语中诸侯争霸的情况。

宋国的爵位最高，是一等诸侯国，其他诸侯国，如五霸中的齐国是二等诸侯国，虽然国富兵强，但级别不如宋国高。宋国是传统文化保留最多的国家，高举仁义大旗的宋襄公有意争霸，但屡受轻视礼义的楚国的欺侮，与楚结为世仇。争霸的希望破灭后，一心投靠晋国，是北方诸国中与晋关系最为密切的国家。

不鼓不成列　明耻教战

哪些成语写楚国励精图治，向外扩张？与晋争夺中间国家？

一鸣惊人　筚路蓝缕
问鼎之心　刚愎自用　鞭长莫及　屦及剑及　从善如流

D组齐相使楚、晋楚之争。

齐国远离晋楚争霸的主战场，国力较强，又有齐桓公称霸的余威，不甘心依附晋国，所以齐景公派晏婴出使楚国，来增加自己的力量。但傲慢的楚灵王故意侮辱晏婴，晏婴维护了个人和国家的尊严。哪些成语讲齐相使楚的事？

橘化为枳　张袂成荫

体现齐国内政的成语？

从善如流   城狐社鼠   卜宅卜邻   踊贵屦贱

体现齐晋相争的成语？

折冲樽俎

D、E组：找写孔子的成语，谈谈对孔子行为和理念的认识。

人而无信，不知其可   以德报德   名正言顺   闻一知十   韦编三绝

E、F组吴楚争霸、吴越之争。
东南一隅的吴国是怎么强大起来的？

螳螂捕蝉，黄雀在后   芦中托渡   食不二味，居不重席   三令五申
因地制宜

最后楚国差点被吴国所亡。

秦庭之哭   封豕长蛇

吴越是如何争夺霸主的？

一成一旅   心腹之患   除恶务尽   抉目悬门   沉鱼落雁   卧薪尝胆
生聚教训   旅进旅退   鸟尽弓藏，兔死狗烹   吴越同舟

（二）《中华上下五千年》小组合作教学设计

我们学习的《中华上下五千年》的白话文故事用形象生动的语言，还原古人生活的场景和那如诗的意境，在古今之间搭建起穿越时空的桥梁。无论传说中的华夏始祖炎帝、黄帝，还是留下传世思想和著作的孔子、屈原、司马迁……古人的喜怒哀乐、悲欢离合，透过这本书的文字都似乎与我们血脉相通，息息相关。

本书中的每个故事前都有一段文言引文，书中的生字附有注音、注解，白话文故事中也隐含有文言文的直译，编排风格如同《读论语 学成语》《读历史 学成语》。本书的标题也是学习的好材料，读者用书签或用手盖住左边内容说右边内容，反之也可，这样既可以记忆历史事件，也可以在一定程度上学习对仗知识。

我第二次教《中华上下五千年》时正巧嗓子出了问题，不能多讲话，不得已抛弃了老师主讲的常规方式，采用了学生合作讲课、老师评价的教法，成功地把孩子们引入了自学、合作的道路。徐美华、刘海莲、周平昭等老师也采用了小组合作的形式，效果均佳。

《中华上下五千年》的教学自从采用学生小组合作教学的方式之后，我感到"懒"得舒服。于是老师示范了几课之后，学生组成合作小组一课一课地讲，老师按下面的表格一一对小组进行评判。

（　　）组	讲故事 3 分	读古文 1 分	做解释 1 分
板书工整 2 分	声音洪亮 4 分	角色轮换 2 分	奖罚（　　）分

通过老师的评判，各小组会越讲越好，越讲越有创造力。2016 年暑假，我在"经典海读成长营"中借班上课，给学生写个"剧本"，帮助学生迅速进入角色。

老师导入：今天这节课，我们来学习《中华上下五千年》的 17~19 篇。有请小老师讲授。

17 课

学生 1：

首先我们来学习第 17 课《佯中箭齐桓继位，传百世管鲍贫交》，这则历史故事讲的是春秋时期，管仲辅佐公子小白的故事。故事起源于齐襄公死后，他的两位兄弟公子小白和公子纠争夺国君之位。最初，管仲辅佐的是公子纠，鲍叔牙辅佐公子小白。管仲和鲍叔牙是一对好朋友。两位公子在回国继位的路上，管仲带领人马在莒国通往齐国的道路上，拦截公子小白，射中公子小白的衣带上的挂钩，小白装死骗过了管仲，早先一步回到了齐国，成为齐桓公。齐桓公即位后，想杀死管仲，鲍叔牙劝齐桓公重用管仲。齐桓公听从鲍叔牙的劝告，重用管仲，管仲采取了多种方法，如开发资源海水煮盐，捕捞鱼虾，让齐国逐渐强大起来，还制定了"尊王攘夷"的策略，一系列措施使得齐桓公在北杏组织会盟，被推举为盟主。管仲被后人称为一代名相，在管仲的辅佐下，齐桓公成了春秋时期的第一位称霸的诸侯。

学生 2：接下来，我领大家认读这一课的词语。

子嗣　昏庸　曲阜　莒县　胆怯　抗衡　屈辱　隆重

打抱不平　贪生怕死　才华横溢　尊王攘夷　管鲍之交　自比管乐

学生 2 领读词语，可以适当解释词语。

学生 3：接下来由我和某某为同学们解释古文，我读到哪里，大家就跟着齐读到哪里。大家齐读完，某某同学再解释这句话。

生 3：管仲别将兵遮莒道，射中小白带钩。

生 4：管仲率领一队人马前往莒国，去拦截公子小白，一箭射中小白带钩。

生 3：小白佯死，管仲使人驰报鲁。

生 4：小白趁机装死，管仲使人飞报还在鲁国的公子纠。

生 3：鲁送纠者行益迟，六日至齐，

生 4：护送纠的鲁国军队走得更慢，六天才走到齐国，

生 3：则小白已入，高傒立之，是为桓公。

生4：而小白已到。高傒拥立小白，这就是齐桓公。

生3：请大家齐读古文。请看着解释练习自由背诵古文。一人一句开火车。

生4：请大家看大屏幕，填空。（答案可以不完全一样）。

1. 管仲和鲍叔牙是好友，他们的交往，被称为"_____"。
2. 当得知齐襄公被杀死之后，公子纠和公子小白都急忙赶回齐国继承国君之位，_____拦阻公子小白，射中小白，小白_____骗过，_____回到齐国，继承国君之位，任命管仲为大夫，管仲为了帮助齐桓公实现_____的野心，制定了"_____"的策略。

生3：请大家跟着歌诀录音轻声诵读古文，讲解歌诀节奏，领读古文，全班跟读三遍。

全班齐读三遍古文，下一组学生上台。

18 课

学生1：下面我来给大家讲一讲：战长勺曹刿献策，击齐军鲁国扬威。

公元前684年，齐桓公对鲁国发动了一次战争，史称"长勺之战"。齐国气焰嚣张，鲁庄公束手无策。曹刿因为鲁庄公竭尽全力公平处理百姓的诉讼，所以决定全力辅佐他。长勺之战时，面对齐军的擂鼓，曹刿一次次阻止，直到齐军三次擂鼓，他才让鲁庄公擂鼓应战齐军大败。鲁庄公很高兴，也很疑惑，曹刿说："作战，依靠勇气。齐军第一次擂鼓士气旺盛时，我们不出击；齐军第三次擂鼓士气松懈，而我们正士气旺盛，这样去迎战齐军，则必定取胜。齐国是大国，情况难测，要查看是不是真正败退之后我们才能追击。"鲁庄公听了，深感佩服。

学生2：请大家跟我认读词语。

曹刿　觐见　祭祀　庇佑　虔诚　缴获　诉讼　抵抗　眺望
气焰嚣张　挺身而出　目光短浅　开门见山　小恩小惠　竭尽全力
兵强马壮　按兵不动　摩拳擦掌　满载而归　胸有成竹　足智多谋

学生3：下面我来读古文。

学生4：我来翻译。

生3：既克，公问其故。

生4：打败齐国后，鲁庄公问曹刿取胜的原因。

生3：对曰：夫战，勇气也，一鼓作气，再而衰，三而竭，

生4：曹刿说：作战，依靠勇气。齐军第一次擂鼓的时候，他们的士气最为旺盛，第二次擂鼓时，士气便稍微松懈，待到第三次擂鼓，他们就松懈了，

生3：彼竭我盈，故克之。

生4：而我们正士气旺盛，这样去迎战齐军，则必定取胜。

生3：夫大国难测也，惧有伏焉。

生4：齐为大国，情况难测，我害怕他们会有埋伏，

生3：吾视其辙乱，望其旗靡，故逐之。

生4：我看到他们的车辙很零乱，他们的军旗歪斜，所以，我们才能乘胜追击。

生3：请大家齐读古文。（学生齐读）

　　　（请看着解释练习自由背诵古文）

　　　（一人一句开火车）

生4：请大家看大屏幕，填空。（答案可以不完全一样）

1. 当曹刿听说齐军要进攻鲁国，便_____，前去_____鲁庄公，要为国家效力。

2. 只见曹刿跳下战车，_____齐军留下的车辙，随即又_____地爬上车杆，_____齐军撤离的队形，才_____地说，现在，可以追击了。于是，鲁庄公率领士兵追赶了三十余里，_____了很多战车、兵器，_____。而齐军则被_____地赶出鲁国国境。

生3：请大家跟着歌诀录音轻声诵读古文，

讲解歌诀节奏，领读古文，全班跟读三遍。

全班齐读三遍古文，下一组学生上台。

19 课

生 1：下面由我们组带领大家学习管夷吾再献奇策，齐桓公九合诸侯。

在长勺之战中，齐军失败，但并不影响齐桓公的霸主地位。齐桓公继续奉行"尊王攘夷"的策略，赢得众多诸侯国的认同。一些小的国家遇到危险，便会请齐桓公帮助。663 年，燕国派使者向齐国求援，齐桓公率兵讨伐山戎，一直打到了孤竹国。结果中了埋伏，管仲运用老马识途，终于走出了迷谷。之后，齐桓公多次帮助小国，如邢国、卫国。565 年，齐桓公联合宋鲁陈卫等国讨伐楚国，迫使楚国向周天子进贡包茅，并订立盟约。齐国多次组织大规模诸侯国会盟，史上称为"九合诸侯"。齐桓公去世后，齐国大乱，不再称霸。

板书图如下：

齐桓公　　　帮助　　燕国　　邢国　　卫国
成为霸主　　讨伐楚国
　　　　　　组织会盟

学生 2：下面由我带领大家认读词语。

辨认　援救　开拓　谴责　壕沟　进贡　衰微
心腹大患　自立为王　不卑不亢　一去不复返　九合诸侯

生 3：下面我和某某带领大家诵读理解古文。
生 3：二十三年，山戎伐燕，燕告急于齐。
生 4：二十三年（公元前 663 年），少数民族部落山戎侵犯燕国，燕国派使者向齐桓公求援。
生 3：齐桓公救燕，遂伐山戎，至于孤竹而还。
生 4：齐桓公率兵援助燕国，征伐山戎，直到孤竹。
生 3：请大家齐读古文。
（请看着解释练习自由背诵古文）

（一人一句开火车）

生4：请大家看大屏幕，填空。

1. 齐桓公一直将楚国当作_____。楚国国君不断_____，收服周边部落，日益强大，到后来他竟然_____，无视周王的存在。

2. 屈完听完，_____地回答，_____才最为重要，仅仅凭借_____解决问题并不可行。

全班齐读三遍古文，下一组学生上台。

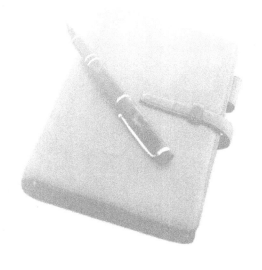

走进课堂

一、低年级成语教学案例

低年级的课堂以出声诵读为主，以齐读为主。不要急于理解，所有的理解都是穿插在诵读过程中的点缀而已。

如何读得开心，读得有效？

教低年级学生读儿歌，首先要领读。谁来领读？老师领读显然是占用了学生表现的机会，让学生领读又担心孩子预习不充分，领读时出错。我垂青于放录音，因为放录音时，老师可以把精力放到观察学生身上，时刻提示那些走神的孩子把精力放到读书上。就按学号分给学生每人一个单元录音，要求以单元序号为录音文件的名称，不愿意录的，愿意多录的安排好。于是上课时，学生跟着同学的录音念，孩子们听到同学的声音从播放器中传出来感到新鲜，听完录音后奖给"播音员"小奖状。后来，我虽然每学一本书前，还是继续让学生录音，因为录音是最有效的准备，反复录、反复听才能保证小老师读得正确流畅，但录了音并不一定在课堂上播放，让"真人"上台领读，"真人"领读更容易让"小老师"产生成就感。

领读之后简单一"议"，比如这首儿歌。

同床异梦

金铃玉玲，

同床异梦。

金铃做梦放风筝，

玉玲做梦捉蜻蜓。

学生先跟读后，老师问两个问题"议"一下：一是金玲玉玲姐妹俩在一张床上睡觉，但做的梦有什么不同？学生读后面两行就是最好的回答。二是讲比喻义的：咱们班晨轩爱读书，练出本领，长大不但自己生活得好，还有能力孝敬父母、资助他人、报效祖国。但也有的小朋友光贪玩，长大了还要父母养活。同在一个班，但想法不一样，用什么成语来说？晨轩是我班优秀学生，老师用来举例说明的内容取自学生更容易吸引他们，拿真人举例子都要健康向上。师生这么简单议一议之后再齐读。每节课学完两个单元后，同桌互相读，然后按座位从每一排中抽几个选手比赛朗读，当全班大部分学生读儿歌不太困难时，当选手的机会经常落到班里最弱的十来个学生身上，读正确的选手上台给自己的小组加上一面红旗，加红旗时的那份荣光激发着选手们的荣誉感，这荣誉感成为他们诵读的动力。学生的录音和以前找常州的王燕老师录的音有时候也放：自习的纪律有些乱时可以放一会儿；偶尔有其他老师请假，我代课时放一会儿；语文课时多的那一天可以放一会儿……我按进度教儿歌时，每一首都安排领读、齐读、同桌互读、竞赛读，保证最少四遍。再加上逮着零散时间就放录音，保证了读的遍数。

升入二年级后，我把"领读——议"之后的第二次齐读改为"速诵"两遍。"诵读"是 2015 年夏天跟陈琴在成都夏令营学的新招，她叫"歌诀体"，"速诵"儿歌、古文的效果都很好：第一，速度快省时间，用读两遍的时间可以读三遍；第二，拍着桌子、拍着腿和着节奏读，小孩子喜欢，喜欢节奏是每一个人在母腹之中听着母亲的心脏跳动而形成的与生俱来的本能。

我喜欢让学生"归类诵读"，在一年级就能把"归类诵读"的理念植入学生脑中，引导学生归类时的"议"为辅，诵读为主。学到《歇后语儿歌 100 首》一单元时，学生已学了成语、俗语、歇后语儿歌各 100 首，归类的素材已很充足。学"猪鼻子插葱——装相（象）"，孩子们跟"无病呻吟、叶公好龙"归类；学"狗咬狗——一嘴毛"，孩子跟"针尖对麦芒、公鸡打架头对头，鹬蚌相争渔翁得利，当面锣对面鼓，窝里斗"归到一起。"归类速读"时分别让学生拍不同的地方。如速读"猪鼻子插葱——装相（象）"时拍桌子，速读"无病呻吟、叶公好龙"拍腿，学生每"议"（找同类语言）一次，马上跟上全班学生速诵三遍，"读"在低年级的课堂绝对占最重要的地位，高年级的课堂"议"占的时间会稍长一点儿，但"读"永远应该是语文教学的主旋律。读累了，找几个"纪律好"的上台拍桌拍腿读，嘴巴和手的动作协调的有奖，不协调的惹大家笑笑了事，"纪律好"的多半是平日捣蛋的孩子，表扬他纪律好，给他上台的机会，既奖励了他，又促使了全班学生都争当"纪律好"的学生；上台读也是给全班学生创造休息、活动的机会。

对那些诵读水平有待提高的学生，除了让他们上台比赛外，我还常用"陪读"的方法：让那些守纪律的合作小组陪着他们读，哪个小组能耐得住性子倾听磕磕绊绊的读书声，就有当"小老师"陪读的机会，这也是维持纪律的妙招，大家都想当小老师，又光荣又能得到奖励。但课堂时间宝贵，"南腔北调"占用的时间越少越好，这就需要正确流畅的读书声来带动。"小老师"一拨一拨地陪读，读的次数足够多时，"南腔北调"们就能正确诵读了，诸多"小老师"们能背诵了。"陪读"对那些"南腔北调"们有一定压力，他们会集中精力跟读，对全班来说，"小老师"有时是四个，有时是十多个，他们是轮流工作、轮流休息的。男同学和女同学中的"南腔北调"搞个诵读比赛，会成为开心一刻，成为课堂花絮，赢了的"南腔北调"也备感荣光。

把诵读扎扎实实地落实到课堂上的"课内海量阅读"使我近十五年教的三届学生没有一个后进生，尤其是升入中学后，孩子们学习的潜力很大，为我赢得了良好的口碑。至于学生有没有理解所读的文本，老师只管用最简洁的语言"讲"，不用操心学生听懂了没有，只要跟上海量阅读，孩子早晚会懂的。

教歇后语儿歌

（一）教学以读为主　教案因地而异——《成语接龙》教学集锦

《成语接龙》是我年近半百时第一次借班上课的成功案例。一个年近 50 岁的老师从没有借班上课的经历，但第一次借班上课竟然成功了，成功的标志是那几十个学生竟然当堂背过了《成语接龙》"白"字头龙 50 个成语。成功的原因来自课堂上的反复诵读。

"白"字头龙 50 个成语分为四组，每学一组前先放整条龙的录音让学生跟着读。每一组的 12（最后一组 14 个）个成语的教学都是读议结合，以读为主。先齐读要学习的一组成语，然后提一个问题，学生回答之后马上跟上齐读，这样每一组成语要齐读三遍。再加上学完整条龙后的各种形式的读，每个成语一节课诵读不少于十遍。

1. 常规教案

下面是常规教案，其中讨论的问题都来自学生的日常生活，《成语接龙》上下册的问题都是我和淄博的刘维丽、寇丽君的"教后记"，我们把在课堂向学生提的问题整理成文字，放到了《成语接龙》这套书上。

（1）第一组成语。

我们先用"青蛙唱歌"的节奏跟着录音读。青蛙唱歌的录音匀速、较慢，便于学生听清楚，江西人民出版社官网上放的就是这样的录音。像青蛙唱歌一样"呱呱呱呱"——"白头到老　老气横秋"。老师放录音，同学们听录音时手要指着成语，小声跟着读"白"字头 50 个成语。

请小青蛙们唱第一组成语——"白头到老……"

白头到老　老气横秋　秋高气爽　爽心悦目
目不斜视　视死如归　归心似箭　箭不虚发
发扬光大　大获全胜　胜任愉快　快人快语

今天同学们这样读书，读得饿了，放学时恨不得一步跑回家吃一顿，用什么成语形容想回家的急切心情。

请小青蛙们再唱第一组成语——"白头到老……"

叔叔和阿姨结婚了，你能用一个成语祝福他们吗？

请小青蛙们再唱第一组成语——"白头到老……"

学校合唱比赛，我们班荣获最美声音奖、最佳指挥奖、最具创意奖，所有的奖都被我们班拿下了，你用哪个成语形容。

请小青蛙们再唱第一组成语——"白头到老……"

（2）第二组成语。

听"白"字头龙50个成语的录音，指着读。

语重心长　长话短说　说一不二　二龙戏珠
珠联璧合　合情合理　理屈词穷　穷兵黩武
武艺超群　群雄逐鹿　鹿死谁手　手到病除

请小青蛙们唱第二组成语——"语重心长……"

妈妈说琪琪每次读完一本书都会带她去旅游一次，琪琪读了十本书，妈妈真的带她出去游玩了十次，妈妈说话可以用什么成语形容？

请小青蛙们唱第二组成语——"语重心长……"

老师和家长经常告诉同学们要好好学习，要注意安全。用哪个词来形容他们说这些话时的语气神情？

请小青蛙们再唱第二组成语——"语重心长……"

老师和同学们练习"开山放炮"的读法：前三个字读得轻短，最后一个字突然喷出，声音又大又急。

（3）第三组成语。

听录音，指着读。

除暴安良　良药苦口　口蜜腹剑　剑胆琴心
心猿意马　马放南山　山高水长　长生不老
老王卖瓜　瓜李之嫌　嫌贫爱富　富贵荣华

请小青蛙们唱第三组成语——"除暴安良……"

王雪小朋友每次生病吃药都希望药是甜的，妈妈总会对她说一个词，然后她就心甘情愿的吃药了，你知道妈妈说的什么成语吗？

请小青蛙们再唱第三组成语——"除暴安良……"

小明一边做作业，一边担心动画节目快播完了，心里像是有猴子在跑，马儿在跑，静不下心来。哪个成语可以形容他的心情？

我们老像青蛙唱歌那样呱呱呱呱地读书，有一只麻雀看了有些着急，麻雀说："小朋友，快点读儿啊，像我跳格子一样，一下子跳两个"练习用"麻雀跳跃"的节奏读。

（4）第四组成语。

听录音跟读。

华而不实　实话实说　说长道短　短小精悍
悍然不顾　顾全大局　局促不安　安邦定国
国富兵强　强颜欢笑　笑里藏刀　刀耕火种　种瓜得瓜，种豆得豆

刘老师给班级里的电脑换了一个非常漂亮的鼠标，可是没用几天就坏掉了，你可以用哪个成语形容？

今天要举行广播操比赛，可是小青生病了，为了班级的利益，她强忍病痛坚持比赛，我们用哪个成语来形容小青的表现？

总复习
白字头这四组五十个成语，我们用"麻雀跳跃"的节奏读。

群雄追的那头鹿看到同学们跟着麻雀跳两个格子歇一下，就说，看我的节奏有多快——按"小鹿狂奔"的节奏读。

（看屏幕做练习）

在自己的教室时面对自己熟悉的学生，老师经常用身边的人和事来提问。换个地方，换一班学生借班上课，提的问题因地而异。

2. 山西运城教案

在山西运城，一下车见到我的老朋友《小学生拼音报》报社的王兆福社长，王社长送我他的新作《河东文化童谣百首》，这百首童谣讲的是"华夏之根、大运之城"运城从古到今的文化。

我第二天上午上课提的问题全部换成了"运城文化"。

（1）导入。

同学们，你们的学校叫"魏风小学"，在两千年前，你们是哪个国家的人？韩老师昨天从山东来到山西，今天下午还要赶回山东。我现在在你们魏国，下午到西安机场是在哪个国家？到了山东又回到了哪个回家？韩老师从魏国、秦国返回齐国，最遗憾的是没有时间到咱们运城的"鹳雀楼"看看，现在我们背诵《登鹳雀楼》吧。

今天我们要学的《成语接龙》就是以《登鹳雀楼》这首诗为龙头的，今天学第一条龙"白"头字龙。

（2）逐组学习。

第一组

唐明皇李隆基在和他姑姑太平公主的斗争中胜利了，这叫——大获全胜。

李隆基年老之后找到了他最爱的女人杨贵妃，希望和她过一辈子，这叫——白头到老。

第二组

我们山东曲阜有文圣人孔子，你们运城有武圣人关公，哪个成语可以形容关公的本事？

刚才我在路上看到你们运城的盐湖，据记载，这里曾发生过中国第一次部落大战，盐湖是黄帝战蚩尤的地方。黄帝和蚩尤在争夺天下，天下的大权就是一头鹿，谁抓住，天下就是谁的，这叫——群雄逐鹿。

运城的永济市有扁鹊庙，扁鹊是战国时的名医，他一出手，什么疑难杂症都能治好，这叫——手到病除。

第三组

李隆基当上皇帝后勤政爱民，当时我们的唐朝国富民强，享誉世界，国家没有战争，老百姓安居乐业，战马都放到山中养了起来，这叫——马放南山。

李隆基年老之后越来越重视享受，当他一眼看到杨玉环时，心跳立马加速，心里像是有猴子在跑，马儿在跑，静不下心来，这叫——心猿意马。

你们运城蒲州永乐县的美女杨玉环当了李隆基的贵妃后穿最好的衣服，吃最好的食物，专门修了荔枝道，快马加鞭，累死很多匹送紧急公文的马，专门给她送新鲜的荔枝。杨贵妃在享受什么样的生活——富贵荣华。

第四组

你们运城的芮城有西侯度遗址，180万年前，人类的第一把火就是从这里点起来的，人类文明的第一把圣火是你们运城人的祖先点起来的，你们的祖先是全球最聪明的人。从此，人类的生活发生了重大变化，不再吃生肉，而是烤熟了吃，草木也能烧成灰做肥料，这种耕种方式就叫——刀耕火种。

你们运城黄河峡谷中，有龙门，也是禹门，是大禹所凿，能够治理洪水的大禹是有什么才能的人——安邦定国。

3. 安徽萧山教案

第一组

我家在哪里？今天韩老师早上在山东潍坊市，2000多年前的齐国上完课，下午来到你们安徽宿州萧县，两千多年前的萧国，了解你们萧国有一处旅游风景区，皇藏峪国家森林公园，2200多年前，汉高祖刘邦称帝前为了躲避秦军追捕藏身在这里。这里大树参天，满目青翠，让人看了心情很舒畅。第一组哪个成语形容这种心情？

你们宿州灵璧县有个垓下村，2200年，刘邦和西楚霸王项羽在垓下决战，获得了大胜利，项羽兵败自杀，刘邦当上了皇帝。哪个成语说取得了很大胜利？

第二组

秦始皇非常残暴，他刚死，他儿子秦二世当上皇帝不到一年，在你们宿州就发生了中国历史上第一次农民起义，陈胜、吴广在你们宿州的大泽乡起义，拉起部队反对强暴统治。从此天下的英雄都拉起队伍打天下，秦朝的政权就像一头鹿，谁能抓住，谁就能当上皇帝。这是一个什么时代？

最后谁抓住了这头鹿？谁胜利了呢？就是刘邦。

知道杨家将吗？杨家那位男主人，老令公杨业年轻时流落到你们萧县火唐山练军，打猎时追赶一只兔子追到佘员外的花园去了，被正在练武的佘小姐抓住了，后来他俩结为夫妻。佘小姐就是杨门女将的头儿佘太君，虽是女人，但功夫厉害，把男的打败了，哪个词说功夫厉害？杨业帅，佘小姐美；俩人都武艺超群，都很有正义感，他俩结为夫妻实在是太配了，哪个成语？（珠联璧合）

第三组

群雄逐鹿的结果是刘邦——大获全胜，强劲的对手项羽在垓下自杀了，打了这么多年仗，战马终于可以放到山中歇歇了，哪个成语？

刘邦虽然成功了，但其实这个人很多毛病，贪财贪色，一见美女，他那心里就像是有猴子在跑，马儿在跑，静不下心来。哪个成语可以形容他的心情？

第四组

刘邦虽然人品上有小毛病，但他知人善用，慢慢地使国家安定下来，用哪个成语形容刘邦的才华？

刘邦和他儿子、孙子、重孙子都采用了一条基本国策，那就是休养生息、轻徭薄税，老百姓的财富越来越多，整个国家就变得怎么样了？

所以我们写的字叫汉字，我们的民族就叫汉族。

（白字头这四组五十个成语，我们用"麻雀跳跃"的节奏读；按"小鹿狂奔"的节奏读；看屏幕做练习）

4. 江苏宿迁泗阳县教案

第一组

同学们，咱们泗阳的运河风光带真美，让人看了心情很舒畅？第一组哪个成语形容这种心情？

你们宿迁是西楚霸王项羽的出生地，项羽在河北巨鹿把秦朝的主力部队打败了，获得了大胜利。哪个成语说取得了很大胜利？

项羽的妻子叫虞薇，后世多称呼虞姬、虞美人，和项羽一起长大的。项羽是盖世英雄，曾经进入秦朝首都咸阳，秦始皇建造的阿房宫中美女如云，但项羽用情专一，对那一大堆美女看都不看一眼。哪个成语说这层意思？

第二组

虞姬美丽多情、能歌善舞，项羽是盖世英雄，这夫妻两人实在是太般配了，哪个成语？

项羽生活的年代，很多英雄拉起队伍反对秦朝的强暴统治，同时为自己打天下。秦朝的政权就像一头鹿，谁能抓住，谁就能当上皇帝。这是一个什么时代？

最后谁抓住了这头鹿？谁胜利了呢？不是在巨鹿大获全胜的项羽，而是他的对手刘邦。到底谁能胜利呢，这个成语叫？

韩老师小的时候常听录音机中播"人民的好医生李月华"的故事，今天才知道这位品德和医术都了不起的医生原来是你们宿迁人。用哪个成语来说她的医术高明呢？

第三组

群雄逐鹿的结果是刘邦大获全胜，其实失败了的项羽完全有能力卷土重来，但他选择了自杀。他自杀了，刘邦没了对手，就不用打仗了，老百姓可以过安定的日子了，战马终于可以放到山中休息了，哪个成语表示和平了？

项羽虽然失败了，但他做人光明磊落，武艺超群，能拔山举鼎，而且用情专一，后世有人特别敬重这位失败的英雄。项羽这种刚柔相济的人用哪个词形容？（剑胆琴心）

我买书都是从当当、京东买，京东商城的创始人刘强东就是你们宿迁人，他有花不完的钱，哪个成语说他享受有钱的生活？

第四组

刘邦和项羽在广武不分胜负，楚军粮尽，而刘邦没能调来韩信、彭越等人的军队，无法对抗楚军。于是，双方订了"鸿沟和议"讲和。项羽撤退，刘邦撕毁鸿沟和议，从楚军背后发动偷袭。刘邦这种不顾信用的行为用哪个成语形容？（笑里藏刀）

刘邦人品上有很多毛病，但他知人善用，慢慢地使国家安定下来，用哪个成语形容刘邦治理国家的才华？

（二）英雄所见略同——《成语接龙》的备课故事及实录

1. 扎根教学一线的笨老师共同备课

2016 年 6 月到济南参加"第八届名家人文教育高端论坛暨名师课堂研讨会"第二场会议，同样的课再讲一次，绝大部分老师第一次听，但也有会务组的个别工作人员第二次听同样的课，我自己无法忍受自己讲同样的课，也无法忍受有人听我同样的课。于是打算把《成语接龙》第 11 条龙提的问题换一下，再改进一下。天天忙，直到快去济南时才备课，还拉上丁惠臻帮我备课。

和丁惠臻第一次见面是在一个官方的会议上，屈指算来已是九年有余。当时有人给我介绍的，说有一个和我一样朴实的一线老师，一直找机会见面。

初见惠臻，当面听她边画图边讲她的"说话接龙"，听得我热血沸腾。我平日给学生选择内容丰富、价格便宜的书，想不到还有上课"无米之炊——说话接龙"的老师。惠臻的朴实、热情及对教学的热爱，给我留下了深刻印象。

那年到济南，适逢学校对外开放活动，特地到惠臻的学校看了她的课，她的学生、家长进行成语及古诗词接龙，那热火朝天的情景让我自愧不如。今年春天去济南，她送我心血之作《走进经典——说话接龙》。这本书跟着我飞到杭州、深圳，一路反复阅读，深感"英雄所见略同"。

这次到济南上课，从网上下载了济南的名人名胜等材料，看了一会儿没找到可以用的材料，就跟惠臻聊起天来。她所想到的问题，其实都体现了两个原则：一是从济南当地的实情出发，接近学生的生活，通俗易懂，这是一直在一线和学生零距离接触的老师才能设计提出的问题；二是干脆利索、省时高效，进行课内大量阅读的老师都是如此。

我和惠臻都是笨老师，我像木头一样呆板，毫无花样，她满口方言，但我们都在一线天天把精力放到学生身上，先飞的笨鸟总会有些经验的。

韩兴娥：11 条龙，你帮我想想，能把济南加点什么？

丁惠臻：我要根据所教成语来思考。

丁惠臻：你把 11 条龙的成语全部发给我。我思考一下。

像"著书立说"这样的可以编进去，因为济南名士多。

"人声鼎沸"，九月九千佛山庙会可以用"人声鼎沸"。济南植物园的情景，用上"安营扎寨"，有 500 市民体验露营。

韩兴娥：什么时候的事？夏天？

丁惠臻：就是去年暑期一个活动。顺便把"极乐世界"这个成语放进去，对于孩子来说就是简直到了"极乐世界"。

韩兴娥：凉爽、舒服，对于孩子来说就是简直到了极乐世界！

丁惠臻：老师在问"应该用什么成语"时，开始前面说：用什么成语来形容？几次以后，学生心领神会，如，说：凉爽、舒服，对于孩子来说简直就是到了——学生会一起说：极乐世界。

丁惠臻：这样显示一种师生的默契。

韩兴娥：好，我加上了。

凉爽、舒服，可以尽情地疯玩，对于孩子来说简直就是到了"极乐世界"。

丁惠臻：我静下心来组织文字想策略是没问题的。凉爽、舒服，可以尽情地疯玩，对于孩子来说简直就是到了——极乐世界。前面的话你说，后面的让成语学生说，这样干脆利索，学生感应快。

韩兴娥：对，老师一挥手，学生接。妹儿，今年开学时，成都的周平昭老师跟我亦步亦趋学教《韵读成语》，她总是问来问去，给我增添很多麻烦，感觉她好笨啊。3月底，她到我们学校参加会议，提前两天来了，会议前听我的课后说："韩姐，你应该提出问题后一挥手，让学生说答案。我们班小朋友都是这样，我的手一挥，全班学生就一起念出一个成语，好壮观，好振奋！"妹，你说这个让人感觉笨笨的周老师为什么有这么好的招数？因为她在实实在在地教啊。因为她在做，所以就会不断有智慧涌现。

今天你又说同样的意思，我感觉，你、我、平昭以及所有领孩子们进行海量阅读的老师都是英雄所见略同！

丁惠臻：我很直爽，尤其你问我问题，我就推心置腹地说，我感觉你也喜欢听实话。

我的课还没准备呢。今晚要思考一下。

韩兴娥：咱们姐妹都是一路人。

丁惠臻："雨后春笋"，直接拿课堂上的学生举例，学生举手，如雨后春笋。表扬孩子反应灵敏。

暑假马上来到了，同学们特别盼望暑假旅游，就如——渴骥奔泉。泉是"黑虎泉、趵突泉……"都行。

韩兴娥：好，妹真棒

丁惠臻：谢谢老姐夸我！我还盼着大会上再夸夸我呢！

2. 《成语接龙》第 11 条教案
第一组

欲擒故纵　纵横驰骋　逞强好胜　盛气凌人
人才辈出　初露锋芒　忙里偷闲　闲情逸致
掷地有声　声情并茂　茂林修竹　竹报平安

咱们济南出了很多名人，济南有舜耕路，是我们中华民族的伟大祖先舜帝生活过的地方。秦琼、秦叔宝，你们认识吗？唐太宗李世民的大将，是咱们济南人。最有名的才女，宋朝的李清照是济南人。现代著名演员巩俐是济南人。每个时代，济南都有名人，这叫——

请小青蛙们再唱第一组成语——

李清照是女人，写的诗词大多是闺中生活的悠闲和苦恼，她到了晚年，国破家亡，她的诗就涉及社会问题。她看到统治者从北方跑到南方躲起来享乐，就拿项羽说事：生当作人杰，死亦为鬼雄。至今思项羽，不肯过江东。小朋友知道项羽吗？人家项羽不像南宋的那些皇帝大官那样苟且偷生，你们这些苟且偷生的皇帝大官不去保护百姓，不去收复失地，活着干什么？这样的语言气势豪迈、坚定有力，就叫——

第二组

听录音，指着读。

请小青蛙们唱第二组成语——

安营扎寨	债台高筑	铸成大错	措手不及
极乐世界	借题发挥	挥汗如雨	雨后春笋
损公肥私	私心杂念	念念不忘	望梅止渴

济南热还是潍坊热？济南被称为火炉，昨天一到济南火车站就热得我怎么样了——

去年暑期的一天，我在济南植物园看到好多帐篷，原来有 500 位市民体验露营，他们在动物园中做什么——安营扎寨。

植物园凉爽、舒服，可以尽情地疯玩，对于孩子来说就是简直到了——极乐世界。

请小青蛙们唱第二组成语——

同学们好棒，抢着回答问题，有的举着小手，有站起来，就像——雨后春笋。

老师和同学们练习"开山放炮"的读法。

第三组

渴骥奔泉　全神贯注　著书立说　说东道西
悉听尊便　遍体鳞伤　伤风败俗　俗不可耐
耐人寻味　未卜先知　知人善任　任人唯贤

请小青蛙们唱第三组成语——
天气这么热，同学们特别盼望暑假找个凉快的地方旅游，这种心情用哪个成语形容？这种迫切的欲望就如口渴的骏马一到济南就奔向黑虎泉一样——渴骥奔泉。
"渴骥奔泉"的意思如同骏马口渴思饮，飞快奔赴甘泉一般。形容书法笔势矫健。也比喻迫切的欲望。
韩老师有一次曾见到一位老爷爷在泉城广场锻炼，拿着大扫帚一样大的毛笔蘸水写字，小朋友们都追着学习，刷刷刷……那字写得真快，真是有力量。用哪个成语来形容爷爷的字？
请小青蛙们唱第三组成语——济南有位了不起的残疾人，是中国残联主席，知道是谁？张海迪虽然是残疾人，但她可以读书学习，还翻译了很多书，写了很多书，这叫——
练习用"麻雀跳跃"的节奏读。

第四组

闲言碎语　语无伦次　刺刺不休　休养生息
息事宁人　人声鼎沸　肺腑之言　言谈举止
趾高气扬　扬眉吐气　气贯长虹　红颜薄命　命丧酒泉　权衡轻重

青蛙唱歌
九月九日，千佛山有庙会，是吗？庙会上人太多了，——人声鼎沸。
青蛙唱歌
《还珠格格》上面，皇帝在大明湖边遇到美女夏雨荷，可惜这个美女不久之后就死了，这叫——

这四组五十个成语，我们用"麻雀跳跃"的节奏读。

按"小鹿狂奔"的节奏读。

看屏幕做练习。

3.《成语接龙》第 11 条课堂教学实录

（1）第一组 12 个成语的教学。

老师：小朋友，青蛙怎么叫？

学生：呱呱呱

老师：对，呱——呱——呱——呱——一只稳重的青蛙就这样匀速地叫，今天请小朋友们像青蛙唱歌一样跟着录音机念成语，伸出手指着念！

学生跟着录音念"欲"字头龙的 50 个成语。

老师：请小青蛙们唱第一组成语——欲擒故纵，开始念——

学生齐读第一组

老师：咱们济南出了很多名人，济南有舜耕路，哪个名人在那里生活过？

学生：舜。

老师：舜是我们中华民族的伟大祖先，舜帝曾在我们济南生活过。

学生：我知道有孔子。

老师：哦，孔子的家乡曲阜离济南很近。

学生：我知道还有诸葛亮。

老师：诸葛亮不是济南人。

秦琼、秦叔宝，你们认识吗？他是唐太宗李世民的大将，是咱们济南人。

咱们济南还有一个历史上最有名的才女。

学生：我见过她！（会场上老师大笑）

老师：李清照去世已 900 多年了，我们根本不可能见到，所以老师们笑了。但韩老师知道这小朋友绝对见过，你在哪儿见过李清照？？

学生：在趵突泉看的雕像。

老师：中国第一大才女宋朝的李清照是济南人。现代著名演员巩俐是济南人。每个时代，济南都有名人，这叫？

学生七嘴八舌之后回答"人才辈出"。老师让学生齐读三遍"人才辈出"。

老师请小青蛙们再唱第一组成语，学生齐读第一组 12 个成语。

老师： 刚才这位见过李清照的小姑娘，读书的时候不仅声音好听，而且表情也好，刚才她说见过大美女、大才女李清照时，表情动作都很激动，你怎么形容她读书说话时的形象呢？到第一组成语中找？

学生： 声情并茂。

老师： 真棒！声情并茂，一起三遍！

学生： 声情并茂　声情并茂　声情并茂。

老师： 小青蛙再来呱呱呱呱地读第一组成语，欲擒故纵，开始！

学生齐读。

老师： 李清照是女人，写的诗词大多是闺中生活的悠闲和苦恼，她到了晚年，国破家亡，她的诗就涉及很多深刻的社会问题。她看到统治者从北方跑到南方躲起来享乐，就拿项羽说事：生当作人杰，死亦为鬼雄。至今思项羽，不肯过江东。小朋友知道项羽吗？

学生 1： 知道，是大将。

学生 2： 被人家打败了，就自杀了。

学生 3： 用剑抹脖子了。

老师： 人家项羽不像南宋的这些皇帝大官那样苟且偷生，那些苟且偷生的皇帝大官不去保护百姓，不去收复失地，还活着干什么？他们跟自杀的项羽相比真是差远了。李清照的诗语言气势豪迈、坚定有力，就叫？

学生纷纷回答之后，按老师要求齐读"掷地有声"

老师： 小朋友们再像青蛙唱歌一样，把第一组成语呱呱呱呱读一遍，预备，欲擒故纵，开始！

学生齐读。

（2）第二组 12 个成语的教学。

听录音，把 11 条龙的 50 个成语指着读一遍。

老师： 请小青蛙们唱第二组成语

学生齐读第 2 组 12 个成语。

老师： 济南热还是潍坊热？济南被称为火炉，当然是你们济南热，韩老师是昨天从潍坊一到济南火车站就热得汗水直流，用第二组哪个成语形容？

学生纷纷回答之后按老师的要求齐读"挥汗如雨"。

老师：去年暑期的一天，我在济南出差，跟朋友到济南植物园玩，看到好多帐篷，原来，有500位市民体验露营，他们在动物园中做什么？

学生纷纷回答之后按老师的要求齐读"安营扎寨"。

老师：植物园凉爽、舒服，可以尽情地疯玩，对于孩子来说简直就是到了什么地方？

学生齐呼"极乐世界"。

老师：请小青蛙们唱第二组成语。

同学们好棒，抢着回答问题，有的举着小手，有的站起来，就像什么？

学生纷纷回答之后按老师的要求齐读"雨后春笋"。

老师：同学们，从济南往泰安，火车要钻山洞，修火车道要挖山洞。这一天有四个人打算挖山洞。第一位拿铁锤一敲，大山纹丝不动；第二位使出吃奶的劲一敲，大山也没什么动静；第三位是大力士、大胖子，他猛地一敲，他那一团肥肉也撞到山上，也只敲下一小片石头。这时候，真正的大力士出现了，就是咱们济南纬二路小学这位优秀的学生（老师指着刚才回答问题积极的学生），他是清华大学土木工程系的高才生，他经过测量、设计之后，一按电钮，一个山洞炸通了，修了车轨就可以通车了。

我们用"开山放炮"的读法读第二组的成语。前三个字轻轻地读，表示三个用锤子敲都没多大动静，最后一个字突然爆发出来，声音很大，手也可以同时伸出，表示最后一炮把山洞打通了。

（学生练习"开山放炮"的读法）

（3）第三组12个成语的教学。

老师：天气这么热，同学们特别盼望暑假找个凉快的地方旅游，这种心情用哪个成语形容？

学生七嘴八舌没说对。

老师：韩老师提示一下，你想去玩的这种迫切的欲望就如口渴的骏马一到济南就奔向哪里去？

济南有什么好地方最吸引口渴的马？

学生1：趵突泉。

学生2：黑虎泉。

众学生：渴骥奔泉。

老师："渴骥奔泉"的意思如同骏马口渴思饮，飞快奔赴甘泉一般。比喻迫切的欲望。也形容书法笔势矫健。韩老师有一次就见到一位老爷爷在泉城广场锻炼，拿着大扫帚一样大的毛笔蘸水写字，小朋友们都追着学习，刷刷刷……那字得写得真快，真是力量。用哪个成语来形容爷爷的字？

众学生齐呼：渴骥奔泉。

老师：请小青蛙们唱第三组成语。

学生齐读。

老师：济南有位了不起残疾人，是中国残联主席，知道是谁吗？

张海迪虽然是残疾人，但她刻苦读书学习，翻译了很多书，写了很多书，这叫什么？

学生纷纷回答之后按老师的要求齐读"著书立说"。

老师：我们老像青蛙唱歌那样呱呱呱呱地读书，一只麻雀看了很着急，麻雀说："小朋友，快点儿读啊，像我跳格子一样，一下子跳两个格子。"麻雀怎么跳呢？第一个成语，它啪地一声跳过两个格子：欲擒，后面两个字一个一个地跳：故——纵——。"纵横驰骋"也是同样的跳法，麻雀跳到第三个成语的时候，它累了，又慢慢像青蛙一样跳"逞——强——好——胜——"。歇过来以后，第四个词前面两个字它一步跳过去：盛气——，后面两个字一个一个地跳：凌——人——。

请两排同学上台，麻雀把同学们的脑袋当格子跳。老师的手时快时慢地演示"麻雀跳跃"的节奏。

（学生练习用"麻雀跳跃"的节奏读。）

（4）第四组 14 个成语的教学。

老师：当这个能跳的麻雀累了，咱再呱呱呱呱，把四组都呱呱一遍，跟着录音机一起！手指指着。

学生跟着录音读整条龙。

老师：请小青蛙们唱第四组成语。

九月九日，千佛山有庙会，是吗？庙会上人太多了，这叫？

学生纷纷回答之后按老师的要求齐读"人声鼎沸"。

老师：小朋友看过电视剧《还珠格格》吗？皇帝在大明湖边遇到美女夏雨荷，夏雨荷生了女儿夏紫薇，紫薇后来找到了她的父亲，可惜夏雨荷这个美女年纪轻轻就死了，这叫？

学生纷纷回答之后按老师的要求齐读"红颜薄命"。

老师：这四组五十个成语，我们用"麻雀跳跃"的节奏读。

学生齐读第 11 条龙 50 个成语。

老师：一头小鹿来到我们的会场，看到同学们跟着麻雀练习跳跃式读书法，就说："小麻雀读书速度太慢，看我的节奏。"

按"小鹿狂奔"的节奏读。

欲擒故纵	纵横驰骋	逞强好胜	盛气凌——人——
人才辈出	初露锋芒	忙里偷闲	闲情逸——致——
掷地有声	声情并茂	茂林修竹	竹报平——安——

……

（5）看屏幕口头练习。

练习诵读。

老师：小朋友采用"小鹿狂奔"的方式读一读，看看在座的哪位"小鹿"一口气读得最多。

学生自己练习、全班竞赛。

镂空背诵。

欲……	纵……	逞……	盛……	人……
初……	忙……	闲……	掷……	声……
茂……	竹……	安……	债……	铸……
措……	极……	借……	挥……	雨……
损……	私……	念……	望……	渴……
全……	著……	说……	悉……	遍……
伤……	俗……	耐……	未……	知……
任……	闲……	语……	刺……	休……
息……	人……	肺……	言……	趾……
扬……	气……	红……	命……	权……

看图猜成语。

学生先看图猜测，猜对之后把成语齐读三遍。

雨后春笋　　　　　　　　　　　　　渴骥奔泉

语无伦次　　　　　　　　　　　　　望梅止渴

趾高气扬　　　　　　　　　　　　　知人善任

竹报平安　　　　　　　　　　　　　茂林修竹

扬眉吐气　　　　红颜薄命　　　　　人声鼎沸

老师：我今天跟同学们学了这个成语接龙以后，你明天还想成语接龙的事吧？

学生：想。

老师：后天还想吧？

学生：想。

老师：想不想跟你们老师说，我也要学成语接龙？

学生：想。

老师：你天天想，用哪个成语说？

学生：念念不忘。

二、中高年级语文课本教学：诵读、理解、积累

包括语文课本在内的白话文的教学，不求其解是一个重要的理念。白话文不难懂，所以在理解上尽量少下功夫。在低年级，我重视的是诵读，读通顺是关键。到了中年级，我重视的是积累语言。

第17课《你必须把这条鱼放掉》（苏教版第六册）

1. 听课文录音，学生跟读（到第1分33秒）。

2. 学生看着印好的口头填空题自己边读课文边填空（到第4分30秒）。

3. 屏幕上出示课文填空，理解课文（到第12分钟）。

突然，汤姆_____到水下有动静，鱼竿弯成了____形。

指名口头填空，提问：为什么弯成了弧形？

汤姆一阵_____，一定有_____上钩了！爸爸在一旁____笑着，____来赞赏的目光。

指名口头填空，提问：汤姆什么心情？你读出惊喜的感情来。（重读"大家伙"）

汤姆_____地把鱼竿____出水面。哇！一条他_____的大鲈鱼！汤姆急忙把大鲈鱼____到岸上。

指名口头填空，动作示范，先把大鲈鱼怎么样？再怎么样？（托，提）

这时，耳边传来爸爸_____的声音："孩子，你____把这条鱼放掉！"

指名口头填空，提问引导：这时爸爸说话的语气跟刚才说"哇，一条大鲈鱼"的语气一样吗？大家读一读，读出低沉的声音

"为什么？"汤姆_____地嚷起来。

大家一起"嚷"着读。为什么"嚷"：我钓的，凭什么让我放掉？没有理由呀！结果如何？

"_____有没有人看见，我们____应该遵守规定。"

从爸爸_____的口气中，汤姆知道已经没有_____商量的余地了。

他只好_____地从大鲈鱼嘴唇上取下鱼钩，把鱼放回水中。

"慢吞吞"说明汤姆怎么样？（很不情愿，白欢喜一场）

汤姆_____，心想：我_____再也钓不到这么大的鱼了。

唉！咱们跟着汤姆一起叹口气，预备起，读！我活到死活到八十，也钓不到这么大的鱼了。说明这条鱼实在是怎么样？太大了，实在太遗憾了！如果能带回到家，把它养起来，天天向人炫耀，多好！结果是不是这样，一起念：

真的，从那以后，汤姆再也没钓到过那么大的鱼。可是那晚的情景却一直_____在他的记忆里，爸爸_____的话语也一直_____在他的耳边。

"那晚的情景"和"爸爸的话语"是什么？

不管有没有人看到，都要遵守规定，遵守社会公德，这是爸爸坚定的话语。咱们设想一下，汤姆长大，晚上过马路遇上红灯，马路上一个人也没有，他会闯红灯过马路吗？为什么？

学生回答：因为那晚的情景一直铭刻在他的记忆里，爸爸坚定的话语也一直回响在他的耳边，不管有没有人看见，要怎么样？要遵守规定，要严格自律。

《你必须把这条鱼放掉》写汤姆在爸爸的要求下，把钓到的大鲈鱼（重新放回水中　　　　　），说明要时时处处（严格自律　　　　　），自觉遵守（规定　　　）

（到第12分整篇课文的诵读、理解、积累任务完成，结束一篇课文的教学）

第18课　鹿和狼的故事（苏教版第六册）

1. 听课文录音，学生跟读。（到第14分50秒）

2. 学生边读课文边做口头填空题。（到第 18 分 50 秒）

3. 出示课文填空，理解课文。（到第 25 分钟结束）

一百多年以前，凯巴伯森林一片_____，生机勃勃。

森林给人什么感觉？这地方真好，我也喜欢。

小鸟在枝头_____，活泼而美丽的鹿在林间_____。

看插图，小鹿可爱吗？想不想有那么一块青草地，你躺着，拿着书念着，旁边有几个小鹿在旁边来回跑来跑去？可是：

但鹿群的后面，常常跟着_____而_____的狼，它们总在_____对鹿下毒手。那时森林大约有____只鹿，它们要时刻_____狼的暗算。

鹿的日子实在过得提心吊胆了，所以有些好心人就开始想办法了，打呗！把这些坏的杀死，留下好的。

在_____的枪口下，狼一只跟着一只，_____着倒在血泊中。

听到狼的惨叫，人们的心情怎样？

凯巴伯森林从此成了_____。它们在这里_____，很快，鹿的总数就超过了____万只。

原先多少只？一下到了十万，"人口"增长过快会出现什么情况？

整个森林像_____一样，绿色在_____，枯黄在_____。

紧接着，更大的灾难_____了。疾病像_____一样在鹿群中_____。

仅仅两个冬天，鹿就死去了____只。到 1942 年，凯巴伯森林只剩下了____只病鹿。

人们_____也不会想到，他们捕杀的狼，_____是森林和鹿群的"功臣"。

竟然，什么感觉，什么心情？惊讶，这狼居然是功臣，太不可思议了，为什么呢？

狼吃掉一些鹿，使鹿群_____，森林也就不会被_____得这么惨；同时狼吃掉的多半是病鹿，反倒_____了传染病对鹿群的_____。

而人们_____要保护的鹿，一旦在森林中过多地_____，倒成了_____森林、_____自己的"祸首"。

《狼和鹿》写凯巴伯森林附近的居民为了保护鹿群，（ 杀死鹿的天敌 ），结果森林被（ 破坏 ），鹿大量（病死 ），说明破坏（生态平衡 ），会给环境带来灾难。

到第 25 分钟结束。

三、中年级诗词名句教学三例

（一）《苏轼》教学课堂实录

执教：韩兴娥于 2010 年 4 月

文字整理：湖南省郴州市桂阳县士杰学校秦雯华

这是 2007 级学生在三年级下学期，在四月中旬的"中国和联合国儿基会爱生远程教育项目'能读会写'远程合作备课培训会"上的课。听课的都是深圳南山实验学校张鹏校长带来的甘肃、山东、云南等实验区的老朋友。我的学生课前有三项基础：读过苏轼的传记；按教研室下发的篇目每学期背诵 20 首古诗，共已背 60 首；我们班共读了一本《宋词故事》，其中有 46 首宋词。这节课的内容对只学过 100 多首诗词的三年级学生来说很难，但老师不断地引导学生把新旧知识链接到一起，三年级的小孩子也能轻松搞懂深奥的内容。

课上的语言，老师深入浅出，三年级小孩子初生牛犊不怕虎，众目睽睽之下抢着回答，很萌！学生的回答有一个很大的特点就是背学过的诗词等，这既是复习，也是通过复习旧知促进对新知的理解，并产生"超链接"。

说明：方框内的都是投影上的内容。

第一板块　社会环境

苏轼
1037—1101 年

师：同学们，今天我们来认识一下苏轼。大约算算苏轼生活在离我们多少年前？

生（齐）：1000 年前

师：今年是 2001 年，2001 减 1036 等于 900，900 多年前。

> 山雨欲来风满楼
> ——苏轼生活的时代环境

师：苏轼生活在什么样的社会环境中呢？"山雨欲来风满楼"，我们在成语故事中学过一句类似的诗。

生（齐）：满城风雨近重阳。

师："满城风雨近重阳"有两层意思，当时我们讨论过有哪两层意思？

生：一层意思是事情很复杂，另一层意思是风很大雨也很大。

师：一层意思是秋天到了风雨交加；另一层意思是说北宋内外交困，四面楚歌。为什么北宋朝廷内外交困，我们在学历史故事的时候也谈过。首先从宋朝的开国皇帝赵匡胤开始谈谈吧。学过赵匡胤的什么故事？

生：在路上，那些士兵给他披上黄袍，让他当皇帝。

> 赵匡胤：黄袍加身　杯酒释兵权

师：赵匡胤一枪没放就黄袍加身，成为皇帝了。他想，人家这么再夺了我的兵权怎么办？他就"杯酒释兵权"，让他的那些大将回家了。为了防止大将夺兵权，他想了很多办法。

生：他重用文官，不重用武官。

师：对，重用文官，削减地方官员的势力，亲自掌握军队的指挥权。别人指挥不动禁军，皇帝亲自指挥才行。这样，以后像他这样夺权的事情就真没有发生过。但是，军队的力量削弱了，抗击外敌的力量就弱了，所以，北宋的对外战争，是连连失利，屡战屡败。

> 澶渊之盟：白银十万两，绢二十万匹（辽国、西夏）

师：我们看这个"澶渊之盟"。这个辽国，我想大家也有点了解，有没有一个电视剧、电影讲到辽国？

生：岳飞。

师：岳飞是打金国的。

生：皇太极。

师：那是 400 百年后的事了。看过杨家将吗？

生（齐）： 看过。

师： 杨家将是打辽国的。宋朝的皇帝拥有杨家将那样的军官，拥有寇准那样的宰相，但是还是失败了，就给人家送东西。一年送白银十万两，绢二十万匹，西夏一看打宋国有好处，也赶紧打，那宋朝怎么办？

生（齐）： 也送。

师： 对，打了就给你送。后来继续打，继续再加东西，白银几十万两，还有茶叶……这些东西从哪来的？

生： 老百姓家里剥削来的。

师： 对，剥削百姓的，内忧外困。

第二板块　家庭环境

师： 我们再来看苏轼的一家，唐宋六百年有八个人文章写得最好了，叫"唐宋八大家"，苏轼和父亲、弟弟占了其中三个。我们学过的《三字经》哪句讲过苏洵？

> 一门父子三词客
> ——苏轼的家世
> 苏洵

生（齐背）： 苏老泉，二十七。始发愤，读书籍。

师： 对。苏洵努力功读后就去考进士，但连续考试都铩羽而归，都没考上，那怎么办？

生： 他不考了，在家读他自己喜欢的书呀。

生： 然后教他的儿子读书。

师： 对，他的两个儿子很有出息。父子三人除了在家读书，他们还喜欢干什么？

师： 我们读读苏洵写的一首诗。

> 少年喜奇迹，落拓鞍马间。
> 纵目视天下，爱此宇宙宽。

生齐读三遍。

师： 这首诗告诉我们苏洵还喜欢干什么？

生（齐）： 还喜欢骑马。

师： 骑马到哪去？"纵目视天下"。

生（齐）： 看遍天下。

师： 旅游，到处玩，读万卷书。

生（齐）： 行万里路。

师： 对！就这样，在父亲的熏陶下，苏轼的文章写得怎么样？

第三板块　仕途概况

> 大略如行云流水，初无定质，但常行于所当行，常止于不可止。

师： 读一读，猜猜苏轼的文章有什么样的风格？他写文章有什么特点？

生（齐读）： 豪放。

生： 大气。

生： "行云流水"就是想写什么就写什么。

师： 对，很棒啊！就是很淳朴，很自然，心里想什么就写出来。这样的文章考试不沾光的。但是，苏轼、苏辙兄弟俩很幸运地踫到一个优秀的主考官，我们学过这位主考官的诗。

生： 欧阳修。

生（齐背）：《生查子·元夕》《蝶恋花·庭院深深深几许》

去年元夜时，花市灯如昼。月上柳梢头，人约黄昏后。
今年元夜时，月与灯依旧。不见去年人，泪湿春衫袖。

庭院深深深几许，杨柳堆烟，帘幕无重数。玉勒雕鞍游冶处，楼高不见章台路。
雨横风狂三月暮，门掩黄昏，无计留春住。泪眼问花花不语，乱红飞过秋千去。

师： 欧阳修是当时的高官，又是当时的文坛领袖，有了欧阳修的赞赏，本身就才华横溢的苏轼就名满天下了。

> 苏轼：豪放不羁，咄咄逼人，善自饰。
> 苏辙：深沉、含蓄。

师： 我们来看苏轼的性格。

师： 他的名字叫"轼"，就是马车车厢前面当作扶手的横木，他就像那个"轼"

一样"豪放不羁"看到那些不顺眼的事，咄咄逼人，不善于掩饰。他弟弟苏辙稍微含蓄些，仕途也稍顺利些。苏轼常常惹祸。

他做官的生涯怎样呢？"身如不系之舟"，来看看这首诗。

> 自题金山画像
> ——苏轼的政治生涯
> 心似已灰之木，身如不系之舟。
> 问汝平生功业，黄州惠州儋州。

（生齐读三遍）

生：心中已像木头似的了。

生：像烧成灰的木头了，心似已灰之木。

生：到处游荡。

生：像舟一样。

生：像没有系起来的舟一样到处飘荡，居无定所。

师："平生功业"呢？他说"黄州、惠州、儋州"我们现在先了解在"黄州"做了什么。在"惠州、儋州"有什么功业以后再了解。

第四板块　初涉仕途

师：我们来看他"初涉仕途"，刚才我们说到初出仕途，宰相欧阳修很欣赏他。他中了进士以后，要给他做官了。宰相说：年轻人要做小官，等成熟后再给他做大点的官。就先让他到了陕西凤翔做小官。在凤翔他做了许多实事，比如百姓因欠政府的钱被关进监狱里面了，他免除了这些百姓的积欠。后来，收到家信，母亲死了，按照儒家的习俗呢，他要回家守丧三年。后来父亲又死了，他又回家，守丧的时间不能做官，又三年。

师：苏轼到了三十多岁，从任职的地方回到京城汴京，看到朝廷之内发生了什么事呢？年轻的皇帝宋神宗应用王安石变法。我们认识王安石，学过他写的哪首词呀？

（学生齐背王安石的《浪淘沙令·伊吕两衰翁》）

伊吕两衰翁，历遍穷通。一为钓叟一耕佣。若使当时身不遇，老了英雄。

汤武偶相逢，风虎云龙。兴王只在笑谈中。直至如今千载后，谁与争功。

师：王安石的变法是新党。还有一个人是反对变法的人，我们也学过他的诗。

生：司马光。

生：我们学过司马光的《西江月·宝髻松松挽就》。

宝髻松松挽就，铅华淡淡妆成。青烟翠雾罩轻盈，飞絮游丝无定。

相见争如不见，有情何似无情。笙歌散后酒初醒，深院月斜人静。

师：这新党旧党啊，整天争来争去的，一会儿新党上台，一会儿旧党上台。苏轼看到了百姓的疾苦，给皇帝上书指出新党变法的弊端。这下坏了，得罪人了，得罪谁了？

生：王安石。

师：王安石还是君子，但王安石手下还有一些小人难惹。于是苏轼要求到外地工作，就去了杭州。

第五板块　杭州通判

师：杭州那地方太美了。

生：有西湖。

师：谁写过一首赞美西湖的诗。

生：柳永。

生（齐背）：东南形胜，三吴都会，钱塘自古繁华。烟柳画桥，风帘翠幕，参差十万人家。云树绕堤沙。怒涛卷霜雪，天堑无涯。市列珠玑，户盈罗绮，竞豪奢。重湖叠巘清嘉。有三秋桂子，十里荷花。羌管弄晴，菱歌泛夜，嬉嬉钓叟莲娃。千骑拥高牙。乘醉听箫鼓，吟赏烟霞。异日图将好景，归去凤池夸。

师：苏轼也写过赞美西湖的诗。

生：欲把西湖比西子，淡妆浓抹总相宜。

生：《六月二十七日望湖楼醉书》。

黑云翻墨未遮山，白雨跳珠乱入船。卷地风来忽吹散，望湖楼下水如天。

师：今天我们学一首新词。这是他在杭州做通判时写的。

> **少年游·润州作　代人寄远**
>
> 去年相送，余杭门外，飞雪似杨花。今年春尽，杨花似雪，犹不见还家。
> 对酒卷帘邀明月，风露透窗纱。恰似姮娥怜双燕，分明照、画梁斜。

师放三遍录音，学生跟读。

师：这首词，苏轼在润州写给在杭州的妻子，"代人寄远"意思是他是以别人的口气，以他妻子的口气，他换了身份，代他妻子作，以别人的口气写的。

师：看看解释。

生自由读解释，看意思。

师：大家看苏轼要表达什么样的情感呢？

生：苏轼代表他的妻子，他妻子说：我想他。

师：你从哪里知道是"我想他了"？

生：犹不见还家。

生：今年春尽的时候，雪还下着。

生：杨花似雪。

师："今年春尽，杨花似雪"是说下雪吗？

生：杨花像雪，不是下雪，是杨花像雪一样飞。

师：去年，他们夫妻分别时的景色是什么？

生（齐）：飞雪似杨花。

师：下着雪，像杨花一样的雪。苏轼妻子的脑中有一个场景是什么？

生：苏轼走了。

生：思念。

师：你怎么知道人家思念？

生：因为他走的时候，正好下雪。

师：所以他脑子里老想着什么样的景色？

生：下雪。

师：今年春天已经不下雪了，但看到杨花又想到什么？

生：下雪。

师：因为有杨花像下雪，一直想的是分别时的情景。分别是什么时候？

生：春天。

师：去年相送，飞雪似杨花。

生：冬天。

师：现在"犹不见还家"是什么时候？

生：春天。

师：怎么知道的？

生（齐）：今年春尽，杨花似雪。

师："今年春尽，杨花似雪。"飘杨花是春末夏初的时候。他就想象，妻子在家里看到苏轼冬天走了，春末还没回来，妻子都在家里干什么呢？读下片。

生：她就对酒卷帘邀请明月。

师：哦，为什么邀请明月？

生：很孤单。

师：哦，很孤单，就邀请明月，那明月上有什么人？

生：姮娥。

师：有没有人陪伴姮娥。

生（齐）：没有。

师：你也孤独我也孤独，我邀请你，打开帘子，明月照进来，咱俩喝酒吧。那个姮娥理她没有？

生（齐）：没有。

师：月光照着苏轼的妻子了没有？

生（齐）：没有。

师：你怎么知道的？

生：画梁斜。

师：梁上有什么？

生（齐）：小燕子。

师：小燕子孤独吗？

生（齐）：不孤独。

师：你怎么知道？

生：双燕。

师：你看人家燕子成双成对地飞，苏轼的妻子呢？自己独守空房，连月光都不照她，多么寂寞。

师：好，背背这首词，看谁背得快。

（生自由背《少年游·润州作》）

检查背诵：

先根据对词意的提示背诵：

少年游·润州作

（去年相送的情况）_____，_____，_____。 （今年回家了吗？）_____，

_____，_____。

（孤独的妻子做什么？）_____，_____。 （姮娥有没有接受妻子的邀请？）

_____，_____、_____。

再根据前半句背后半句，或根据后半句背前半句

少年游·润州作

去年相送，_____，飞雪似____。今年春尽，_____，犹不见____。

对酒卷帘____，风露_____。恰似姮娥____，分明照、_____。

少年游

_____，____门外，____似杨花。_____，____似雪，____还家。

____邀明月，____透窗纱。____怜双燕，_____、画梁斜。

师：苏轼，在杭州做通判时，尽力为百姓做好事。如疏通水井，让百姓在大旱之年能喝得上水。杭州离他弟弟很远，他弟弟在济南，苏轼就要求到离弟弟近的地方，于是调任密州。

第六板块　密州太守

师：密州在哪里？

生：诸诚。

生：《江城子·密州出猎》中学过。

师：到了密州之后，那里蝗虫灾害，老百姓养不起孩子嘛，把孩子都扔了，他就办了类似孤儿院的机构。

生：收养小孩子。

生：收养被丢掉的小孩子。

生：那里的官吏说"蝗不为灾"。

生：还编造谎言说：蝗虫可"为民除草"。

生：所以那些官员都根本不管那些蝗虫来了。

生：苏轼就很讨厌这些官员。

师：哦，同学们读苏轼传记的收获很大。苏轼就把蝗虫给烧了、埋了，把蝗灾治理下去了。老百姓喜欢这种官员吗？

生：喜欢。

生：所以他出去打猎的时候百姓"倾城随太守"。

生：为报倾城随太守。

师：老夫聊发少年狂……

（生齐背苏轼的《江城子·密州出猎》）

师：到了密州离弟弟近了，但是还没有见到，七年没见，中秋节想念弟弟了，学过诗词吗？

生：《水调歌头·明月几时有》

（生齐背）

师：到了密州还没见到弟弟，正思念着呢，又调任他到另一个地方。还没到任，调令又来了，调他到徐州。在调来调去的路程之中，兄弟两个终于见面了，三个月欢聚在一起，哎哟，亲得不得了，特别珍惜相聚的时光。我们以前学过他们相聚的诗吗？

生：《阳关曲·暮云收尽溢清寒》。

（生齐背）

师：兄弟俩相聚三个月之后呢，他到了徐州。那时，一场大难降临到徐州百姓的头上。当时黄河离着徐州50里，黄河决口，洪水滔天，差点淹没了徐州城，苏轼怎么办？加固堤坝需要人手，请禁军帮忙能指挥得动吗？

生： 他是地方官，指挥不动禁军。

生： 得去请示皇帝。

师： 禁军还没请示，直接就来帮忙了，大水围困徐州城，马上要淹没了，火烧眉毛来不及。后来，水慢慢退了。

生： 可以疏通。

师： 他没有疏通，疏通黄河的事，会很麻烦。如果苏轼的官做得足够大的话，他可能会疏通黄河。后来，他就加固徐州的堤坝，防患于未然。不让明年水患季节再冒被淹的危险了。这是苏轼做的一件事情。徐州这个地方有个特点，柴很少很贵，一床被子才换回来半担拾柴。

生： 后来是不是发现了有煤？

师： 恩，煤矿。看来苏轼是地质专家、水利专家。在他到徐州之前，有一个官员治理黄河之后自杀了，为什么？越治理水越大。绝对是有水利专家才行，苏轼有水利专家的才能。在这里他还结识了"苏门四学士"之中的……

生： 黄庭坚和秦观。

师： 这两个人，我们以前也学过他们的词。

（生齐背秦观的《鹊桥仙·纤云弄巧》）

师： 黄庭坚的诗我们学过什么？

生： 《清平乐·春归何处》。

（生齐背）

师： 好，我们继续看，他在徐州这个大地方做官，做得这么有成就，还结识了这么一些有文采的人，一起吟诗作词。这日子过得挺好，但是呢？一场阴谋编织的大网降临到了苏轼的头上。

第七板块　黄州谪居

师： 苏轼写文章评论新法的一些弊病，新党中的小人断章取义，故意曲解他的意思呢，就把他抓到御史台，御史台就是乌台。

生： 去审他。

生： 皇帝派几个人去牢房，结果到了那，一看，他在睡觉。

生： 这么能睡，说明他心里没有鬼。

生： 心里没有鬼，才睡得这样踏实。

生：因为觉得不太严重，他就睡觉。皇帝派人去，一推开门就看见他睡得鼾声如雷，所以就回去禀报皇帝。

生：皇帝就说：我早就知道苏轼为人光明磊落，后来，就改成了软禁了。

师：五个月之后呢，他被流放到了黄州，在黄州谪居。刚才说了软禁，什么是软禁呢？

生：只能在一定范围内活动。

师：只能在这个地方活动，不能到处跑。

生：有人监视的。

生：不能乱跑。

生：不能出门。

师：不能出黄州这地方，家门是可以出的。

师：好，我们来看他黄州谪居时写的《满庭芳·蜗角虚名》。

满庭芳·蜗角虚名

蜗角虚名，蝇头微利，算来著甚干忙。事皆前定，谁弱又谁强。且趁闲身未老，尽放我、些子疏狂。百年里，浑教是醉，三万六千场。

思量。能几许，忧愁风雨，一半相妨。又何须，抵死说短论长。幸对清风皓月，苔茵展、云幕高张。江南好，千钟美酒，一曲满庭芳。

（师放录音朗读《满庭芳·蜗角虚名》）

（生小声跟读3遍）

师：看看解释，看看苏轼想说什么？

生：说他不想受约束，想干什么就干什么，爱上哪玩就上哪玩。

师：还有呢？

生：他不想被人监视，爱到哪逛就到哪逛。

生：他想一百年里，天天喝酒。

师：哦，他说"百年里，浑教是醉，三万六千场。"一年里多少天？

生（齐）：365天。

师：喝100年的话，是多少天？

生（齐）：36500 天。

师：他要喝多少酒啊？

生：三万六千场。

师：三万六千场，天天喝，天天醉。他还想到哪里喝？

生：江南好，千钟美酒，一曲满庭芳。

师：在什么样的环境中喝？

生：江南。

师：对，江南，他喜欢一边喝酒一边做什么？

生：他一边喝酒，还一边唱曲。

生：很符合当时的心志。

师：对。唱什么呢？

生（齐念）：幸对清风皓月，苔茵展、云幕高张……

师：在什么样的环境中喝？

生：在绿草上。

生：清风皓月。

生：云幕高张。

师：他刚经历了一场大难，想一醉方休，但是他写的景色却很有气势，他写的景色和谁写的风格相似？

生：范仲淹。

（生齐背范仲淹的《苏幕遮·怀旧》）

师：好。这"云幕高张"非常开阔。可是苏轼为什么又喝又唱，不想做什么事情了？

生：不想要什么虚名。

生：不想要小利。

生：因为他不想占那小地方。

生：不想占那蜗牛一样的小地方。

师：不想去争什么啦？

生：虚名。

师："蜗角虚名，蝇头微利"争不争？

生（齐）：不争！

师：这么点东西争它干嘛！新党的主张啊，旧党的主张啊，这些都属于什么？

生：蝇头微利。

师：还属于"蜗角虚名"，蜗牛头上的俩角。

生：一个角叫触氏。

师：《庄子》中说过，一个国家叫触氏，另一个角，那个国家叫蛮氏。这两个国家，为了争地盘，打啊，打啊，为这小小的地盘打来打去，太可笑了，这么小的地方苏轼为什么不争，还有什么原因？除了"蜗角虚名，蝇头微利"不值得争。

生：没有价值，他就想趁现在我还没有很老，放轻松，放松点。

师：从哪里看出来？

生：趁闲身未老，尽放我、些子疏狂。

师：恩。我还没老，该玩，该去放松自己。还有什么不值得去争的？后面也写着："事皆前定，谁弱又谁强。"你弱还是你强，争了有用吗？

生（齐）：没用。

师：为什么？为什么不去争弱和强？

生：事皆前定。

师：佛教思想、老庄思想认为事皆前定，都定下了，争了也没用啊。还有后面"忧愁风雨，一半相妨。"不要去"抵死说短论长。"在这清风皓月之下，应该干什么？

生：喝酒唱曲。

师：好，大家念念，记记，背背。

（生自由读背《满庭芳·蜗角虚名》）

（生接龙背《满庭芳·蜗角虚名》）

师：好。继续解读"一醉方休"。

（生齐背苏轼的《定风波·莫听穿林打叶声》）

师：无论是面对灾难，还是面对运当头，他说"也无风雨也无晴"。

生：没有什么事可以让他高兴或者让他痛苦。

师：苏轼的思想是儒、释、道兼容贯通的，《满庭芳·蜗角虚名》《定风波·莫听穿林打叶声》体现了他的宗教思想：物我两忘、身心皆空；一念清静，染污自落。把世间的一切都看得很淡，无论是鸿运当头，还是厄运降临，他都不在意。

你看他在灾难面前，表现出佛教思想、老庄思想。但他到底受儒家文化熏陶很深。孔子的儒家思想，倡导"知其不可为而为之"，这个事做不成也要做，拿命去做。所以他过了一段时间，精神又好起来了。劝告大家抓紧时间，他写了一首什么词。

师：他还想为国建功立业，想象古代英雄一样。他希望像哪位英雄一样建功立业？

生：岳飞。

师：他是南宋的，是后辈。

生：辛弃疾。

师：辛弃疾，也是南宋的，出生得更晚。再想想，向谁学？——周瑜。

（生齐背《念奴娇·赤壁怀古》）

师：这节课我们学习了苏轼左迁黄州的事情，惠州、儋州的故事以后再学。

（二）《李清照词两首》课堂实录

执教：韩兴娥于 2010 年 7 月

文字整理：淄博徐美华

这是 2007 级学生三年级下学期，在第三届全国人文教育会议上的课。正值暑期，家长直接从家中把孩子带到会场上的。这节课反复用不同的形式朗读和背诵，并在诵读过程中同时达到了理解词意的目标。

第一板块　学习《点绛唇·蹴罢秋千》

师：同学们，李清照的词我们的书上有七首，看看还有两首没有学，哪两首呢？

生：《点绛唇·蹴罢秋千》《一剪梅·红藕香残玉簟秋》。

师：今天我们学习这两首新的词。好，请跟录音一起读。

> 点绛唇·蹴罢秋千　李清照
>
> 蹴罢秋千，起来慵整纤纤手。露浓花瘦，薄汗轻衣透。
> 见客入来，袜刬金钗溜。和羞走。倚门回首，却把青梅嗅。

（播放录音学生倾听）

师：好，再听一遍。（播放第2遍录音，学生跟读）

师：大家看一下译文。可以对照着出声念。（学生对照译文，诵读李清照词）

师：大家看屏幕，自己练习，对照着哪一句，请试着背一背。

> 荡完秋千累坏了，懒洋洋地活动活动自己的纤纤玉手。

生：蹴罢秋千，起来慵整纤纤手。

> 好大的露水啊，花儿似乎也显得消瘦，身上的汗衫已经湿透。

生：露浓花瘦，薄汗轻衣透。

> 忽然看见一个人影走进花园，她含羞而走，匆忙间连鞋子也来不及穿，头上的金钗又滑脱掉了下来。

生：见客入来，袜刬金钗溜。和羞走。

> 可是当她快到门口的时候，却回过头来，瞅了瞅那位不速之客，故作从容地折下一枝青梅来闻一闻。

生：倚门回首，却把青梅嗅。

师：这首词还有另一种解释。

> 春日，清晨，花园内，绿杨掩映着秋千架，架上绳索还在悠悠晃动，年轻的女词人刚刚荡完秋千，两手有气无力，懒懒地下垂。

生：蹴罢秋千，起来慵整纤纤手。

师：说法有点变，意思差不多。注意后面的红色部分不需要解释出来了，不需要念出原文来了。

> 在她身旁，瘦瘦的花枝上挂着晶莹的露珠；在她身上，涔涔香汗渗透了薄薄的罗衣，花与人映衬，显得格外娇美。

生：露浓花瘦，薄汗轻衣透。

> 蓦然间进来一位客人，她猝不及防，抽身便走，连金钗也滑落下来。

生：见客入来，袜划金钗溜，和羞走。

师：下面我们开火车背诵，不会的读，会的背。

（学生开火车看着译文进行背诵。）

师：同学们看这首词，写的荡秋千的人是个什么人？

生：诗人。

师：男的，女的？老的，少的？

生：少的。

生：中年。

师：到底是个什么样的人？搞不清楚是男的还是女的了，你对她有什么印象。

生：很害羞。

生：很美。

师：你怎么知道？

生：手美。"起来慵整纤纤手。"

生：她很爱玩。蹴罢秋千，起来慵整纤纤手。

师：玩什么？

生：玩秋千。

生：喜欢闻青梅的味道，因为"倚门回首，却把青梅嗅"，倚着门的时候都在闻着青梅的味道。

师：闻着青梅的味道，是因为青梅好闻，还是有其他的原因吗？

生：她想让那个男的看到这一切。

师：来了客人害羞的人是男是女？

生：女的。

师：是个小女孩，还是半老徐娘？

生：是妙龄少女。

师：这少女见到大帅哥，会不会像电视节目中看到的那样，见到刘德华就"华仔，华仔，我爱你！"见到小沈阳就"阳仔，阳仔，我爱你！"会不会这样？

生：不会。

师： 古代的少女见到客人是会很害羞的，见了客人不会盯着客人看，于是她怎样？

生： 鞋子都没穿，就藏了起来。

师： 可能是白衣飘飘的帅哥来了，李清照想看看又不好意思，就装着闻青梅的味道回头看看，装样子。

生： 她很累，因为露浓花瘦，薄汗轻衣透。

师： 累，为什么累？

生： 荡秋千。

师： 玩累的。

生： 她很害羞，因为"见客入来，袜刬金钗溜，和羞走"。

师： 刚才同学们都说得非常好了，她很贪玩，玩得手都怎么样了？都麻了，所以就甩甩，揉揉，所以第二段说"蹴罢秋千，起来慵整纤纤手"。再看露浓花瘦，花是什么样的？花上有露水，女子身上脸上有汗，花和女子身上都一样的，都有水珠。然后来了客人们，赶快藏起来，再装模作样地装嗅青梅子。实际是偷看。

下面大家根据提示背诵，看哪个组背得好。

荡完秋千，活动玉手。＿＿＿＿＿＿＿
如花一样娇媚＿＿＿＿＿＿＿
来了客人就慌慌张张躲藏＿＿＿＿＿＿＿＿＿
偷偷观察＿＿＿＿＿＿＿

（学生自己背，老师巡视）

（学生轮流背诵）

考考你——镂空背诵

师： 考考你，换种形式检查背诵

蹴罢秋千，＿＿＿＿＿＿。
露浓花瘦，＿＿＿＿＿＿。
见客入来，＿＿＿＿＿＿。
和羞走。倚门回首，＿＿＿＿＿＿。

（学生自己练习，老师检查背诵）

＿＿＿＿＿＿＿＿＿，	起来慵整纤纤手。
＿＿＿＿＿＿＿＿＿，	薄汗轻衣透。
＿＿＿＿＿＿＿＿＿，	袜刬金钗溜。
和羞走。＿＿＿＿＿，	却把青梅嗅。

（学生自己练习，开火车背诵）

第二板块　学习《一剪梅·红藕香残玉簟秋》

一剪梅·红藕香残玉簟秋　李清照

红藕香残玉簟秋。轻解罗裳，独上兰舟。云中谁寄锦书来？雁字回时，月满西楼。
花自飘零水自流。一种相思，两处闲愁。此情无计可消除，才下眉头，却上心头。

师：咱们现在来学习第二首《一剪梅·红藕香残玉簟秋》，先自己念一念。

师：我们一起读。（师生共读，连读两遍）

师：开火车一人一句念。

（学生开火车诵读《一剪梅·红藕香残玉簟秋》）

（学生一人一句看译文背诵）

荷已残，香已消，冷滑如玉的竹席，透出深深的凉秋，轻轻脱换下薄纱罗裙，独自泛一叶兰舟。

生：红藕香残玉簟秋，轻解罗裳，独上兰舟。

仰头凝望远天，那白云舒卷处，谁会将锦书寄有？正是雁群排成"人"字，一行行南归时候，月光皎洁浸人，洒满这西边独倚的亭楼。

生：云中谁寄锦书来，雁字回时，月满西楼。

师：请大家看到这一句"云中谁寄锦书来，雁字回时，月满西楼"这句怎么解释呢？可以把"雁字回时"放到前面来，雁子会排成什么字呢？

生：人字或一字。

师：倒过来解释就是，李清照看见大雁就想，大雁飞回来的时候，谁会托它带来书信呢？看过传记的知道，李清照在这儿等等等，等到月亮斜到西边去，等了很长时间。

> 花，自在地飘零，水，自在地飘流，一种离别的相思，你与我，牵动起两处的闲愁。

生： 花自飘零水自流。一种相思，两处闲愁。

> 啊，这种相思之情无法排除，蓦然，刚从微蹙的眉间消失，又隐隐缠绕上了心头。

生： 此情无计可消除，才下眉头，却上心头。

师： 李清照写了一些自然景物直接抒发了她的情感，无论是写景物还是写情感，她想表达什么样的情感？

生： 愁。

师： 不是眉头就是心头，就是到处愁。

生： 她在想她的丈夫，一种相思，两处闲愁。

师： 你怎么知道？一种相思，两处闲愁。哪两处？

生： 她和她丈夫。

师： 两处闲愁都是一种相思。

生： 她就思念一个人，因为云中谁寄锦书来，她在希望她思念的人给她寄信来。

师： 通过大雁寄来信表达思念之情。

生： 她写这篇文章总体感觉出她很愁，因为最后一句"才下眉头，却上心头"，刚刚眉头上想笑笑，不愁了，却感到心里愁。

师： 又跑到心里去了，还有同学要说表达什么情感？我们从头看，"红藕香残玉簟秋"什么花？

生： 荷花。

师： 荷花，怎么样了？

生： 凋谢了。

师： 花凋谢了，心情怎么样？

生： 愁。

师： 当然愁了，古人特别喜欢多愁善感，尤其是李清照这种家庭生活特别好，吃穿不愁的妇女。因为花含有一层意思"青春易老，红颜易逝"。"玉簟秋"，"簟"什么意思？注释上有"簟"指什么？秋天躺在竹席上什么感觉？

生：凉。

师：一个人躺在上面更凉。所以这首诗呢，可能是新婚，结婚之后赵明诚出去求学的时候，所以词人就格外地思念，这么忧愁了怎么办？那就排解忧愁，怎么排解？

生：轻解罗裳，独上兰舟。

师：悄悄地把裙子脱了，穿上比较利索的衣服，然后到了划船的地方——河边、江边，看大雁盼望书信。往下看，"花自飘零水自流"，花一般比喻什么人？比喻自己啊，比喻年轻的妇女啊！这么美的花，空自飘落没有人看，那水空自流着，青春美好的时光不能共度，非常遗憾，所以两处闲愁，排解不了。同学们看提示背诵一下。

（秋意萧疏）	＿＿＿＿＿＿。
（泛舟消愁）	＿＿＿＿＿＿。
（飞雁传书）	＿＿＿＿＿＿。
（互相思念）	＿＿＿＿＿＿。
（无法排遣）	＿＿＿＿＿＿。

（学生自己练习，老师检查，学生依次背诵）

（老师提示，学生背诵）

师：再考考你，镂空背诵。

红藕香残玉簟秋。	＿＿＿＿＿＿＿＿＿，	＿＿＿＿＿＿＿＿＿。
云中谁寄锦书来？	＿＿＿＿＿＿＿＿＿，	＿＿＿＿＿＿＿＿＿。
花自飘零水自流。	＿＿＿＿＿＿＿＿＿，	＿＿＿＿＿＿＿＿＿。
此情无计可消除，	＿＿＿＿＿＿＿＿＿，	＿＿＿＿＿＿＿＿＿。

（学生自己练习背诵）

师：火车继续开学生再次背诵。

＿＿＿＿＿＿。	轻解罗裳，独上兰舟。
＿＿＿＿＿＿？	雁字回时，月满西楼。
＿＿＿＿＿＿。	一种相思，两处闲愁。
＿＿＿＿＿＿，	才下眉头，却上心头。

（学生自己练习，老师检查）

（学生开火车背诵）

第三板块　对比苏轼

师：李清照的两首词我们学到这里。两本书上一共七首李清照的词，你们有没有发现，学李清照和学苏轼的方法不一样。学苏轼的时候，老师一边讲苏轼的经历一边学词，苏轼的经历你还记得吗？

> 初涉仕途
> 外任杭、密、徐
> 乌台诗案、黄州谪居

> 翰林学士
> 四年五州：杭州……
> 流放岁月、病逝常州

师：苏轼在哪个地方写过哪首词？

生：《江城子·密州出猎》。

（生齐背）

师：在哪写的？

生：在密州。

师：在密州做太守的时候。在其他地方呢？

生：心如已灰之木，身似不系之舟。问汝一生功业，黄州惠州儋州。

师：写这首诗在最后病逝常州前，生命的最后。

生：明月几时有？把酒问青天。不知天上宫阙，今夕是何年。我欲乘风归去，又恐琼楼玉宇，高处不胜寒。起舞弄清影，何似在人间。

转朱阁，低绮户，照无眠。不应有恨，何事长向别时圆？人有悲欢离合，月有阴晴圆缺，此事古难全。但愿人长久，千里共婵娟。（一生开头，众生齐背）

师：在哪儿写的？

生：通州。

师：瞎猜，从头开始想想，21岁中了进士以后，做一小官，30多岁的时候和王安石发生矛盾，要求外任到杭州做通判，在杭州的时候，被派到外面去，思念妻子写了一首诗。

　　生：去年相送，馀杭门外，飞雪似杨花。今年春尽，杨花似雪，犹不见还家。对酒卷帘邀明月，风露透窗纱。恰似姮娥怜双燕，分明照、画梁斜。

　　师：在密州之后，他要求和他的弟弟挨得近点，他弟弟在济南，他就调到了诸城，在那儿思念弟弟，没见到，他就写了——

　　生：水调歌头　明月几时有……

　　师：见到弟弟，他又写了——

　　生：暮云收尽溢清寒，银汉无声转玉盘。此生此夜不长好，明月明年何处看。

　　师：后来又到徐州做太守，带领百姓治理洪水后，建了一座楼。

　　生：明月如霜，好风如水，清景无限。曲港跳鱼，圆荷泻露，寂寞无人见。紞如三鼓，铿然一叶，黯黯梦云惊断。夜茫茫，重寻无处，觉来小园行遍。天涯倦客，山中归路，望断故园心眼。燕子楼空，佳人何在，空锁楼中燕。古今如梦，何曾梦觉，但有旧欢新怨。异时对，黄楼夜景，为余浩叹。

　　师：后面咱就不背诗句了，光说诗名！乌台诗案，九死一生，把他贬到黄州去，在那儿很消沉，很孤独，像那只大雁一样。是哪首诗？

　　生：《卜算子·黄州定慧院寓居作》，缺月挂疏桐，漏断人初静……

　　师：很孤独就喝酒呗，写喝酒唱歌是哪首诗？

　　生：《满庭芳·蜗角虚名》，蜗角虚名，蝇头微利，算来着甚干忙……

　　师：继续喝，哪一首写在东坡那里喝？

　　生：夜饮东坡醉复醒。

　　师：对，夜饮东坡醉复醒。差点死了，什么都不在乎了，什么都不当回事了，哪首？

　　生：定风波。

　　师：过了一段时间，又振奋起来了，像古人那样建功立业？

　　生：密州出猎。

　　师：苏轼为什么有这么多的经历呢？

　　生：因为他直言不讳。

　　生：因为他一生被贬到好多地方去。

　　生：很倒霉。

第四板块　李清照一生

少女时期：天真活泼，无忧无虑
中年时期：甜蜜中带有淡淡离愁
晚年时期：流落天涯，愁苦深重

师：因为苏轼是男人，虽然仕途起伏不定，但在社会上有施展才华的机会。李清照呢，才华横溢，经历很简单，三个阶段，少女时期、中年时期、晚年时期，读过她传记的有 20 多个同学，你说，李清照为什么少女时期无忧无虑，天真活泼？

生：家庭好，贪玩。如：常记溪亭日暮，沉醉不知归路。兴尽晚回舟，误入藕花深处。争渡，争渡，惊起一滩鸥鹭。

师：成个野姑娘了，很贪玩。为什么这么开心呢？因为生在官宦人家，父亲当官，传记上写到她姥爷是状元，生在这种诗书世家，她琴棋书画无所不通的，又是天才，所以很有学问。

生：她爸爸是"苏门后四学士"之一。

师：中年时期为什么甜蜜？为什么还有淡淡的离愁呢？传记上也写过。

生：因为她结婚后，她丈夫做官外出求学，经常不在家。

师：她想念他。

生：夫妻生活甜蜜，因为她和她的丈夫都能写诗、作赋，看古董。

生：后来写了本《金石录》。

生：他们很甜蜜是因为情投意合。

生：他们后来很贫穷。

师：后来把衣服卖了，嫁妆也卖了。李清照 44 岁的时候是个转折点，因为当时的北宋发生了一件大事，我们从岳飞的诗词中学过。

生：靖康耻，犹未雪，臣子恨，何时灭，驾长车踏破贺兰山缺——

师：把父子俩俘虏到金国去了，京城的百姓就开始逃亡，在逃亡的过程中，赵明诚死了，所以李清照晚年生活愁苦深重，和之前的淡淡的离愁当然是不一样的，看看这七首词分别是哪三个阶段。

生：《如梦令·昨夜雨疏风骤》是少女时代的。

> 如梦令·昨夜雨疏风骤
> 点绛唇·蹴罢秋千
> 如梦令·常记溪亭日暮
> 一剪梅·红藕香残玉簟秋
> 醉花阴·薄雾浓云愁永昼
> 武陵春·风住尘香花已尽
> 声声慢·寻寻觅觅

生：《点绛唇·蹴罢秋千》是少女时代的。

生：《如梦令·常记溪亭日暮》也是少女时代的。

师：从这个看出她很贪玩。

生：《一剪梅·红藕香残玉簟秋》是中年时期的。

生：《醉花阴·薄雾浓云愁永昼》是晚年时期的。

师：《醉花阴·薄雾浓云愁永昼》，咱是放假前学的，一起来看看，打开 115 页一起念念。

生：薄雾浓云愁永昼，瑞脑消金兽。佳节又重阳，玉枕纱厨，半夜凉初透。东篱把酒黄昏后，有暗香盈袖。莫道不消魂，帘卷西风，人比黄花瘦。

师：什么时期写的？

生：中年时期。

师：为什么？从哪儿看出？

生："莫道不消魂，帘卷西风，人比黄花瘦"，写的就是她思念她丈夫，她丈夫出去做官，思念使她人比菊花还瘦。

师：比菊花还瘦，多么楚楚可怜，多么令人爱怜。和《声声慢·寻寻觅觅》中描写的形象是不一样的。《武陵春·风住尘香花已尽》写于什么时候呢？

生：晚年。

师：从哪句能看出？

生："风住尘香花已尽，日晚倦梳头"。因为她丈夫死了，就不梳头了。

师：无人欣赏，没人搭理她，她就不愿梳头了。"物是人非事事休"，物还是那物，尘香还是在那样的季节里凋落，"人非"说人已经没了。"寻寻觅觅"就更明显了，写于什么时候？

生： 晚年时期。

师： 就像刚才同学们分析的《如梦令》《点绛唇》一看就是少女时期，《点绛唇》写作时间早呢？还是《如梦令》写作时间早？

生：《如梦令》写得早，《点绛唇》写得晚。

师： 写《如梦令》时，好像没到知道害羞的年龄，就像咱同学一样，男孩、女孩玩在一起，还没有到男女有别的年龄。到了写《点绛唇》就知道害羞了，十七八岁了。

老师给大家找了两句话，你可以前后比较一下。

> 云中谁寄锦书来，雁字回时，月满西楼。
> 雁过也，正伤心，却是旧时相识。

生： 都写了大雁。

生： 都是用大雁写愁，写自己伤心。

师： 对，相同之处，不同之处呢？

生： 云中谁寄锦书来，还有盼头，还会有书信寄来，"雁过也，正伤心，却是旧时相识"是赵明诚已经死了，就不会有书信寄来了。

> 花自飘零水自流，一种相思，两处闲愁。
> 物是人非事事休，欲语泪先流。

生： 都写愁。

生： 都写了对赵明诚的思念。

生： 第一个写赵明诚没死的时候，他们两个是"两处闲愁"，第二个"物是人非"，赵明诚已经死了，就只有她自己愁了。

生： 第二句比第一句更愁一点，第二句都流泪了，第一句还没流泪。

第五板块　现场互动

师： 诗就学到这里，咱还和老师做互动游戏吗？

生： 做。

师： 老师们，你们现场考考学生的真本事。今年学了一本成语词典，你说句话吧，学生说类似的意思，一个成语，名言警句，或者一句话，他们和你们对一对。

学生与参会老师现场互动。

听课教师：有一个成语，指站得高，看得远，目光远大。

生：反义词是贪小失大。

生：反义词是鼠目寸光

生：反义词是管中窥豹。

生：反义词是井底之蛙。

师：不要光反着说，说正面的意思。站得高看得远究竟是什么？

生：登高望远。

生：好高骛远。

师："好高骛远"表示否定的意思，是贬义词，而站得高看得远是褒义词，哪个词对？

生：高瞻远瞩。

生：小明和他爸爸去登山，登到山顶，小明说："登得高，看得远，真是'会当凌绝顶，一览众山小'。"

听课教师提问：有这样一个成语形容尊敬老师，讲的是了两个人去拜访一位老师。

生：程门立雪。

师：相近相反的有没有。

生：尊师重道。

生：三顾茅庐。

师：请老师们继续出题。

师提问：你看看我我看看你，不知道该怎么办？

生：刮目相看。

师：不对。

生：面面相觑。

听课教师提问：提到韩兴娥老师，你们能想到哪些词？

生：才华横溢。

生：德高望重。

生：才思敏捷。

生：十全十美。

生：文思如泉。

生：笔走如飞。

生：出类拔萃。

生：春风得意。

生：精妙绝伦。

生：春风化雨。

生：鹤立鸡群。

生：韩老师戴着一副眼镜，有一股浓浓的书卷气。

生：腹有诗书气自华。

生：读书破万卷，下笔如有神。

生：将勤补拙。

……

简评：韩老师这节课，师生已经融为了一体，整个课堂教学流程简单，轻松而且高效，充分体现了韩老师海量阅读的新课堂理念。韩老师既做到了面向全体，让每个同学都有发言的机会，让学生全员参与了进来，又能面向每一个学生，一句"不能背诵的可以对着书念"体现出老师的人文关怀，允许后进生慢慢地选择适合自己的方式成长。教师很少去教学生，而是只给学生提供台阶，让学生自己去提升自己。真正做到了让学习发生在学生身上，老师只是一个帮助者，引领者。

韩老师的这堂课无疑是成功的，值得我们学习的地方有很多。试问，我们听课的教师们，对于苏轼和李清照的词有听课的孩子记诵得多吗？对于成语的游戏我们能够像孩子们那样脱口而出吗？我们不敢正面回答这个问题。

（河北师范大学 2014 国培语文班"仰望星空"家庭全体成员于 2016 年 2 月观看录像后评析）

（三）名句教学课堂实录摘选

执教：韩兴娥于 2011 年 3 月

文字整理：湖北省孝感市高新区严桥小学 胡玲

这是 2007 级学生四年级下学期的数节家常课中的一节，平均每节课学习 20 多个名句，学新句子的过程同时是复习的过程。重视理解诵读并重，归类诵读、新知旧知相融合。

风萧萧兮易水寒，壮士一去兮不复还

老师反复领读，直到学生读熟练为止。

师：荆轲刺秦王的故事大家知道吗？他唱这句歌的时候心情如何？

生：很悲壮！

师：为什么？

生：因为他去了如果杀死了秦王，侍卫会把他给杀死；如果杀不死秦王，秦王就会把他给杀死，他也回不来了！

师：必死无疑，对吧？所以他说："壮士一去兮不复还"。知道狼牙山五壮士吗？他们为了拖住日本鬼子，掩护部队转移，走上狼牙山顶峰，走上了绝路。山顶上没有退路，往山下退是日本鬼子，只能当俘虏；往前行进是悬崖峭壁。那怎么做？跳下去，可以预见的结果是粉身碎骨。我们的八路军战士是农民，他们没有学过这首诗，可是他们把日本鬼子引上绝路的时候，他们在决定跳崖的时候，他们心里有什么信念？大家一起说！

生（齐读）：风萧萧兮易水寒，壮士一去兮不复还！

师：我们的抗日英雄王二小的故事大家也知道吧，他把鬼子引进八路军的埋伏圈，他知道生还的希望很小，他也不知道这首诗，但是我们中华民族世代的这种信念在他心中回荡，大家一起说出王二小的信念！

生（齐读）：风萧萧兮易水寒，壮士一去兮不复还！

生：刘胡兰面对敌人的铡刀，心里也可能回荡着悲壮的"风萧萧兮易水寒，壮士一去兮不复还！"

师：抗日战争时期，东北抗日联军八名 13～23 岁女战士被敌军围困河边。在背水战至弹尽的情况下，她们挽臂涉入乌斯浑河。回荡在她们心中的是什么？

生（齐读）：风萧萧兮易水寒，壮士一去兮不复还！

先天下之忧而忧，后天下之乐而乐

（生领读一遍，齐读两遍。）

师：范仲淹的许多诗词都表达了什么情感？

生：忧国忧民。

（生齐背范仲淹《渔家傲·秋思》）

师："燕然未勒归无计"，没能让国家边境安宁，不能回家享受天伦之乐，不能与亲人生活在一起。大家还记起了范仲淹的哪首诗？

（生齐背范仲淹《苏幕遮·怀旧》）

师：范仲淹的这首诗写了思乡之情，这样的感情，柳永又是怎样写的呢？

生：寒蝉凄切……

师：李煜怎么写思念的感情？

生：恰似一江春水向东流……

师：范仲淹自己怎么写的？

生：酒入愁肠，化作相思泪……

师：景色"碧云天，黄叶地。秋色连波，波上寒烟翠"，是什么感觉？很开阔，开阔的胸怀！大家再读读范仲淹的胸怀：先天下之忧而忧，后天下之乐而乐！

生齐读两遍。

师：他的心里装着天下的忧愁。

位卑未敢忘忧国

生领读一遍，齐读两遍。

师：这句话告诉我们什么？

生：地位再怎样低下，也不敢忘记自己的国家。天下兴亡，匹夫有责！

师：前面学过"天下兴亡，匹夫有责"！我是小女子，有没有责任？我是扫大街的，有没有责任？一个卧在病床上的人，有没有责任？为什么？

生：天下兴亡，匹夫有责。

师：还有哪句？

生：位卑未敢忘忧国。

师：这句出自陆游的《病起书怀》。大家还记得他的其他作品吗？

生（齐背）：陆游《钗头凤·红酥手》。

红酥手，黄滕酒，满城春色宫墙柳。东风恶，欢情薄。一怀愁绪，几年离索。错、错、错。

春如旧，人空瘦，泪痕红浥鲛绡透。桃花落，闲池阁。山盟虽在，锦书难托。莫、莫、莫！

生（齐背）：陆游《诉衷情·当年万里觅封侯》。

当年万里觅封侯，匹马戍梁州。关河梦断何处？尘暗旧貂裘。
胡未灭，鬓先秋，泪空流。此生谁料，心在天山，身老沧洲。

生（齐背）：陆游《卜算子·咏梅》。

驿外断桥边，寂寞开无主。已是黄昏独自愁，更著风和雨。
无意苦争春，一任群芳妒。零落成泥碾作尘，只有香如故。

生（齐背）：陆游《示儿》。

死去元知万事空，但悲不见九州同。
王师北定中原日，家祭无忘告乃翁。

师：陆游临死的时候都不忘国家，"家祭无忘告乃翁"。陆游用这首诗告诉我们什么？

生：位卑未敢忘忧国。

人生自古谁无死，留取丹心照汗青

师： 这句话出自文天祥的哪首诗？

生（齐背）：文天祥《过零丁洋》。

辛苦遭逢起一经，干戈寥落四周星。
山河破碎风飘絮，身世浮沉雨打萍。
惶恐滩头说惶恐，零丁洋里叹零丁。
人生自古谁无死？留取丹心照汗青。

师： 古人还说过哪些类似的诗句呢？

生： 捐躯赴国难，视死忽如归。

人固有一死，或重于泰山，或轻于鸿毛。

苟利国家生死以，岂因祸福避趋之。

生，亦我所欲也；义，亦我所欲也。二者不可得兼，舍生而取义者也。

师： 我们每个人都想生存，但是道义也是我的追求，如果两者不能同时得到，那我们取什么？舍生取义，杀身成仁。有没有相关的句子呢？

生： 宁为玉碎，不为瓦全。

师： 我们的祖先对待"死亡"持什么态度呢？

生： 人生自古谁无死，留取丹心照汗青。

捐躯赴国难，视死忽如归。

苟利国家生死以，岂因祸福避趋之。

风萧萧兮易水寒，壮士一去兮不复还！

师： 这些都是我们刚学的。

简评： 四年级上学期学完课本后，韩老师用 6 节课完成了《名句》教学。课堂上老师引导学生反复读原句，每句话一般能听两遍、读四遍。《名句》教学中还有一个特点是滚雪球式的复习，学生在课堂上能前后联系所学的知识，不断重现学过的成语、谚语、诗词、名句等。

四、中高年级文白结合教学案例两则

当三年级的学生阅读白话文的能力达到一定高度后，就要读文白结合的书。从读最简单的文白结合的《读名言学做人》《读故事学唐诗》《读故事学宋词》开始，由易到难，课堂共读的书虽然越来越难，但孩子们一步一步读过来，并没有感到难度大。我的四年级学生读李元洛的《穿越唐诗宋词》，竟然读出了自己的理解，他们的阅读品味也高了。《穿越唐诗宋词》是 2007 级学生在四年级共读的书目，时至 2017 年，《中国诗词大会》上的武亦姝火了，我从网上看到她老师的名字时，感觉很熟悉，翻开书一看，原来，《穿越唐诗宋词》是武亦姝的老师王希明数年前推荐的书。当我的四年级学生读完这本厚厚的中学生读物后，写作文时处处透着作家范。课堂共读这种文白结合的书，学生的白话文、文言文水平同步提高，一举两得。下面以《骏马的悲歌》为例来说明。

（一）《骏马的悲歌——李贺》课堂教学实录

执教：韩兴娥于 2011 年 4 月
文字整理及评析：烟台蓬莱第二实验小学　陈晓妍

这是 2007 级学生在四年级下学期《小学生拼音报》社主办的"韩兴娥教学艺术研讨会"上的课堂纪实。

师：同学们，在《怅望千秋　清歌醉吟》中，我们读过了"诗家天子王昌龄"，读过了"怅望千秋一洒泪——杜甫"，读过了"独钓寒江雪——柳宗元"……今天这节课我们一起走进中唐诗人李贺，共同去品读一份独属于他的骏马悲歌。

第一板块　文白对照识李贺

"此马非凡马，瘦骨带铜声"——自喻。

（大屏幕出示）

> 一提到＿＿诗人李贺，众人总不免要想到他＿＿＿＿时，那头曾和他＿＿＿＿的蹇驴。

生：一提到<u>中唐</u>诗人李贺，众人总不免要想到他<u>寻诗觅句</u>时，那头曾和他<u>形影相随</u>的蹇驴……

师：驴和李贺是什么关系？

生：形影相随。

（大屏幕出示）

> 他为"马"反之复之地＿＿＿了23回，不是＿＿＿，而是＿＿＿，这，在西方诗歌中未曾得见，在中国诗歌中似乎也是＿＿＿。

生：他为"马"反之复之地<u>集中咏唱</u>了23回，不是<u>单管独吹</u>，而是<u>众乐齐奏</u>，这，在西方诗歌中未曾得见，在中国诗歌中似乎也是<u>独领风骚</u>。

师：马和李贺又是什么关系？请同学们朗读、背诵下面这首写马的诗，谈一谈理解。

> 此马非凡马，
> 房星是本星。
> 向前敲瘦骨，
> 犹自带铜声。

（学生自主背诵）

师：看看作者对这首诗的理解。

> 李贺认为自己绝非＿＿＿。论家世，他是天潢贵胄，＿＿＿……论才情，他七岁能＿＿＿，文采与壮志＿＿＿的15岁，便以乐府歌诗＿＿＿，韩愈和皇甫湜闻名联袂造访。

生：李贺认为自己绝非<u>凡俗之辈</u>。论家世，他是天潢贵胄，<u>王子王孙</u>……论才情，他七岁能<u>辞章</u>，文采与壮志<u>一齐飞扬</u>的15岁，便以乐府歌诗<u>知名于时</u>，韩愈和皇甫湜闻名联袂造访。

师：从哪句诗看出李贺认为自己绝非凡俗之辈？

生：此马非凡马，房星是本星。

（大屏幕出示）

> 如此＿＿觉通于＿＿觉与＿＿觉的＿＿妙句，其所表现的＿＿＿＿＿，令我们＿＿
> ＿＿仍宛然可想。李贺为什么如此热衷于＿＿马并以马自＿＿？

生：如此<u>视</u>觉通于<u>触</u>觉与<u>听</u>觉的<u>通感</u>妙句，其所表现的<u>豪情傲骨</u>，令我们<u>千载之下</u>仍宛然可想。李贺为什么如此热衷于<u>咏</u>马并以马自<u>喻</u>？

师："视觉通于触觉与听觉的通感妙句"指的是哪句诗？

生：向前敲瘦骨，犹自带铜声。

师：我们通过视觉、听觉、触觉了解到马的什么特点？

生：瘦弱。

生：瘦骨嶙峋，骨骼健壮。

（大屏幕出示）

> 他＿＿＿＿＿地自认他瘦弱的双肩，也应该承担＿＿＿＿＿＿的重任，何况＿＿＿了儒家
> 传统教育的读书人，更以为＿＿＿＿＿，＿＿＿＿＿，不能不管人间的＿＿＿和家国的＿＿＿。

生：他<u>一厢情愿</u>地自认他瘦弱的双肩，也应该承担<u>振兴大唐</u>的重任，何况<u>濡染</u>了儒家传统教育的读书人，更以为<u>天下兴亡</u>，<u>匹夫有责</u>，不能不管人间的<u>沧桑</u>和家国的<u>盛衰</u>。

师：李贺为什么把自己当成骏马？濡染了儒家传统教育的读书人，认为自己应该承担什么重任？

生：天下兴亡，匹夫有责。

生：要管人间的沧桑和家国的盛衰。

生：要建功立业实现人生价值。

生：士不可以不弘毅，任重而道远。

生：天下兴亡，匹夫有责。

生：以国事为己事，以国权为己权，以国耻为己耻，以国荣为己荣。

生：先天下之忧而忧，后天下之乐而乐。

生：君子之立志也，有民胞物与之量，有内圣外王之业，而后不忝（tiǎn）于父母之所生，不愧为天地之完人。

生：为天地立心，为生民立命，为往圣继绝学，为万世开太平。

生： 穷则独善其身，达则兼善天下。

【此时，不需要老师的指名，学生个个跃跃欲试，此起彼伏地抢答，畅谈自己的理解。真可谓"藏胸万汇凭吞吐，笔有千钧任翕张"。大气！】

"一朝沟陇出，看取拂云飞"——壮志

师： 我们看下面三首诗是不是蕴含着李贺的远大志向？

大漠沙如雪， 燕山月似钩。 何当金络脑， 快走踏清秋。	催榜渡乌江， 神骓泣西风。 君王今解剑， 何处逐英雄？	不从桓公猎， 何能伏虎威。 一朝沟陇出， 看取拂云飞。

生借助自学材料朗读、背诵。

师： 这三首诗，无论是在大漠燕山中驰骋，还是期盼项羽、桓公那样的明君，都表达了什么志向？

生： 驰骋沙场。

生： 他胸怀天下苍生，建功立业。

师： 看作者是如何写的——

> 他羸弱的胸中容纳的是天下和____，在煎熬汤药的炉火之旁，他怀的是驰骋沙场_____的梦想。

生： 他羸弱的胸中容纳的是天下和苍生，在煎熬汤药的炉火之旁，他怀的是驰骋沙场置身青云的梦想。

齐诵。

"无人织锦韂，谁为铸金鞭"——悲歌

师： 我们再学一首诗。

龙脊贴连钱，
银蹄白踏烟。
无人织锦韂，
谁为铸金鞭。

学生主动读背起来。

师：大家谈谈这首诗吧。

生：这两句是写马的装备。

师：是不是这匹马不好？

生：不是不是！

生：不是，这匹马背上的花纹就像一个个铜钱那样。

生："谁为铸金鞭？"就是说明李贺希望有人能赏识他。

师：再来读读第一句，你感觉这匹马的模样怎样？龙脊贴连线，银蹄白踏烟，说明什么？

生抢答：马跑得快！

师：请同学们读读背背这首诗。

（背诵之后，大屏幕出示）

多病的李贺，＿＿＿＿分外强烈，对时间特别＿＿＿，他之多用"白"字，是否又表现了他对时间的＿＿＿和对生命的＿＿＿？

生回答：

多病的李贺，生命意识分外强烈，对时间特别敏感，他之多用"白"字，是否又表现了他对时间的留恋和对生命的珍惜？

师：诗中哪里写"白"字？

生读"银蹄白踏烟"。

（大屏幕出示）

"无人""谁为"的有疑而问，透露了李贺内心深处如同寒冬一样的＿＿＿与＿＿，他已预感到他的＿＿＿＿，他的＿＿＿＿，恐怕都会白白地＿＿＿＿了，如同＿＿＿＿的许多有志之士一样。

师：这句解释哪句诗？

生：无人织锦鞯，谁为铸金鞭？

师：李贺的天生我才，李贺的壮怀热血，是不是真的付之东流了呢？我们来看真实的情况。

（大屏幕出示）

> ____的时代，____的命运，加上大约是与生俱来而____的身体状况，共同联手制造了李贺的_____。

生：<u>别无选择</u>的时代，<u>诡不可测</u>的命运，加上大约是与生俱来而<u>每况愈下</u>的身体状况，共同联手制造了李贺的<u>悲剧</u>。

师：什么样的时代是别无选择的时代？

生：内忧外患的时代。

生：是扼杀人才的时代。

生：是盛唐迹象只能从历史迹象中寻觅，只能服从高官和帝王的时代。

师：李贺生于中唐内有藩镇割据，宦官弄权，外有吐蕃东侵，南诏北扰。

生：这个时代动荡不安。

师：诡不可测的命运是什么样的呢？

（引导学生读文）

师：他很有才，十几岁能写诗，7岁能赋章，为什么不能参加考试？

生抢答：因为他爸爸的名字叫晋肃，嫉妒排挤他的人交相攻击，认为"晋""进"同音犯讳，不能参加进士考试。

师：哈哈！是不是他爹起错了名字——晋肃，因为这个名字他就不能考试了？

生纷纷摇头。

师：是谁把这事给翻出来？

生：排挤他的人。

第二板块　纵论天下话不朽

师：像怀才不遇的李贺、壮志未酬的李白、穷困潦倒的杜甫……李元洛怎么看待他们的命运？

> 从古到今，官运亨通而____的究竟曾有几人？如果李白供奉翰林后从此____，如果杜甫献三大礼赋后____，他们后来的作品怎么能_____，诗成____？

生回答：

从古到今，官运亨通而<u>文章不朽</u>的究竟曾有几人？如果李白供奉翰林后从此<u>青云直上</u>，如果杜甫献三大礼赋后<u>一朝飞升</u>，他们后来的作品怎么能<u>落笔惊风雨</u>，诗成<u>泣鬼神</u>？

　　师：让我们回忆一下，能官运亨通，文章不朽的有几人？

　　生：晏殊

　　师：我们就来说说晏殊，什么官？

　　生：宰相。

　　师：什么诗词？

　　生不由自主齐背——"似曾相识燕归来，小园香径独徘徊。"

　　师：晏殊的诗还有很多，写的多是闲愁。他从小是神童，官做得也算是蛮幸运的，算是文坛上颇为少见的既能官运亨通，又文章不朽的人。历史上，这样的又能有几人？

　　学生思维发散：列举到司马光、司马迁、张九龄、朱熹、元稹、晏几道，此刻师生在轻松的互动氛围下，畅谈评论古人，伴随着此起彼落的诵读——"海上生明月，天涯共此时。""记得小苹初见，两重心字罗衣。琵琶弦上说相思，当时明月在，曾照彩云归。"……解读到了古代文人的两难境况。

　　……

　　师：然而，文章不朽、仕途坎坷的人倒是很多。

　　生：柳宗元。

　　生：苏轼。

　　生：李清照。

　　生：杜甫。

　　生：王昌龄。

　　生：范仲淹。

　　生：刘禹锡。

　　……（学生纷纷发言）

　　师：你希望文章不朽、命运坎坷，还是官运亨通、没有文章传世呢？

　　生：我认为李贺不幸运是好事，不然他后来的作品怎么能笔落惊风雨，诗成泣鬼神。

　　生：我希望二者并佳，既官运亨通，又文章不朽。

　　师：哈哈！好事都让你占了。

生：我不希望李贺写出不朽的文章，我希望他的满怀热血去驰骋沙场。

生：我希望李贺像苏轼那样"西北望，射天狼"，不希望"无人织锦韝，谁为铸金鞭"。

生：我希望杜甫实现他"安得广厦千万间，大庇天下寒士俱欢颜"的理想。

生：我希望像岳飞那样拥有一腔热血，报国之情。

生：我希望岳飞"壮志饥餐胡虏肉，笑谈渴饮匈奴血"，而不希望他"白了少年头，空悲切"。

生：我不希望陆游"胡未灭，鬓先秋，泪空流。"

生：我希望李贺驰骋沙场，能够"一朝沟陇出，看取拂云飞。"

生：我希望朱淑真有个和她把酒言诗、把地同游的丈夫。

生：我希望李贺能非常幸运，而不是"让贫穷、饥饿、病痛、屈辱、夏天的溽暑、冬日的严寒一起来煎熬他的岁月"。

生：我希望陆游唐婉的爱情很美满，天天"红酥手，黄滕酒"，不要他们"一怀愁绪，几年离索。错、错、错"。

师：其实，还有一种情叫"相濡以沫，不如——"

生齐说：相忘于江湖。

生：我希望杜甫官运亨通，不希望他"屋漏偏遇连夜雨"。

生：我希望柳宗元能顺利进行他的"永贞革新"，而不希望他贬到永州，唱什么"独钓寒江雪"。

生：我希望陆游"铁马戍凉州"，而不希望他"醉里挑灯看剑，梦回吹角连城"。

生：李白在盛唐痛苦地走一回。他正是因为壮志未酬才使得文章不朽，否则只能写《清平调》那样的吹捧文章。

【一石激起千层浪。韩老师抛出一个辩证的问题，唤醒了孩子心里的一份理解，一份积累。你看，他们博古通今，他们腹有诗书，他们侃侃而谈。他们的谈话中有王昌龄、李白、杜甫等名人，他们的谈话中有诗词有历史，他们的谈话中有对历史的悲天悯人，有对文化的情深意切。真可谓妙语连珠纵论天下，豪情万丈畅谈理想！】

师：是啊，长安城头的千古明月可以作证，李贺的诗章并没有和作者一去不返，它们仍然留在、活在、燃烧在今天，字字句句，说着世事沧桑，人生短暂而艺术永恒！这便是不朽。

不管是官运亨通，或是命运坎坷，儒家子孙用最朴素的思想诠释着一种担当，一种敢为天下先的责任与勇气。正如此，一代代的文人在中华文化的国土上成为无冕之王，不断扩大着唐诗宋词的边疆，丰盈着中华文明、中华精神，他们将活在众生的心中和代代相传的记忆里。

【课近尾声，韩老师将"儒家传统教育的读书人认为自己应该承担什么重任"这样的一种思想，无声无痕地濡染到孩子心间。既让听课的老师看到海量阅读的效果，又是一种常态化的思想提升。她常说，"我的课堂上最美的是学生"，但我要说，学生之美在于教师的妙手拈花，在于教师的点石成金。】

（二）《读论语学成语——雍也篇》教学案例

1.《读论语学成语——雍也篇》课堂实录

执教：韩兴娥于 2013 年 6 月

实录整理评注　淄博高新区　刘维丽

2013 年 6 月，《中国教育报》名师大讲堂系列活动韩兴娥"海量阅读"教改实验及潍坊北海学校办学经验现场会在 2007 级学生小学毕业前召开，孩子们表现了课内海量阅读的风采。

师：各位老师，孩子们上完课后，大家可以跟孩子们现场交流一下。老师们提前从网上找一段古文，我们上完课后，您念给孩子们听，孩子们不查阅任何资料，就能给各位老师解读他对古文的理解。

第一板块　复习旧知

师：同学们，我们今天继续学习雍也篇。

大家可以先看一下学过的内容（课件出示成语与古文内容），开火车读一下，把成语读一读，把古文念一遍。开火车念。

不迁怒，不贰过

哀公问："弟子孰为好学？"孔子对曰："有颜回者好学，不迁怒，不贰过。不幸短命死矣，今也则亡，未闻好学者也。"

肥马轻裘

　　子华使于齐，冉子为其母请粟。子曰："与之釜。"请益。曰："与之庾。"冉子与之粟五秉。子曰："赤之适齐也，乘肥马，衣轻裘。吾闻之也：君子周急不继富。"

　　生：子华驶于齐。
　　师：先读成语。
　　生：肥马轻裘，子华驶于齐，冉子为（wéi）其母请粟。子曰。
　　师：停，冉子做什么？"为"是四声，继续。
　　生：肥马轻裘，子华驶于齐，冉子为（wèi）其母请粟。子曰……
　　师："衣轻裘"的"衣"读四声，这个在哪学过？
　　生小声交流片刻，说：晁错衣（yì）朝衣（yī）斩东市。
　　生：衣（yì）轻裘。
　　生：吾闻之也：君子周急不继富。

箪食瓢饮

　　子曰："贤哉，回也！一箪食，一瓢饮，在陋巷，人不堪其忧，回也不改其乐。贤哉，回也！"

　　生：箪食瓢饮……
　　师：刚才她读的是箪食（sì）瓢饮还是箪食（shí）瓢饮？
　　生：食（sì）。
　　师：这个词在《现代汉语词典》上没有收录，但是收录了箪食（shí）壶浆这个词。箪食壶浆在前一版的《现代汉语词典》中是读箪食（sì）壶浆。食这个字什么意思的时候读（sì）？
　　生：喂。
　　师：哪儿学过？
　　生：《马说》。

师："一箪食一瓢饮"的"食"是不是"喂"的意思？在这里是"食物"的意思，所以读箪食（shí）瓢饮。读三遍。

生齐读三遍。

学生继续往下开火车读。

中道而废

冉求曰："非不说子之道，力不足也。"子曰："力不足者，中道而废，今女画。"

行不由径

子游为武城宰。子曰："女得人焉耳乎？"曰："有澹台灭明者，行不由径，非公事，未尝至于偃之室也。"

文质彬彬

子曰："质胜文则野，文胜质则史。文质彬彬，然后君子。"

因材施教

子曰："中人以上，可以语上也；中人以下，不可以语上也。"

敬而远之

樊迟问知，子曰："务民之义，敬鬼神而远之，可谓知矣。"问仁，曰："仁者先难而后获，可谓仁矣。"

> 评注：开课伊始，先复习学过的八个成语及论语古文，学生排火车读，教师随时正音，并没有因为学过而一带而过，错误的读音不仅要知其音，还要知其所以音。如："食"的讲解。

第二板块　学习新知
成语一：乐山乐水

乐山乐水

子曰："知者乐水，仁者乐山。知者动，仁者静。知者乐，仁者寿。"

师：今天我们继续往下学习"乐山乐水"。第一步先由同学领读成语，大家齐读。第二步，领读原文，大家齐读。第三步，领读译文，大家齐读原文。最后展开讨论，谈一下自己的理解。

生：乐（lè）山乐（lè）水。

师：下面有注音，乐（yào）山乐（yào）水，喜欢的意思。

生领读：乐山乐水，子曰："知者乐水，仁者乐山。知者动，仁者静。知者乐，仁者寿。"

生齐读：乐山乐水……

生读部分解释：孔子说聪明的人喜欢水，有仁德的人喜欢山。

生齐读相应的原文：子曰：知者乐水，仁者乐山。

生读部分解释：聪明的人性格就像水一样活泼，有仁德的人就像山一样安静。聪明的人生活快乐，有仁德的人会长寿。

生齐读相应的原文：知者动，仁者静。知者乐，仁者寿。

师：大家讨论一下智者乐水的原因。

生：智者就像水一样，穿岩走壁一直勇往直前。没有什么东西能阻挡住它，所以说"知者乐水"。

师：智者为什么喜欢水？水和智者有什么关系？

生：水善施教化，这就是智者的品质。

生：水滋润万物，哺育众生，她的德行是多么高尚！水和顺温柔，没有一定的形状，或方或长，不停地奔向低洼的地方，她是多么的谦卑。水面对阻碍，穿山岩，凿石壁，欢唱着前进，她是多么快乐。万物入水，必能荡涤污垢，变得新鲜洁净，水好像善施教化。这不就是智者的品格吗？

师：水的很多品格和智者相似。有一个问题我请教一下大家，文中写"水是多么的谦卑"，水谦卑吗？谦卑表现在哪里？

生：水向下流。

生：水没有固定的形。

师：它的形状是随着环境而变化的，所以它是谦卑的，那智者是谦卑的吗？

生：是。

师：理由？

生：人往高处走，水往低处流，智者不耻下问，他们都是谦卑的。

师：人往高处走和水往低处流是相反的。

生：智者不耻下问。

师："不耻下问"是不是谦卑？谁不耻下问？

生（齐）：孔子

师：继续第二个问题，仁者乐山？

生：因为山给予人们需要的东西，却从来不索取回报。这和仁者的品格一样，所以仁者乐山。

生：山，高大巍峨，山上草木茂密，鸟兽群集，山出产了许多对人们有益的东西，可它自己并不从人们那里索取任何东西。山还兴风雷做云雨以贯通天地，万物得以生长，人民得以饱暖。这不就是仁者的品格吗？

师："智者动"的原因是什么？

生：因为智者思维活跃，反应敏捷，像水一样永远奔流不息，所以我觉得智者是动的。

师：非常好，"仁者静"的原因是什么？

生：以理行事，仁慈宽容，不易冲动，性情好静，就像山一样。

师：大家还读懂了什么？

生：智者遇到什么困难都会想办法去解决掉它，而不是悲观地看待，所以他不会抑郁，所以"智者乐"。仁者不以物喜不以己悲，不管是飞黄腾达，还是遭到冷落，都会以平静的心态面对，这样是有利于远离疾病的，所以"仁者寿"。

生：孔子说，"知者乐水，仁者乐山"，是觉得人和自然是一体的。

师：这样乐山乐水的智者仁者，大家有没有遇到过？

生：李白有"飞流直下三千尺，疑是银河落九天"的诗句，李白是智者仁者。

师：李白观赏过什么？

生：庐山瀑布。

师：还去过哪里？

生：行路难，难于上青天……

生：蜀道，他写过一首《蜀道难》的诗。

生：《行路难》，金樽清酒斗十千，玉盘珍馐直万钱。停杯投箸不能食，拔剑四顾心茫然。（其他学生跟上来背）欲渡黄河冰塞川，将登太行雪满山。

师：所以李白才会觉得"直挂云帆济沧海"。他继续游历山山水水，还看过黄河——

生："黄河之水天上来，奔流到海不复回。君不见，高堂明镜悲白发，朝如青丝暮成雪。人生得意须尽欢，莫使金樽空对月。天生我材必有用，千金散尽还复来。"

师：所以李白豪爽，活得潇洒。"安能摧眉折腰事权贵，使我不得开心颜。"

生：五花马，千金裘，呼儿将出换美酒，与尔同销万古愁。

生："天生我材必有用，千金散尽还复来。"

师：所以李白成为伟大的浪漫主义诗人。还有谁也有智者仁者情怀？

生：杜甫。"岱宗夫如何？齐鲁青未了。造化钟神秀，阴阳割昏晓。荡胸生层云，决眦入归鸟。会当凌绝顶，一览众山小。"

师：哪句诗最能体会到杜甫那种仁者胸怀？

生："安得广厦千万间，大庇天下寒士俱欢颜。"

师：他家的房顶被风刮跑了，但他有着"安得广厦千万间，大庇天下寒士俱欢颜"的胸怀。

生：还有陶渊明的"结庐在人境"。

生：结庐在人境，而无车马喧。问君何能尔？心远地自偏。采菊东篱下，悠然见南山。山气日夕佳，飞鸟相与还。此中有真意，欲辩已忘言。

师：陶渊明也是受了山水的熏陶，王维、苏轼——

生："大江东去，浪淘尽。千古风流人物。故垒西边，人道是，三国周郎赤壁。乱石崩云，惊涛拍岸，卷起千堆雪。"

师：在什么情况下写的这首诗？

生：被贬的时候。

师：苏轼遇到一件很倒霉的事，还记得吗？

生：文字狱。

师：大家还记得吗？我们三年级学的，苏轼遭遇乌台诗案，九死一生，被贬到黄州去了，但是他一看到江水，立马神采飞扬，就吟出了"大江东去"，一看到山，也感觉到物我两忘，也无风雨也无晴。

生：莫听穿林打叶声，何妨吟啸且徐行。竹杖芒鞋轻胜马，谁怕，一蓑烟雨任平生。料峭春风吹酒醒，微冷，山头斜照却相迎。回首向来萧瑟处，归去，也无风雨也无晴。

  师：乐山乐水的人还有没有要讨论的？

  生：还有曹操的"观沧海"。

  生：柳宗元写的"永州八记"。

  师：文中也这样写着，柳宗元也被贬了，于是诞生了"永州八记"，山水滋养了他。但是，"乐山乐水"是不是喜欢山，喜欢水，喜欢大自然的意思？

  生：爱好不同。

成语二：从井救人

学生接着前面的顺序继续开火车读。

从井救人

  宰我问曰："仁者，虽告之曰，'井有仁焉。'其从之也？"子曰："何为其然也？君子可逝也，不可陷也；可欺也，不可罔也。"

  生：从井救人……

  师：这是孔子师徒之间一个什么样的故事？

  生：孔子认为，君子可欺不可罔，因为君子是有智慧有修养的。

  生：君子不会弃落水者于不顾，他会想一个最好的办法。

  生：君子不会做无谓的牺牲。

  师：把这个故事告诉在场的老师们。

  生：宰我刁难孔子，问了他一个仁者该怎样从井救人的问题。孔子说仁者应该用理智去解决。

  师：宰我为什么问老师这样的问题呢？

  生：仁者跳到井里救人就是不聪明的，不救人就不是仁者了。

  师：对，这个问题老师好回答吗？宰我为什么问这么刁难的问题？

  生：别人问"仁"的时候，孔子的回答各不相同。还不如问个直接的。

  师：对，前面第八课，谁问过"仁"？

  生：樊迟。

  师：宰我问"仁"，你猜猜孔子怎么回答？他干过什么事？老师批评过他。

生：骂他是"粪土之墙，朽木不可雕也"。

师：所以他要问"仁"，老师会直接告诉他——

师生共论：珍惜时间、先做事情再说话，不要吹牛。

生：君子讷于言而敏于行。

生：君子耻其言而过其行。

生：孔子觉得君子应该做事三思而后行。

师：对，孔子说三思而后行，但是对宰我说不仅要三思，要多次思考才可以。所以孔子回答他，这个人不会跳下去。因为前面我们说了，君子是可欺不可罔。

这个故事就是说跳下去就是傻乎乎的冒失鬼，大家回想第五篇中学过"公冶长"这个人物，比较善于保护自己，相信孔子应该比较喜欢他。

生：宁武子，邦有道则知；邦无道则愚。其知可及也；其愚不可及也。

师：我们的书中举了三个例子，"晁错、岳飞、于谦"这三个人在孔子看来是不是君子？

生：是。

师：根据是什么？孔子说了"可欺不可陷"，宁武子这样的人，愚不可及，乱世之中保全自己，这才是高手。但是晁错、岳飞、于谦这三个人，都把自己送上了不归路。

生：是当时的君主很昏庸。

师：咱们一个一个讨论。晁错干了一件有益社会的什么事？

生：削了诸侯的土地，诸侯就联合攻打。

师：那个历史故事叫什么？

生：七国之乱。

师：七国打过来的后果晁错知道吗？

师生共论：杀晁错，当替罪羊。

生：他想杀了晁错，息事宁人，让七国赶紧回去。

师：结局晁错能意料到吗？

生：意料到了。

师：咱们都能意料到，人家兴师动众来了，把汉景帝吓得哆嗦了，被汉景帝处死和被七国联军处死两种后果，晁错意识到了吗？

生：意识到了。

师：但他还是坚持他利国利民的政策。岳飞我们也认识了，我们在学《中华上下五千年》的时候，他说过一句话。

生：十年之功毁于一旦。

师：什么毁于一旦？

生：抗金大业。

师：打回去可以再打回来，可以卷土重来，怎么会毁于一旦呢？

生：他知道回去以后肯定活不了了。

师：他是民族英雄，怎么会回去活不了了？

生：因为那个君主贪生怕死？

师：君主贪生怕死，有岳飞保护他正好。

生：君主支持求和，秦桧又在他耳边说岳飞的坏话。他就认为岳飞有阴谋。

师：宋高宗我们也是很熟悉的，他的投降政策使后来的陆游、辛弃疾只能在梦里——

生："醉里挑灯看剑，梦回吹角连营。"

师：陆游只能……

生："僵卧孤村不自哀，尚思为国戍轮台。夜阑卧听风吹雨，铁马冰河入梦来。"

师：皇上一再压制抗金的力量，为什么？

生：因为岳飞要迎回宋徽宗、宋钦宗，二帝回来，宋高宗的地位就不保了。

师：把哥哥和老爹放那里受苦，他的这个心思肯定不好说明。岳飞知道吗？

生：知道。

师：你们怎么知道岳飞知道？你们学过他的诗词。

生："昨夜寒蛩不住鸣。惊回千里梦，已三更。起来独自绕阶行。人悄悄，帘外月胧明。白首为功名。旧山松竹老，阻归程。欲将心事付瑶琴。知音少，弦断有谁听？"

师：他的心事有没有人听？他要接回两位皇帝的心事说了吗？

生："靖康耻，犹未雪。臣子恨，何时灭？"

师：为什么要这么说？为什么不说"皇上，我要收复国土，接回两个皇帝，等我见到二帝的时候，我把他们杀了，没事，你赵构还是皇帝。"为什么？

生：他要忠于以前的皇上。

师：以前两个皇上岳飞见都没有见过，是现在的皇上赵构提拔了他。

生：因为当时是长子做皇上。

师：大家再看这句诗"靖康耻，犹未雪。臣子恨，何时灭？"他在意的是什么？

生：国家的耻辱。

师：对，所以岳飞就忍不住大喊出来，他有没有预料到自己的命运。

生：意识到了。

师：岳飞我们了解了，他奉行儒家"知其不可而为之"的信念。于谦，我们在《中华上下五千年》上也学过他的诗词。

生：千锤万凿出深山，烈火焚烧若等闲。粉身碎骨浑不怕，只留清白在人间。

师：他知道原来皇上回来的后果，但是他说"粉身碎骨浑不怕，只留清白在人间"。于谦等三人是不是被欺骗了？于谦遇到和岳飞差不多的问题，明英宗被俘，于谦扶持新帝。

生：没有。

师：但是他们知道自己会有不得善终的结局，却还……

生：义无反顾。

生：他们三个都在做知其不可而为之的事情。

生：应该"宁伪作不知不为，不伪作假知妄为。"

师：这是兵法上的故事，是投机取巧的事。岳飞是杀身成仁，是知其不可而为之，他们的精神永远是我们中华民族的精神财富。

成语三：中庸之道

中庸之道

子曰："中庸之为德也，其至矣乎！民鲜久矣。"

生齐读：中庸之道……

师：读懂了什么，说一说。

生：孔子从庙观礼的"欹"身上悟出了不偏不倚。

生：孔子认为中庸之道就是中不偏庸不倚。

生：凡事有度，过犹不及。

生：孔子认为中庸之道是最高尚的道德，很多人达不到中庸之道的标准。

生：孔子认为曾参不应该任由父亲打骂，如果任由父亲打死他的话，父亲会坐牢。

师：曾参孝顺得……

生：过头了。

师：父亲都快打死他了，他还说自己错了，这样孝顺了过头就——

生：违反了中庸之道。

师：妈妈、姥姥喜欢你过头了，那叫……

生：溺爱。

师：这也叫不符合……

生：中庸之道。

生：孔子和子贡曾经讨论过中庸之道，子贡问："师与商也孰贤？"子曰："师也过，商也不及。"曰："然则师愈与？"子曰："过犹不及。"

师：子张和子夏是孔子后来收的两个徒弟，都很有成就，这两个人一个太过一个不及，都……

生：不符合中庸之道。

师：那怎么叫符合中庸之道呢？我们名句上学过"大要归诸中和而已矣。"

生：太刚则暴，太柔则懦，太缓则泥，太急则轻。善为之者，损其有余，益其不足，抑其太过，举其不及，大要归诸中和而已矣。

师：太刚则暴，太柔则懦，告诉我们要取中间。我举个相反的例子，你妈妈去买衣服，商家要 1000 元，妈妈还价 200 元，你说中庸之道合起来取中间，600 元？这样行不行？是不是只取中间，骑在墙上，左边右边（师手势示意），晃来晃去，这样是不是就是中庸之道了？

生：要坚持原则。

生：孟子说富贵不能淫，贫贱不能移，威武不能屈。

师：不能移的，不能屈的是什么？

生：自己的原则。

生：中庸之道教我们不要矫枉过正。

师：坚守原则的例子有……

生：饥饿愁苦困不倒，声色货利侵不倒，死生患难考不倒，而人之事毕矣。

师：我们班从三年级开始两个星期学完课本，而部分老师两节课教一篇课文，韩老师教得是不是太快了，快得过分了？是不是不符合中庸之道？

生：我认为是符合的，因为韩老师课内课外阅读两不耽误，所以符合中庸之道。

（片刻沉默）

师：其他同学是不是觉得韩老师不符合中庸之道？因为你说不出理由。

生：我觉得韩老师符合中庸之道，因为我们的课本学得非常扎实。而其他班的孩子都死记硬背生字，有点过了，所以我觉得我们符合中庸之道。

生：我们海量阅读与课本两不误，并没有刻意地偏向哪一边。

师：对，好书都要读。

生：我们是学会基本的知识后再加深学习，并没有太过。

老师引导学生回顾自己的读书历程。

刚发下的课本，你拿回家多长时间看完？

（晚上之前）

一本杂志十几万字要多长时间读完？

（半小时、一小时）

《世界五千年》一天读多少页？

（50页）

初中高中的古文，不到两个星期把六年的文言全部读懂的同学请举手？

（三分之一）

初中三年的文言不到两周读懂的同学请举手？

（大部分同学）

相对于大家有这样的自学能力，我们用两周学完课本快不快？

成语四：博施济众

博施济众

子贡曰："如有博施于民而能济众，何如？可谓仁乎？"子曰："何事于仁！必也圣乎！尧、舜其犹病诸！夫仁者，已欲立而立人，已欲达而达人。能近取譬，可谓仁之方也已。"

生：博施济众……

师：谈谈你的理解。

生：孔子认为博施济众是大仁，能近取譬是小仁。

生：如果我们不能像吴清亮那样为国家为家乡捐几千万，可以先从小事做起。雷锋也没有那么多钱，他还是博施济众了。

生：孔子也曾经说过"穷则独善其身，达则兼济天下。"

生：还有己所不欲勿施于人，也是行仁的方法。

师：有钱，像大企业家那样做，很好；没钱，像雷锋那样做更好。昨天，在这个讲台上，美国老师雷夫讲过课。雷夫老师也经常免费给学生补课，主动地加班加点也是行仁。还有一个人，他既没有钱，还博施济众，帮了好多人，三言两语免了一场战争。他是谁？

生：墨子。

师：在《千句文》上学过吗？墨家巨子……

生：墨家巨子，重厚少文。克勤克俭，身体力行。非攻兼爱，排难解纷。摩顶放踵，舍己为人。

师：墨子兼爱，摩顶放踵利天下。这样免了一场战争，也很厉害。

评注：四个成语的学习都是按照读一读、议一议的流程进行的。没有丝毫的花架子，生1、生2……代表孩子排火车朗读的人次，一节课下来读到第三十九个同学。生1、生2……代表回答问题的学生人次，每个成语讨论发言人次半数左右，真正把课堂还给了学生。韩老师引领孩子们对知识进行归纳提炼，融会贯通，谈论的话题人物众多，旁征博引加深对词语的理解，同时也结合现实生活，迁移运用。

第三板块 大显身手试一试

师：做练习，开火车一人答一句。

练习一：成语意思猜一猜

_____：先劳苦而后才有收获。指只管自己努力的程度，而不计较得失。

_____：原意是指主观愿望虽好，但方法不对，既损害自己又不能救助别人。

_____：即不将怒气转移到别人身上，不重犯同样的错误。

_____：指广泛地施予恩惠，接济穷困的人。

_____：儒家的一种主张，待人处世不偏不倚，折中调和。

_____：有人喜爱山，有人喜爱水。比喻各人的爱好不同。

生：先劳后获。

生：先劳后获。

生：从井救人。

生：从井救人。

依次至第 18 个学生：不迁怒不贰过、博施济众、中庸之道、乐山乐水。

练习二：成语运用猜一猜

（1）您焦急，大家也都焦急，但你若_____，不但无法解决问题，而且适得其反。

（2）他捐资建造了好几家孤儿院和养老院，人们都称他是_____的大好人。

（3）杜甫到了晚年，漂泊不定，过着_____的生活，最后在病困交加中去世。

（4）他总是严格要求自己，_____，将心比心，所以他赢得了所有同学的拥戴。

（5）世界上那么多人，_____各有所爱，很难有兴趣爱好完全一致的人。

（6）王叔叔是一个_____的正派人。

（7）他为人不偏不倚，恪守_____。

依次至第 25 个学生：从井救人、博施济众、箪食瓢饮、能近取譬、乐山乐水、行不由径、中庸之道、

练习三：近义成语猜一猜

不偏不倚（　　）		因势利导（　　）	
腰缠万贯（　　）		节衣缩食（　　）	
乐山爱水（　　）		推己及人（　　）	
乐善好施（　　）		半途而废（　　）	

依次至第 33 个学生：中庸之道、因材施教、肥马轻裘、箪食瓢饮、乐山乐水、能近取譬、博施济众、中道而废。

练习四：反义成语猜一猜

家徒四壁（　　　）　　　粗暴无礼（　　　）

穷奢极侈（　　　）　　　自始至终（　　　）

形影相随（　　　）　　　一贫如洗（　　　）

依次至第 39 个学生：肥马轻裘、文质彬彬、箪食瓢饮、中道而废、敬而远之、肥马轻裘。

> 评注：大显身手的环节重点对成语进行拓展运用，从意思到运用再到反义词近义词，这样一节课下来，成语记得牢固且能迁移运用。

第四板块　现场互动

师：课上完了，下面请老师们和学生现场互动：A. 老师说古文，学生解读。B. 老师表达一个意思，学生说相关的名言警句。

现场提问一：朋友来了，请喝酒的名言警句？

生：忆昔午桥桥上饮，坐中多是豪英。长沟流月去无声。杏花疏影里，吹笛到天明。二十余年如一梦，此身虽在堪惊。闲登小阁看新晴。古今多少事，渔唱起三更。

师：陈与义的词。

生：绿蚁新醅酒，红泥小火炉。晚来天欲雪，能饮一杯无？

生：夫天地者，万物之逆旅；光阴者，百代之过客。而浮生若梦，为欢几何？古人秉烛夜游，良有以也。况阳春召我以烟景，大块假我以文章。会桃花之芳园，序天伦之乐事。群季俊秀，皆为惠连；吾人咏歌，独惭康乐。幽赏未已，高谈转清。开琼筵以坐花，飞羽觞而醉月。不有佳咏，何伸雅怀？如诗不成，罚依金谷酒数。

生：故人具鸡黍，邀我至田家。绿树村边合，青山郭外斜。开轩面场圃，把酒话桑麻。待到重阳日，还来就菊花。

生：花间一壶酒，独酌无相亲。举杯邀明月，对影成三人。

生：这是自己喝酒，老师的问题是朋友之间喝酒。

生：君不见，黄河之水天上来，奔流到海不复回。君不见，高堂明镜悲白发，朝如青丝暮成雪。人生得意须尽欢，莫使金樽空对月。天生我材必有用，千金散尽还复来。

现场提问二：论语中有这样一句话"君子食无求饱，居无求安。敏于事而慎于言，就有道而正焉，可谓好学也已。"（学生不自觉地跟背）哪个同学可以结合自己的生活和实际谈谈对这句话的理解？

生：一箪食一瓢饮……（其他生跟着议论颜回）

师：不要说颜回，人家老师的提问是说你自己。

生：颜回的生活穷困潦倒，（其他学生再次提醒说自己，这个孩子小声强调就是我就是我。）你看我们的生活比颜回的生活好了许多，那么我们就更应该像颜回一样好好学习。

生：我认为吃不饱，穿不暖，并不是不能学习的理由。

师引导：对，就有道而正焉，也可以从这一方面来说。

生：择其善者而从之，其不善者而改之。

师：就有道而正焉，跟谁学？

生：三人行必有我师焉。

生议论：老师、同学、经典、书……

现场提问三：大家好，我是河南新乡的老师，听了韩老师的课，很开眼界也感到很震撼，看到孩子们的表现，能够把初中高中的文言文都学完，而且孩子们什么都会，像《上下五千年》啊，古今诗词啊，真的很震撼，但是我有一个想法，这个问题有点不太符合大屏幕上的要求，就是我们学了这么多《论语》里面孔子的话，孔子说的话有没有不对的？同学们有没有这种批判意识，觉得孔子的话有不对的，如果有，哪里不对，为什么？能不能谈谈这样的问题？

师：完了，孩子们学的是《论语》的选读本，有异议的篇章基本没选入。（孩子们迅速翻阅学习资料，台下老师也有议论声）

生：有一次孔子到齐国，没有见晏婴，因为他觉得晏婴是个八面玲珑处事圆滑的人，就不想见他。

师：终于挑出孔子的问题来了。孔子错怪晏婴了，但是后来孔子改了。

生："晏平仲善与人交，久而敬之。"

生：孔子看到宰予口才很好，于是便相信他，但是看到他白天睡觉，于是认识到了自己看错了人。孔子还有个学生叫澹台灭明，他的德行非常高，孔子一开始以为他成不了才。

生：孔子以前看弟子的观点是听其言而信其行，自从宰予睡大觉这件事发生之后，他看弟子观点变为听其言而观其行。

生：孔子在澹台灭明身上犯了一个错误，他不能以貌取人。

生：孔子说过一句话，"焉知来者之不如今也．四十五十而无闻焉，斯亦不足畏也已。"但是姜子牙是七十多才辅佐周文王夺得了天下，孔子的认识不对。

（掌声一片）

评注：现场互动最精彩，从学生的回答中可以看出积累的容量，更能看出对知识的理解运用。

2. 《读论语学成语——雍也篇》专家点评

山东省小学语文教研员　李家栋

听韩老师的课，我是站在学生的角度一块学习一块思考的。我观课的角度有三个：一是老师在教什么，也就是学习内容；二是在课上老师是用什么方式让我学习的；三是这节课的学习效果。我和孩子们一样一同分享课堂带给我们的快乐，也一同收获着语文带给我们的成长。

从学习内容看，《读论语学成语》带给我四点启示。

一是小学阶段应该读经典，可以读些文言文。童年是人生的起步阶段，童年的阅读经验往往构成一个人生命的底色，所以说让孩子们读什么直接关系着他以后的人生是否幸福。经典是具有典范性、权威性的著作，是经过历史选择出来的最有价值的经久不衰的万世之作，是最具有代表性，最完美的作品，是经过历史沉淀下来的文化精髓，它代表着一个时代的文字和思想，绽放着美好的思想和高贵的灵魂。半部论语治中国，《论语》确实是我们文化之中的瑰宝。不单单是我们中国人这样认识，像美国诗人惠特曼在他的《有一个孩子向前走去》这首诗里这样写道：有一个孩子每天向前走去，他看见最初的东西，他就变成了东西，那东西就变成了他的一部分。今天的孩子读经典，为他的以后的幸福人生奠定了基础。文言文是我们中华民族的文化瑰宝，例如，你吃饭了吗？文言文用"饭否"两个字就能说清楚，多么凝练，多么准确。所以，让孩子们趁着记忆力的黄金时段，读经典读文言文为他的一生做了一个非常好的铺垫工作。

二是通过读文言文学习成语也是一种很好的语文学习方式。成语也是我们的瑰宝，博大精深，都有出处和典故。孩子们掌握成语后在今后的表达当中能够提高品位和档次。

三是学习这样的学习内容，也是在培养孩子们阅读文言文的能力。韩老师把大量的时间和精力放在了学什么上，学生可以掌握学习文言文的规律性。

四是这样的课堂给了孩子一个非常好的人文熏陶，同时又享受了语言文字的魅力。

从学习的方式看，用四个词来概括。

第一个词是"和谐"。课堂是民主的，是和谐的。从韩老师跟学生的交流中我们体会到，韩老师就是孩子们的伙伴，就是孩子们的玩伴，就是真正的好朋友。所以孩子们说：韩老师去澳大利亚给我们带回来惊喜，去成都给我们带回来礼物，这都是孩子们的真情流露。韩老师创设了一种轻松的氛围，孩子们是真学习，是有动力的学习。首先要有这样的氛围创设，才能谈到学习的技巧和方法。

第二个词是"自主"。不仅这节课上孩子们的学习是自主的，韩老师日常的课堂更是如此。在课堂上有多种多样方式的读，例如：配乐唱读、听读、比赛读，通过各种形式反复多次的接触《论语》的原文，熟读成诵，让《论语》记在孩子们大脑的深处。

第三个词是"拓展"。有意义的拓展，有及时的拓展，有价值的拓展。《论语》那么凝练的语言，有着非常丰富的内涵，怎么让学生走进去，读进去，最后烂熟于心。韩老师有着非常好的办法，这个方法需要老师花费非常多的时间和精力，韩老师通过创编故事，而且故事合情合理，就是这些精彩的故事帮助理解了《论语》。

第四个词是"游戏"。这样的游戏符合孩子们的天性，尊重孩子们的天性。把游戏纳入到课堂当中来，例如看意思猜成语、看成语猜近义成语，一个"猜"抓住了孩子们玩的天性，孩子们也确实玩得不亦乐乎，兴趣盎然，没有丝毫倦意。

从学习效果看，是不言而喻的，不论是孩子们学习的情绪，也不论是孩子们学习的态度，还是孩子们表现出的已有的阅读的能力、表达的能力、倾听的能力等都是非常优秀的、令人欣喜的、值得称颂的。台下老师们现场提问时，孩子们张口就来，引用了那么多诗句，非常不得了。

五、经典诵读教学案例

——《道德经》课堂实录

韩兴娥于 2006 年 4 月执教
文字整理：莱州市双语学校　徐再娟

　　这是 2000 级学生在六年级下学期的课堂纪实。我在第一次进行海量阅读时并不具备多少比其他老师丰富的知识，和学生统读《中华上下五千年》《论语》《道德经》的过程完全是师生共同成长的过程，所以课堂上，多是由学生自己讨论，老师只是参与讨论的一员而已。

第一部分

　　课件出示：完美的东西好似有残缺一样，但是它的作用不会衰竭；充盈的东西好似空虚一样，但是它的作用不会穷尽。最直的东西好像弯曲一样；最灵巧的东西看起来笨拙；最卓越的辩才好似不善言辞一样。清静能够战胜扰动，寒冷能够战胜暑热。清静无为才能统治天下。

　　（学生根据意思开火车背原文）

　　生：大成若缺，其用不弊。

　　生：大盈若冲，其用不穷。

　　生：大直若屈，大巧若拙，大辩若讷。

　　生：静胜躁，寒胜热。清静为天下正。

　　课件出示：大成若缺，其用不弊。大盈若冲，其用不穷。大直若屈，大巧若拙，大辩若讷。静胜躁，寒胜热。清静为天下正。

　　学生齐读三遍，读完谈理解。

　　生：三国时期最著名的两个人莫过于诸葛亮和庞统。当初庞统到魏国去，期望得到重用，但是曹操看他长得非常丑陋，就特别鄙视他。后来庞统又到吴国去，孙权也因为他长相丑陋，礼貌地拒绝了他。后来庞统得到了别人的推荐，到了刘备那里，刘备在众人的推荐下，知道庞统具有真正的才能，所以他才在诸葛亮和庞统的辅佐下，无往不利，建立了蜀国。

师：三国时代，孙权和曹操这两位枭雄居然不懂得"大成若缺"，因为追求相貌的完美，结果失去了人才。

生："大成若缺，其用不弊，大盈若冲，其用不穷"说明外表和内心是不一样的，知人知面不知心，有的人外表上看起来平易近人，但是内心极其险恶。

生：我觉得刘备就是一个大巧若拙的人。当初他的兵马还不足以抵抗孙权，就去投奔曹操，曹操看他很不顺眼，派人监视他，刘备就收敛锋芒，平时就种点菜，浇点水，让曹操觉得他不能成大器，就对他放松了警惕。后来，刘备趁曹操不注意跑出了曹营。这就是他的韬晦之计。

师：当时曹操看刘备不顺眼吗？

众生：（笑）不是。

师：那曹操为什么监视他？

生：当时曹操觉得刘备也是一位英雄，很有可能成为他的劲敌，所以他要监视刘备。如果刘备真的有雄霸天下的心，他就把他扼杀在萌芽中。

师：他说天下的英雄"唯使君与操耳"。"耳"的意思是什么？

生：罢了。

师：耳，是语气词。就我们两个是世之枭雄。

生：世界上的事物都不可能达到至善至美的境界，没有一条百分之百的直线，没有一个百分之百的圆。再长的河也有尽头，再高的山也有顶峰。所以说"大成若缺，其用不弊，大盈若冲，其用不穷。"

生："大成若缺"的意思是一个有成就的人看似平凡，是因为他不显现自己，不把自己的才能显现给别人看。

师：昨天大家自学时提出了一个问题，为什么"大成"会"若缺"，"大盈"会"若冲"？为什么"大直"会"若屈"……为什么表面现象会和实际不一样呢？

生："横看成岭侧成峰，远近高低各不同，不识庐山真面目，只缘身在此山中。"因为我们的眼睛是有局限性的，看不清事情的全貌，所以老子说："大成若缺，其用不弊"。其实每个人的心中都有一座山，总认为自己心中的山是最壮观的，最美的，但是人外有人，天外有天。智者会看清别人，所以他会表现得特别谦逊。智者看起来平凡，实际却有真正的内涵。需要做到静，清净为天下正。

生： 因为智者能清楚地看到自己的长处和短处，也能看到别人的长处和短处，可以识人，所以能够做到虚怀若谷，表现得非常谦虚，让人感觉不到学问很高似的。这就叫大盈若冲，大成若缺。

师： 虚怀若谷，有这样的人吗？

生： 我记得看过一个故事，说的是大哲学家苏格拉底，他常常说自己是一无所知的，但是别人却说他是全世界上最聪明的人。苏格拉底不明白，别人为什么这么评价他。后来他去拜访当时著名的哲学家们，发现他们都是侃侃而谈，自认为自己绝世聪明，但实际上他们都是一知半解。

师： 苏格拉底是什么样的人？

生： 大成若缺。

师： 是大成若缺的人，因为他不仅有学问，而且知道自己的不足。既然能够看到自己的不足，他就不会自高自大。《论语》中有一个人也是如此。

生： 曾子说过"有若无，实若虚"是说颜回的，颜回也是"大成若缺、大盈若冲"的人。

生： 完美的人格不是在外表上显露自己，而是在于内在的美。例如霍金，他全身瘫痪，只有两个手指头能动，他看起来像个废人，什么事都不能做，但是他的思想却飞出了宇宙，飞出了银河系，得出了惊人的结论，他就是个大成若缺的人。

第二部分

课件出示：不出屋门便可知天下兴衰治乱之因，不望窗外就能知道自然界的运行规律。出去得越远，知道得越少。所以不求于外，只静心内守的得道之人不必出行便知道，不必看见就能明白，不必妄为就能自然成就功业。

学生根据意思开火车背原文。

生： 不出户，知天下。不窥牖，见天道。

生： 其出弥远，其知弥少。

生： 是以圣人不行而知，不见而明，不为而成。

课件出示：不出户，知天下。不窥牖，见天道。其出弥远，其知弥少。是以圣人不行而知，不见而明，不为而成。

学生齐读三遍，读完谈理解。

生： 我不同意老子"其出弥远，其知弥少"的观点。麦哲伦航海才证明地球是圆的，"其出弥远"，他走得越远，知道得越多。如果没有他的外出，怎么能证明地球是圆的呢？

师： 麦哲伦要是在自己家门口转的话，会怎样？

众生： 我们永远不知道地球是圆的。

师： 对，就是因为他"其出弥远"所以知道的却越多。

生： 我也反对老子"其出弥远，其知弥少"的观点，玄奘历时十七年，途径五万里，学到了许多佛教的真谛，并为之传播。他还写了一本《大唐西域记》，开阔了我们的视野。如果他不出门，怎么能做出这样高的成就呢？

师： 嗯，佛教在我们中国也不会广泛传播。

生： 我同意老子的观点，我觉得应该在家里多看几本书，静能生慧，静能通神，这样不出户也能知天下，不窥牖，也能见天道。

生： 佛教始祖释迦牟尼在一株菩提树下不吃不喝，苦思冥想了七天七夜，终于悟得了佛法，我觉得认识事物可以通过内在的自省，也可以领悟天道，不需要非得到处转悠去。老子说得对。

师： 哦，释迦牟尼是在菩提树下，通过冥思苦想创立佛教的，玄奘远行万里历尽千辛万苦将佛教传到中国，同学们举出了两个相反的例子。到底该不该"出户、窥牖"呢？

生： 我也不同意老子这种观点，虽然现在有了电脑，可以足不出户做许多事情，但是，许多事情是需要实践的。朱熹曾说"纸上得来终觉浅，绝知此事要躬行"，只有实践才能出成就。

生： 我也不同意"不出户知天下"，达尔文成为科学家就是因为他到处出去观察昆虫，如果他只在家里待着，一直不出去的话就不会知道这么多了。

生： 我反对老子的观点，现在的社会，需要主动出去，去追求，去创造，才能有所收获，有所成功。如果坐而论道，是不会成功的。

生： 我也反对老子的观点，因为古人说：骨曰切，象曰磋，玉曰琢，石曰磨，切磋琢磨，乃成宝器，人之学问知能成就，犹骨象玉石切磋琢磨也。人只有走出家门去广交朋友，与朋友去切磋琢磨，才能成大器。

师： 孔子也说，与朋友切磋琢磨，应该怎么做？

众生：有朋自远方来，不亦乐乎。

师：以文？

生：以文会友，以友辅仁。

生：我同意老子的观点，三国时期的诸葛亮就是一个不出户知天下，不窥牖，见天道的人。在刘备三顾茅庐之前，诸葛亮一直在他的草庐里，他为什么能够舌战群儒，神机妙算呢？就是靠以身观身，以家观家，以天下观天下，举一反三，来了解三国各国的形势。

师：他这洞察天下的本事从何而来？

生：了解事情发展的规律，就能举一反三了。

生：我也同意老子的观点，如果你写一篇关于潍坊的景色的作文，你要出去转的话，肯定要转上一天半天的。但是要是在家里查资料，我想不出一个时辰，就能写出一篇美妙的佳作。

师：抄袭！

生：可以加上别人的资料，加上别人对景色的理解，加上自己的文笔写出来。

老师笑：拼凑！优秀的写景作文必须要亲自观察。

生：我不同意老师所说的"不出户，知天下。不窥牖，见天道"，像同学们所说的诸葛亮或者释迦牟尼，这种人是很少的。不可能人人都像他们那样。所以，我不同意这个观点。

生：殷因于夏礼，所损益可知也；周因于殷礼，所损益可知也。我们可以以家观家，以邦观邦，以自己的行为推断别人的行为。

师笑：小人之心度君子之腹。开个玩笑，推论是有道理的。

生：我提出一个事实来证明吧！在美国的学校里，注重做实验，你直接去图书馆去查也能得出结论，而做实验的话，会得到许多意想不到的收获。

师：任何发现都源于实践。不出户，光在家里思考不行。

生：我不同意不出户知天下，当年李时珍跋山涉水，博采广记才写出了《本草纲目》。当时医药类书并不完整，当时他如果只是待在家里查资料，怎能纠正当时医药书中的错误？

师：李时珍写医书，首先在家阅读思考，这是"不出户，不窥牖"的结果。他在行医过程中不断发现医书中存在问题，然后，亲自到各地采药观察实践，这是

"出户，窥牖"的结果。

生：孔子曾经说过，"学而不思则罔，思而不学则殆"。可见实践和思考都很重要。

生：如果不出户知天下的话，那些智者都不出户，凭空想象写出的书，你觉得有价值吗？

生，对，像徐霞客，他历经了千辛万苦才写出了《徐霞客游记》，马可波罗历经了千辛万苦才到中国。

师：马可波罗和徐霞客也首先有了丰富的经历，才能写出有价值的书。

生：我不同意"不出户，知天下。不窥牖，见天道"。《红楼梦》是我国四大名著之一，它的作者曹雪芹之所以能够写出这部巨作，是因为他有一段与众不同的经历。这段经历让他清楚地认识到了封建社会的世态炎凉与政治的腐朽和黑暗，如果他光在家里凭空猜想，我想他是不会写出这部巨作的。

生：这不关乎"不出户"的事儿呢，他是因为家族命运有很大的变更，一下子从富贵荣华变得非常贫穷，他有了丰富的人生经历，如果他现在还是坐享荣华富贵，他就是出去走，也不会写出《红楼梦》的。

师：曹雪芹能写出《红楼梦》是因为他有从荣华到贫穷的经历，等于"出户"，才见"天道"。

生：我也不同意老子的观点。如果孔子"不出户，不窥牖，不出其远"的话，也不可能开创教学先河，成为万世师表的。

师：孔子周游列国十四年，了解了社会的黑暗现实，知道政治主张无法实现，才决定把全部精力放到传播文化上。

今天同学们谈到"出户"还是"不出户"都有道理，要不要"出户"要根据具体情况。

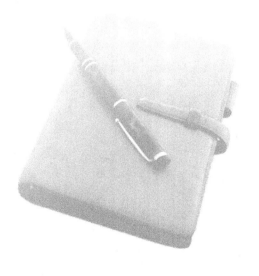

社会反响

一、小学语文教育的开拓者

——韩兴娥老师的大胆批判精神与课堂教学重构

陶继新

一本现行教材教学一个学期，这是全国绝大多数学校撼之不动的定律。可是，潍坊市潍城区青年路小学语文教师韩兴娥只用两个星期，就将一册语文教材教授完毕，而且不再布置任何与课文相关的作业。那么，学生的考试成绩能否保证？剩余课堂时间教学什么？学生的语文水平是提高了还是降低了？带着这些问题，记者采访了韩兴娥老师及其学校领导、老师和学生。

和陶继新先生

（一）对语文教育的痛恨与批判

韩兴娥老师是典型的"讷于言而敏于行"的一类人，甚至给人"欲说还羞"的感觉，即使在课堂上，她也是少言寡语。如果仅从这种表层推断，多认为她是一位诸事随和、缺少批判意识与创造精神的老师。可是，真正深入采访之后，记者发现这只是一种假象。

韩兴娥老师对记者说，教学最初几年，她一直深深地陷入痛苦之中，而且痛恨之情也如影随形地在她的心里游弋不去。

1. 教学内容舍本逐末

韩兴娥老师说自己上小学时就对语文课本殊无好感，因为读的次数太多，早已失去了兴趣。每学一篇课文，都是万变不离其宗：读生字、解释词语、概括段落大意、总结主题（或中心）思想。待她当了教师，起初虽然对此特别反感，可还必须重蹈原先小学教师的覆辙。教学这些内容，如果说考试时还有一定作用的话，考试之后便被学生不假思索地抛之九霄云外，还有什么价值可言？课后作业多半价值较低，学生不感兴趣。如果不把精力放在这些作业上转而阅读中外名著，学生乐此不疲且收获颇丰。如果课堂之上舍弃那些价值低而又让学生生厌的教学内容，让学生"取法乎上"地阅读学习课本之外的经典作品，学生就会有以一当十的收获，并由此爱上语文。

韩兴娥老师在教学实践中体会到，当今依然流行的小学语文教法是捡了芝麻，丢了西瓜。如此舍本逐末的后果，是教师厌教，学生厌学。教师不再是文化人而是固定内容的传声筒，学生不再是积极主动学习的生命个体而成了被动接受的容器。不单单课堂之上所学甚微，而且还浪费了学生的生命，压抑了学生的潜能，影响了他们一生的发展。

2. "公开课"成了作秀课

对于现在流行的"公开课"，韩兴娥老师颇有些担忧。为了讲好一节公开课，教师往往无法安心正常的教学工作，几天、十几天甚至几十天地准备，还要有专家指导、教师协助、学生预演等，它成了集体"成果"，成了精彩的"表演"。而在这种准备之中，不仅要耗去专家、教师、学生很多精力与时间，而且学生在一次又一次的演习中丧失了学习兴趣与创造活力，特别是教师从中摒弃了求真而不断地作假，学生从中失去了本真而潜意识中认可了作假。一节公开课演示"成功"的背后，是"千学万学，学做真人"教育真谛的流失，是为未来的假人性、假产品做了一个恶性的铺垫。

3. 家庭作业多而无益

教师常常为学生完不成作业而恼火，不厌其烦地让学生补作业，间或还要颇费周折地找到家长交流。韩兴娥老师想，把书面作业放到课堂上岂不省事。人们常说，应该还孩子一个幸福的童年，可事实上，最爱他们的教师、家长，却无意中扼杀了他们的幸福。中高年级的小学生，晚上做作业到 9 点、10 点甚至更晚者并不是一个特殊的现象。而对做这些作业乐此不疲者却是凤毛麟角，更多的是心力交瘁、苦不堪言，爱子心切的父母成为代劳者也就不再成为新闻。更为严重的是，这些作业的价值小之又小，甚至是劳而无功或劳而无益。没有时间尽兴地嬉戏，没有时间阅读文质兼美的文学作品，截断了连通儿童玩乐世界的笔直大道，阻遏了聆听古今中外大师的思想教诲与美感体验，孩子便成为在枯燥乏味而又绝少价值与意义的空间中机械转动的机器人。

4. 批作文如喝中药

学了五六年语文的学生，写起作文来如同经历一场劫难，休说写得真实生动，就是不出或者少写错别字也难以做到。韩兴娥对此百思不得其解，批改作文如喝中药一样苦不堪言。究其原因，是教师在五六年的语文教学中并没有打通学生走向从容写作的坦途，甚至无意间将其写作的天赋泯灭于萌芽之中。因为教师没有教会他们观察生活，真实地表现生活，没有让他们插上想象与幻想的翅膀，更没有让他们大量阅读进而实现"读书破万卷，下笔如有神"的飞跃。于是，写好作文就成了小学阶段难以跨越的一个坎。

（二）识字教学事半功倍

小学高年级课本每册一类字不过 100 多个，二类字的数量也明显低于中年级。但是，尽管每个学期复习十几遍，但考试中诸如"给二类字注音"这样的试题，依然有为数不少的学生出现错误。

这成了韩兴娥心中的一个痛。

2000 年春天，她在一本教育杂志上看到，日本汉字教育专家古井勋博士经过 14

年的潜心研究发现："默记汉字的能力，一年级学生最强，年级越高，逐渐降低。"可见，错过了儿童识字最佳的"关键期"，结果是无论多么高明的老师也都是事倍功半。

适值青年路小学从一年级进行大量阅读实验，韩兴娥"大量阅读，提高语文教学质量"的实验就在青年路小学畅行无阻地开展起来。

1. 发挥"字义场"的优势效应

韩兴娥老师在一年级教学中主要采用的是韵语识字。韵语识字虽然生字密度大，但不是孤立地、枯燥地进行识字，而是把生字放在具体的语言环境中进行理解性记忆，充分发挥"字义场"的优势效应。韵文短小精练，通俗有趣，朗朗上口，极易引发儿童的联想，较好地实现了音、形、义的有机结合。在整个教学过程中，学生始终处于兴奋愉悦、积极主动的良性学习状态，达到了识字快与兴趣浓的和谐统一。

韩兴娥老师在教学《审讯鼠贼》中，经历了五个由浅入深的过程。第一步是带领学生熟读韵文，简单理解："升堂审讯列罪状，一贯偷盗太疯狂。率领队伍逮鼠贼，勾结伙伴毁杂粮"；第二步是认读 20 多个生字；第三步认读用熟字拼凑的 30 多个生词；第四步认读用学过的字编写的 6 个句子；第五步读一读联系韵文内容编写的一段话。

在这一节课中，学生学习速度之快与质量之高令人惊讶。由于学生在一年级上学期用半年时间学了 600 字，下学期又轻松认读了 900 字，有此成果，也就不足为奇了。而且教学中将识字与阅读富有儿童情趣的故事融为一体，既调动了学生认读积极性，也达到了事半功倍的功效。

据校长高树军讲，韩兴娥老师所教的学生，二年级识字量达到 2500 字；三年级认识 3000 个常用字，完成小学阶段的识字教学任务；在小学阶段认识 3500 个常用字，达到九年义务教育阶段的识字要求。

2. 构建新的识字系统

学习理论认为：学生掌握汉字的数量较少时，这些字在大脑皮层中是一个个孤立的点，这些点是极容易消失的，因此，教师要有意识地帮助学生采撷同类内容构成语言系统，使新学的汉字进入学生已有的认知结构，在大脑皮层构建新的链接，产生新的系统，从而融会贯通，牢固掌握。韩兴娥老师在识字教学中就构建了一套新的系统。

一是她将学生学过的字按偏旁归类，让他们体会偏旁部首的意义，同时巩固认读生字。二是让学生伴着乐曲唱韵文，展开联想记生字。在童音荡漾中，生字学习非但没有成为负担，反而成了他们的最爱。三是为学生编辑的《韵文小字典》成了学生识字的得力助手。当某个字发生暂时遗忘时，学生可通过定位联想快速想到此字在某课某句话中的位置，记得不扎实时可以查找韩兴娥老师专门打印的《韵文小字典》。学生遇到不认识的字问老师时，韩兴娥老师从不直接告诉学生，而是背诵那个字所在的韵文。学生在这种富有韵味的语境中，轻轻松松地完成了识字任务。

3. 诱发与保持学生学习的兴趣

一年级学生的注意力容易被外在的事物吸引，为了诱发与保持学生学习的兴趣，韩兴娥老师经常性地给学生一点小小的物质奖励予以刺激。同时，隔段时间便给学生家长发贺信，真诚地赞扬学生的进步，并提出希望。在李国庆副校长的帮助下，韩兴娥老师仅仅在低年级就给学生家长发了几百封贺信或喜报。一年级上学期末的家长会上，她建议家长利用过春节这一有利时机，让孩子在亲朋好友面前显示一下本领，从而让孩子体验刚入学半年就能认识 600 个常用字是多么的了不起。据家长反映，孩子自信心的树立与他们在众人面前认字、读书有很大的关系。

为了让家长了解学生的进步，韩老师别出心裁地"发明"了一些新办法。比如说，她做了一些分数牌，学生做好一件事便会得到相应的分数牌，这些分数牌就如同她们班的货币，可以用它来换分值不等的彩纸，可以用来借书，可以用来换本子、铅笔、橡皮……她曾在家长会上告诉家长，也曾写"密信"告诉家长，让他们看到孩子把奖品拿回家时，一定要夸张地表示奖品好得不得了。家长反映，孩子每天如数家珍地数自己得到的分数牌，自愿多识字、多读书来挣取更多的分数牌。这样优生得到的奖品多一些，后进生也一分一分地积攒，也有得到奖品的机会。学生的积极进取心被充分地激发起来了。

（三）大量阅读登堂入室

韩兴娥老师之所以在课堂上进行大量阅读实验，是因为最具人文情怀的语文学科，由于教师翻来覆去之"精"讲，一遍又一遍作业之训练，使得语文学习变成了一场苦役，一种生命的浪费。看着学生对语文学习欲说还"愁"，读着六年学习之后依然味同嚼蜡的学生作文，韩兴娥老师开始怀疑与审视"神圣不可侵犯"的教材，难道一册区区几万字的小学语文教材，就要耗去学生半年的学习时间与生命？难道灿若群星的世界文化，就不能在课堂上让求知若渴的孩子一睹为快？难道学生反复做的那些低级的苦不堪言的作业，能比让他们在最富记忆力的时候背诵一些经典诗句更有价值？

1. 低年级："小老师"佩卡上岗

由于低年级学生逻辑思维能力较差，阅读不宜在语意的理解上用力太多。但朗读就可以通过语调的轻重缓急、抑扬顿挫、淋漓尽致地表达感情，促发联想，激发兴趣。

韩兴娥老师教学低年级课文的要求就是读熟。不是教师为主体的范读，而是学生作为读的主角。学生不是在一遍又一遍的齐读、指名读中"听"会的，而是自己"读"会的。

培养"小老师"便是识字教学中的一个亮点。韩兴娥老师在逐句逐篇地听过学生朗读之后，从中选出读得多、读得熟的学生当"小老师"，并为之佩戴"小老师"证卡。小孩子都有争强好胜的特点，希望自己在大家面前一展为师者的风采。所以，都在不遗余力地进行诵读训练，甚至在家里让父母听着诵读。于是，诵读的新秀层出不穷，"小老师"的队伍不断扩大，从而形成一个群体，使更多读不好的学生随时得到指导。

除了集体学习和学生书面练习之外的所有时间，韩兴娥老师还允许学生随时下位找"小老师"检查辅导。这样做使全体学生都有参与学习、得到训练的机会。这样既有利于学生间的信息交流，提高沟通能力，培养合作精神；也有利于学生在集体学习中迸发智慧的火花，提高学习质量。

在低年级阶段，韩兴娥老师的学生轻松地通读了本年级的人教版教材、辽宁韵语教材、修订前的三四年级人教版教材以及学校图书室里的《阅读文选》《拼音报》等。课堂阅读就达 50 万字，相当于一般小学同年级学生阅读量的 10 多倍以上。

2. 中年级：高效率地大量阅读

进入中年级之后，韩兴娥老师以两个多星期学一本教材的高速度教完了五六年级语文教材。小学语文教材已经全部学完，其余课堂时间就将教学重点转移到课本以外作品的大量阅读上。于是，每一学期每个学生阅读 100 万字的大量阅读便在课堂之上拉开了帷幕。

（1）学习课文：弱水三千，只取一瓢饮。

韩兴娥老师教学现行语文教材不求面面俱到，只求重点突破，可谓"弱水三千，只取一瓢饮"。这样，一个课时学习 2～4 篇课文轻而易举。先采取听录音、"开火车"（一人读一段）、自由读等多种形式朗读课文，然后教师或直奔中心提出问题，或点击难点释疑解惑。如教学 11 册课文《桂林山水》时，只提"桂林的山、水各有什么特点"一个问题。学习 2000 多字的《狱中联欢》只提两个问题：课文中写了哪几个节目？如何理解课文的主要内容？

（2）阅读课外作品：不动笔墨不读书。

韩兴娥老师的班级书架上的图书琳琅满目，但来源却并非一个渠道。有从学校借的，有学生从家拿来的，也有韩兴娥老师个人的藏书。为了让学生能有充分的时间阅读，韩兴娥从来不布置课外书面作业。但韩兴娥老师并不是对学生的阅读坐视不管，而是让学生在一定的时间内个人阅读某一本书，学生认为达到要求时再由老师抽查。阅读之前，提出严格要求：一是要有恰当的圈划批注；二是理解文章大意。要求学生"不动笔墨不读书"，可以在书上勾画，可以选择精彩片断写到读书笔记本上，并大体背诵，具体字数不限。她要每天检查学生的读书笔记和积累、背诵的情况，并根据积累的质量、数量给予学生适当的奖励。检查的过程同时是指导的过程。

教师通过参与学生与文本的"对话"，引导学生明白哪些内容是应该积累的，哪些内容没有必要记忆。这样做训练了学生快速了解和筛选信息的能力。渐渐地，学生养成了认真阅读的习惯：拿到一本书，学生便自然地拿起笔边读边圈划批注，有时查查字典，有时翻翻前面看看后面，前后文联系起来思考。

3. 高年级：诵读《中华上下五千年》

第一次听韩兴娥老师的课，给我的震动之大是始料不及的。她用的教材是《中华上下五千年》，教学哪篇课文不是早准备好的，而是让我来当场指定。刚一上课，翻开这本多达 60 多万字的"教材"，才发现文章大多选自《史记》和《资治通鉴》，每一篇"课文"都是由一小段文言文和相关的白话历史资料两部分组成。随手一翻，是现行统编教材高中语文中的《鸿门宴》一文，于是就说，就教这一篇吧。说完之后，又感于心惴惴，生怕自己的率意而为有可能造成这堂课的失败。但韩兴娥老师平静得如一潭波澜不惊的湖水，从容自若，她先让学生"开火车"读一遍，纠正了错误读音，然后便由学生自由朗读。不长时间，便要求学生背诵古文，并就文中的一些问题进行争辩。她提出一个问题，学生抢先发表个人意见，假如达不成共识就会引发争论，然后出现一个对几个、一组对一组、有时候会自然形成观点对立的辩论集团，各自引经据典，努力说明己方的观点和意见，试图说服对方。学生的思辨欲望被激活了，她却成了旁观者。12分钟，教学任务完成。她让我再选一篇。在惊愕未定中，我又选了《楚汉之争》一文。同样，10多分钟之后，任务又已完成。其后又教学了《古诗三首》。如此教学看似"不求甚解"，其实教学容量之大，学生获益之多，是我在其他课堂之上绝少见到的。

据高树军校长讲，韩老师教学《中华上下五千年》271个故事时，是分两个阶段进行的：第一阶段只粗略地学习文言引文，准确掌握字音、句读，白话历史故事则完全由学生自己阅读。第二阶段要完成两个任务：一是进一步学习文言引文，使学生能够更加准确地、前后联系地理解文言文；二是使用班用多媒体设备出示一些练习，丰富学生的语言和历史知识。我所听的课，属于第二阶段的学习内容。

高速大量阅读，使学生在低、中年级的阅读量分别达到了50万字和300万字。在实验班学生（五年级上学期）读书量调查中，读过上百本乃至几百本中外名著的学生已大有人在。

（四）笔有千钧任歙张

从潍坊采访归来之后，我的心里还是久久不能平静。韩兴娥老师探索的语文教学之路，无异于在我的心里投放了一颗原子弹。而到家之后第二天，我意外地收到了她的学生发来的一组电子邮件，匆匆打开一看，便立即沉浸其中。原来他们所写的内容都是当时我去听课，特别是采访他们的情景。这些小孩子在这么短的时间内，将彼时彼地我的全部活动，他们的真切感受，都真实生动地再现了出来。这哪是小学生之文，分明是颇有文学爱好的中学生的作品啊！于是，我的电脑文件夹里，就有了永久保留的一份精神产品。

第二次采访韩兴娥老师，就有了新的探询，那就是她的学生何以出口成章，挥笔成文，而且如此富有灵性与文采。

韩兴娥老师说，她很少命题作文，旨在让学生用自己手中的笔反映个性化的生活经历，使学生感到作文如衣食一样是不可缺少的，感到作文有用，并在实践中受用。学生养成了观察生活的习惯，也就拥有了取之不尽、用之不竭的作文素材。于是，他们成了热爱生活、时时处处关注生活的写作者。

但仅有写作素材并不能写好作文，关键是韩兴娥老师将大量阅读引进课堂。"腹有诗书"的孩子们也就有了"下笔如有神"的原动力。他们在大量阅读中所积累的丰富语言，在不知不觉中内化成了个人的文化素养，并自然而然地外化成写作时的妙语连珠、佳句迭出。古人云："胸藏万卷凭吞吐，笔有千钧任歙张。"四五年级的学生，在 40 分钟内写出立意新颖、自然通畅的 600 字左右的习作，也就成了普遍现象，其中富有文采者也不再是个别现象。

（五）实验成果令人们疑云消散

韩兴娥老师用两周时间完成现行教材的教学任务，且不布置课外家庭作业，这不能不说是一个冒险的举动。因为当今人们衡量一个老师教学水平高下的重要标准，往往与考试成绩联系在一起。而考试内容，又多出自教材。如此匆忙地将教材学完，考试成绩难道能有保证吗？

1. 大量阅读的学生不怕考

可韩兴娥老师对此却胸有成竹。她说，大量阅读为语文学习奠定了基础，积累多了，考试就如小菜一碟。而死读课本不进行拓展学习者，一旦在考试中出现稍有难度的课外题，多是难以应答甚至不知所云。

赵丹同学告诉记者，在四年级的时候，他们就已学完了六年级的课本。语文、数学成绩全班都得了优秀；还考了六年级的卷子，平均分不比六年级的考生低多少。现在，他们已经学完了《中华上下五千年》，并且还打算把《三字经》《百家姓》《论语》等书也学完。

据张振东副校长讲，家长开始对孩子能否考好自然会有怀疑，可是一次一次的考试之后，孩子的成绩不但没有受到影响，反而稳中有升，他们也就心服口服了。特别是孩子由此对读书产生的特殊感情，又由读书而提升了文化素养，他们已经对韩老师心怀敬意了。

2. 读书不会成为负担

相当于现行教材阅读量 10 倍以上的教学内容，会不会加重学生的负担，又成了人们关注的一个焦点。

这也是记者生疑之处，在采访学生时，便特别提到这个问题。但孩子们一脸的轻松，说这是大人们在杞人忧天。他们非但没有感到是一种负担，反而因为读书而有了一片阳光心态，有了主动的追求。

赵丹同学说，只要健康有益的书她都爱读。书本就像那沙漠里的绿洲，使她在迷茫中获得了希望；书本又像那明净蔚蓝的天空，任她自由翱翔；书本又如那高雅、幽静的世外桃源，使她心旷神怡，流连忘返。

陈晨同学兴高采烈地对记者说，茶余饭后，手握一本书，其味也香；枕边床头放上几本，古今多少事，上下五千年，尽在方寸之间。浩瀚书海，自己不过是沧海舟子。鲁迅、巴金、曹禺、曹雪芹、罗贯中……一个个灿若星辰的名字，照亮着她前行的路程。

……

高树军校长说，学生阅读量虽然非常大，但由于每读每新，每读都有兴趣，越读知识越丰富，所以，不是读得多了就增加了心理负担，而是读得少了做那些味同嚼蜡的作业成了负担。更为重要的是，小学生由此养成了读书的习惯，为书香人生奠定了基础。

韩兴娥老师很为学生的活泼而欣慰。天真无邪写在每个学生的脸上，童言无忌呈示于课内课外。体育场上，有这些孩子活跃的身影；文艺舞台上，有这些孩子出色的表演；作文、电脑等各种大赛之中，他们经常榜上有名。阳光，幸福，成了对他们的共同写照。

潍坊市教育局局长李希贵告诉我们，近期潍坊市教育局将在全市推广韩兴娥老师的教育教学改革经验，但愿韩老师的一些有益的探索能在更大的范围内开花结果。

后记：2005 年春天，潍坊市教育局邀请时任山东教育社总编辑的陶断新先生听课指导。在此之前，我是一个默默无闻的笨老师，这是第一篇报道我的文章，我的名字第一次出现在网络、报刊上。从此，陶先生和我结下了深厚的师生情谊；从此，这个蔼然长者一直在无私地提携着我；从此，野百合也有了春天。

二、解读韩兴娥的课内海量阅读教学模式

陈　琴

2004年，若多的教师通过网上、多家杂志以"两个星期上完一册教材"的爆炸式新闻认识了韩兴娥。笔者也是因为读了德高望重的陶继新老师的《小学语文教育的开拓者——韩兴娥老师的大胆批判精神与课堂教学重构》，对韩兴娥的教学开始关注。两年前，《小学教学》语文版的编辑廖巧燕老师多次跟我谈到韩兴娥的教学，并说："韩兴娥的教学一定会得到越来越多的人认可的，因为，她抓住了阅读教学的根。"

与陈琴合影

现在，如廖老师所言，韩式阅读教学法已经深入人心，全国各地都有大量的老师在效仿韩兴娥的课内海量阅读。韩兴娥成了老师们心目中的神奇人物。每学期都有一批又一批教师不远万里奔向她的课堂，听她的"家常课"，观看她的日常教学细

则。这个典型的山东女子，中等个子，一笑脸就红，说话轻言细语，低眉敛目，朴实得近于憨态。每次对听完课的老师她都是这样说："没什么听的，我就这么简单地上，没技巧的。"

但内行都懂，大道至简。武术中的至高境界是无招胜有招，无极生太极。在母语教学流派纷呈的当下，我们到底应该遵循怎样的范例？深入解读韩兴娥的课内海量阅读，或许能敲开那扇已令无数语文老师折戟而返的众妙之门。

（一）多种读本做教材——破译韩兴娥的教材组建法

在韩兴娥老师的课上有各式各样的读本。除了教材之外，这些读本有的是在书店里买的，有的是她自己编辑的"小册子"。就是教材，也有人教版、苏教版等不同的版本。这些被韩兴娥老师当作常规教材的读本，既有通俗易懂的成语故事、历史故事或绘本图画书，也有轻易不会走进小学课堂的《论语》《道德经》等经典作品。有的是砖头般厚实的大部头，有的可能是刚从报纸杂志上复印的一篇文章，韩老师根据各年段的特点相应地引进课堂。

对于习惯了常态课程理念的教师而言，这么多读本进入课堂，怎么教？它们的内容如何统一？教学的主线如何突出？常规课里那种恒定的起转承合的环节如何衔接？

听过韩老师的课后，你就会发现原来去掉那些充满小聪明的牵引技巧，学生自有一种原生态的主动，投入到读本中去。没有那些处心积虑的旁白导语做暗示，学生并不觉得突兀。韩老师的做法就是：这一篇读熟了，问一两个问题，接着读下一篇。她的课上最多的招数就是："读"！全班读，听录音读，跟读，分小组读，个人表演读，接力读……读得滚瓜烂熟之后，就找有价值的片段或语句试着背一背。背诵的方式无非是：接力背、小组背、个人背……

有老师统计过，韩兴娥在一节课上能让学生有声朗读达三十几次，读各种文字的总量能达到一万多字。同样一节课，她的学生为什么能读能背这么多内容？为什么可以自始至终葆有盎然的读兴？

因为大量不同的文章令学生有新奇感，童心天然的好奇得以满足；而教师规避了繁杂的解说，把时间让给学生自己读，使学生在课堂上始终"有活干"。各种读书形式唤起了孩子们的好胜心，每一个人都被别人关注着，也始终关注着别人的读法。

这种看起来简单而没有技法的读书模式，其实暗合了最重要的课堂理念：让学生自己享受课堂，把读书的时间还给学生，给学生足够的文字营养。多年来，韩兴娥老师就凭这简单的抱一而为天下式的做法，让她的学生通读了大量的书籍。一本教材两周上完，让大量的课外书成为课内读物不再是奢望。

自言对公开课望而生畏的韩兴娥，其实一直在上公开课。只不过，公开课的那种一两小时只讲一篇短文或一首小诗的做法为韩兴娥所摒弃。她说自己没有那种上公开课的大智慧。老子说："绝圣弃智，民利百倍。"没有深钻一篇课文之大智慧的韩兴娥老师却让学生在各种读本中游刃有余，获利百倍。

我们常说语文即生活。如何让学生感受到生活的丰富多彩？课堂上如何让学生真正融入鲜活的现实并能目视千里、耳听八方？那种只靠一篇课文一本教材喂养着学生的做法能行吗？学生不能获得海量的文字信息，狭窄的视野，有限的常识，显然连提升运用文字的能力都是奢谈，更不用说通过语文教学实现育人的远大目标了。

（二）海量识字有秘方——破译韩兴娥的识字教学法

识字教学的难题至今还困扰着万千师生。有人把这个难题的存在归因为汉字本身的复杂外形。其实，明清之前似乎没有多少中国人望汉字而生畏，至少在一般的文献中没有看到有学者抱怨汉字难教。古代私塾中的学子，只要两三年工夫就可以认识常用的两三千汉字，自主读书的时间比当下的学生提前了三四年。

韩老师也说："识字的速度太慢是造就差生的源头。"

识字量不够，直接导致阅读滞后。而阅读滞后的负面影响是不可估量的，其中很有可能会错过了培养学生阅读兴趣的关键期，尤其是会错过培养孩子母语情怀的黄金期。联合国教科文组织研究表明，儿童阅读能力培养的关键期应在一二年级，中年级之后就会相对困难。也就是说，我们应该使孩子在 8 岁左右进入自由阅读状态。就中文阅读而言，必须要认识 2500 个左右的常用汉字才能为自主阅读提供基础。然而，按我们沿用了几十年的语文教学的进度，小学生认完 2500 个左右的汉字需要五六年时间，这就意味着他们的自由阅读期被延迟到了 10 岁以后。这种高耗式教学就没办法改变吗？

看看韩兴娥是怎么大胆改革的——

简化拼音教法，缩短教学课时，让拼音当工具而不是变成另一套文字。她一节课教一串（6～8个）字母，学生不能熟练拼读不要紧，把字母认混了也不要紧，只要能按顺序念就可以了。她给每个学生印发两张名片大小的字母卡片，贴在课桌上、铅笔盒中，拼读时如果忘记了哪个字母，可以随时查阅，三周就把拼音学完了。拼音说到底是帮助识字的工具，而不是另一套文字，拼读能力是在阅读过程中逐步提高的。这个概念很重要，因为到目前为止，许多的教师对拼音教学没有清晰的认识，费了很多心力和时间，把它当作另一套文字来教了，有的甚至要求学生用拼音写话写文章，无形中弱化了蒙学童子对汉字的热情。

韩兴娥将学生在幼儿园里读过的那些熟悉的儿歌编成小册子让学生"自学"，不露痕迹地把学生领入读书识字的天地——开学第一天，韩老师说："孩子们，我们唱首歌吧！"

她发给学生那本自己编写的小册子，它分为三部分，第一部分是学生最熟悉的儿歌。

上学校

太阳当空照，花儿对我笑。小鸟说：早！早！早！你为什么背上小书包。我要上学校，天天不迟到。

爱学习，爱劳动。长大要为人民立功劳。

词语表　功劳　劳动　太阳　小鸟　为什么　长大　学校　学习　迟到　书包
生字表　大　鸟　劳　学　包　动　迟　小　长　到　书　为　校　劳

唱一唱、念一念。几遍之后，韩兴娥告诉孩子们："老师要考一考大家，看谁认识儿歌中的字词。知道答案的不要出声，用你的指头指着儿歌中的这个字，念这一句儿歌。"韩老师出示卡片"功劳"，有的孩子张嘴要说，她伸出食指放嘴边"嘘"的一声示意，孩子们的手赶紧在儿歌中找寻，找到的用手指着"功劳"，仰起头骄傲地看老师。老师转着圈看，耳朵靠近孩子们的嘴，听他们轻轻地念。找不到的、不会念的孩子把目光集中到同桌的手指上，若有所思地自言自语："长大要为人民立功劳，原来是'功劳'啊！"然后韩老师让大家一起念，右手持卡片从胸前向前一推，像乐队指挥一样挥动着手臂，指挥着孩子们的回答大合唱，孩子们高高兴兴地念着。

"下一个词看谁找得快，注意用你的手，而不是嘴!"孩子们目光炯炯地看着老师，期待着下一个词出现……"和你的同桌一起找一找、认一认儿歌下面的词语表、生字表。"就这样孩子们入学第一天就学会"自学"生字的办法。下午到校后便有十几个学生找老师认字，韩兴娥给他们盖上鲜红的奖杯印章并奖励一张小卡片。部分学生的积极性被调动起来了，第一周便有30多个学生认会了7首儿歌中的100多个生字。

这本神奇的小册子的第二部分有《小书包》《国旗》《坐得正》《写字姿势》《爱护眼睛》等儿歌，结合入学教育读儿歌认生字，一年级的蒙养教育就这样水到渠成。

小册子的第三部分是汉语拼音情境歌，结合学习汉语拼音教学生读熟儿歌，谁有能力、有兴趣认读儿歌下面的生字就会得到新颖别致的小奖品。

创造情境给学生识字，是韩兴娥老师的独门招数。她把学生的姓名做成大卡片，一面是汉字，一面是音节，在课堂上练习拼读。学生不亦乐乎! 国庆节前致家长的信中，附着全班学生的姓名，供孩子们识字。

一学期教一本教材的做法看似对学生要求低，实则"高估"了学生的能力，有的孩子上了小学六年却不能正确拼读音节，因为一年级的"起点"过高:刚刚能够磕磕绊绊拼读一个词，教材上就出现《我叫神舟号》这样的"长篇大作"，半数孩子不是自己"拼"会的，而是"听"会的。韩兴娥在教女儿学拼音的过程中知道小孩子拼读的不易，就给学生设了一个"举三反一""举十反一"的"缓坡":学完拼音之后先拼读《三字新童谣》等简短的"袖珍童谣"，然后再学习课文。起先是一天一课，然后是一节课读背两课。读完人教版的就读苏教版的，读完上册读下册，读完课内的读课外的。就连《语文基础训练》《健康教育》《品德与生活》上的儿歌也成为阅读、识字教材。《拼音报》《好妈妈儿歌400首》《日有所诵》《弟子规》《增广贤文》都是韩兴娥班语文课堂上的"教材"，到一年级结束时，中等水平的学生能认识2000多汉字。以阅读的大环境为训练场，使学生在口诵心惟中获得了识字的神功。当然，更为重要的是，那每日朗朗的书声不仅训练了学生的语感，也让每一个孩子养成了良好的阅读习惯。

另一方面，尽量降低写字的难度，这是韩兴娥识字教学的另一独门妙术。

大江南北司空见惯的低年级写话训练，在她的课堂上没有。在作业本只写"字"不写"词"，让一年级学生的精力集中到正确写"字"上。到二年级时做"根据拼音写词"，并备有答案——与"根据拼音写词"相对应的"词语表"，遇到不会写的字可以从中查找，学生的拼读、写字能力都得到相当的提高，为三年级直接用汉字写作文打好了铺垫。

（三）海量阅读有妙法——破译韩兴娥的海量阅读目标

海量阅读，自然是以多取胜，但她却能做到繁而不杂，多而不乱。她有着相当清晰的阶段目标。

有人看到韩老师把高年级的课文放到低年级来学，就有训练目标不明确之疑。而韩老师的看法是，自己的学生已经读了大量的文本，若多比小学课文更具理解深度的文字都读过了，小学的课文对这样的孩子已经鲜有理解的难度了。然而，即便是有这样的理念，是不是所有的文字都可以搬进课堂呢？当然不能。我们看看韩老师的阅读目标规划：

低年级：各种版本的教材、儿歌、童谣、韵语、诗歌、小故事、绘本；中年级：诗歌、故事、各种版本的教材，各类儿童文学读本；高年级：《上下五千年》《世界五千年》《论语》《道德经》及各种书报刊物。

这个课程内容可以看出海量阅读的阶梯递进目标，符合学生的阅读年龄特征。有了低中年段的积淀，才有高年段的读写自如。值得赞赏的是，韩老师的海量阅读还给老师们提供了一个特好的范例，就是要带着学生坚持读完一本本有厚度的书。比如60多万字的《上下五千年》，韩老师领着学生来回读过两三遍，将书中的故事和文言原文烂熟于心，这种功力对学生的影响必将是深远的。我们现在的语文教材都是短小的选文，6年里，没有让孩子读一本有挑战性的大部头，很大程度上丧失了培养学生读有深度书籍的时机，最终的结果是：很多中文系本科生都缺少读长篇的耐力。

看看韩老师是怎样带学生读《上下五千年》的——《中华上下五千年》每个故事前面附有一段引文，多是选自《史记》《资治通鉴》中的一小段文言文。尽管韩老师课前参阅了大量的资料，但真正直面原文时，她还是陷入了为人师者最难堪的尴尬之境：她所选用的《中华上下五千年》中的文言引文没有译文，而且存在不少印刷错误，书中许多文言词句的意思、字音无从查证。韩老师对学生坦陈自己对文言知识知之甚少，因此，她们师徒见到文中的"拦路虎"，略微一"过招"，一看难以

"取胜"——读不懂,立即绕道而过。五年级上学期重点读白话故事,文言引文只能粗略地、不求甚解地学习,读的速度较快,半年时间,他们粗略地学完了三本书。再回头去复读时,师生发现,当时弄不懂的地方竟都能"无师自通"了——给学生一篇陌生的文言文,全班每个学生都能比较流利地读出来,能解释大体意思。于是下学期有了"深钻"文言引文的能力,又学习了第二遍。

这次经历,让韩老师悟出了一个道理:书读百遍,其义自见。有些内容起先可以囫囵吞枣,再反刍时就会轻车熟路。"让学生自己读懂文字"后来就成了韩兴娥惯用的手法、自觉的行动。有些问题即使她知道答案,也不急着告诉学生,让他们自己去读、去找,随着阅读和思考的深入,总有豁然开朗的那一天。这才是学习,离开了老师也能进行的学习。作为老师,要做的就是把大量文质兼美的文章放在学生面前,为他们"吞食"提供条件,"反刍"是他们的本能行为。那种把每一句话都挖地三尺,把每一个词语都挖得冒出火星的精雕细刻式的备课、讲课都和韩兴娥不沾边。她让学生的眼睛浸润在铅字中,让耳朵浸润在书声中,让心灵和大脑震荡在感动和思维中,使学生在高品质的海量文字中畅游,终于实现了海量阅读进课堂的目标。

(四)经典唯上积厚功——破译韩兴娥的母语文化心结

据韩兴娥说,她是无意间跟经典读本结了善缘。六年级时,她带着学生读《论语》《道德经》,全国各地的同行听完了课后,好奇地问她是不是对经典作品有深厚的感情和造诣。她却不怕大家笑话自曝内幕:根本不懂经典。她说:中专毕业本来就缺乏功底,再加上除了小说外,诗歌、散文没背几篇,对经典的了解水平那绝对是"小儿科",除了中小学课本上的那点诗词之外一无所知。

为何要选经典读本呢?她说,缘于两个机缘:一是四年级时,学生以两周学完一本教材的速度学完了老师能搜索到的所有读物,她手头已经无书可读了。而当时在书店里到处都可以买到《论语》和《道德经》;二是受敬爱的陶继新老师的影响,她发现陶老师酷爱经典作品。饱读诗书的陶老师从中年开始有规律地背诵中国的经典作品,这种做法用于小学生难道不适合吗?于是,抱着试试的心理,她把经典引入课堂。

让小学生像读《上下五千年》那样饶有兴趣地沉浸在经典中,当然不容易。

为了让学生对《论语》有读的兴致,她反复通读《论语》,还买了《论语问答》《孔子圣人风范》等书,读后对孔子的生平、为人、观念有了基本的了解,也理清其中的人物关系,了解人物的性格特点。这样做的目的是在上课时给学生讲一点关于孔门师生的逸闻逸事,增添乐趣。2005年秋季开学后,她把书店里诠释《论语》《道德经》的所有版本都买回来和学生阅读、讨论。学生读经典原著没有基础,但读白话文还是颇有兴致,以此为契机,敲开了读经典原著的大门,把曾让他们师生头痛不已的一本本经典作品读得有滋有味。通过大量阅读,经典的学习渐入佳境,孔子的高大形象、伟大人格、至理名言逐渐在她们师生心中明晰起来。大量阅读又一次成为包治百病的良药,助长了师生在书山经海中自由翱翔的功力。

韩老师还是采用她惯用的方法带着学生开始了《论语》阅读之旅:

第一遍粗略地、不求甚解读,把重点放在读准字音上,只背诵一部分简短的、容易理解的篇目。

第二遍学习《论语》,重点是前后联系。

比如,学习"君子病无能焉,不病人之不己知"时联系"子曰:不患无位,患所以立。不患莫己知,求为可知也""君子求诸己,小人求诸人""不患人之不己知,患不知人也""不患人之不己知,患其不能了也"。

第三遍学习《论语》,以归类总结为主要内容

比如把孔子"教学"的章节一起显现,引导学生总结孔子如何学习、如何教书育人,把有关"颜回、子贡、曾子、子路……"等弟子的章节一起显现,把谈论"仁道、君子、修身、为政、交友"等章节一起显现,引导学生去总结。

把《论语》20篇全学完后进行总复习。学生惊奇地发现,当时只要求朗读的一些篇章,等学完全书后竟然能够轻而易举地背诵。全班学生都能正确熟读《论语》中的所有篇章,80%的学生能看译文背诵。有《论语》垫底,六年级下学期《道德经》的学习就轻而易举了。照例先熟读,然后找出部分章节看译文背诵并讨论。

韩老师说,读经典收获的不只是知识和阅读文言的能力,还有思想道德的升华。当学生在课堂上阅读讨论"定能生慧,静能通神""重为轻根,静为躁君""巧言偏令色,鲜矣仁"时,他们不只是在论证书上的观点,同时也在自我教育,于是好闹好动的学生慢慢安静下来,撒谎、浮躁等毛病通过自律远离了学生。孩子们一个个

充满阳光心态、诚实自律。"己所不欲，勿施于人""己欲立而立人，己欲达而达人"的儒家思想中为他人着想的处事原则熏陶着学生；"知其不可而为之"的顽强意志激励着学生；"人之生也直，罔之生也幸而免"的人生法则告诫着学生……

韩老师的经验让圣人的话——"万般皆下品，唯有读书高"再次得到实证，原来可能成为下品的学生可以通过读书而修正为上品。韩老师让学生自小就接受经典的濡染，送给学生的必定是受益终身的精神食粮。这种富含文化酵母的作品，也只有通过教育者的薪火接力得以传承，每一个教师都该具有这种传承文化的使命感。

而教育的终极关怀，不就是要在实现文化传承的同时给人以精神的拔节吗？

（五）结语：立己之心能立人——喜看韩式教学法热传大江南北

2007年，韩兴娥调入现在的潍坊高新区北海学校，接受了领导交给她的一个神圣的任务：带徒弟，传授韩式教学法。

韩老师所任教的年级共有8个班，近480名学生。一年级时除她之外的七个语文老师都是第一次教语文，能让一年级的孩子安静下来就算不错了，遑论开展海量阅读了。不过，韩兴娥有一颗热诚的心，她说自己带徒弟的目标不是为培养市、区教学能手，因为她本人就不善于讲优质课，缺少当下的舞台课经验。但对每个班学生的阅读量、阅读书目的规划她心中有数，她打算让年轻的教师快速成长，像她一样成为幸福的教师。

她在北海学校的两年里，制定了一些切实可行的带徒措施：建立博客跟整个年级的家长沟通；带领徒弟们一起读书；把大量的读本带进课堂，师生共读，家校共读，一步步推进。最可贵的是，她在校领导支持下，彻底改革了以往的期末考试方式。语文期末考试题主要有三个题型：1. 看拼音写词；2. 根据前后文填空。3. 连线。连线题从平日诵读的内容中出。

考查学生的课外阅读题目只是出一段话，空着几个词，让学生根据前后文和注音填写词语。

根据拼音补写故事中的汉字

小虫 xiě（　　）xìn（　　）给蚂蚁，他在 yè（　　）zi（　　）上咬了三个洞，表示：wǒ（　　）xiǎng（　　）nǐ（　　）。蚂蚁 shōu（　　）到他的信，也

在 yè（　　）zi（　　）上咬了三个洞，表示：看不懂。小虫不知道蚂蚁的 yì（　　）si（　　），蚂蚁不知道小虫的 xiǎng（　　）niàn（　　）。怎么办呢？

由于改革了考试制度，即便是在复习期间，北海学校二年级 8 个班 480 名学生都不再把精力放到认识各种题型上，而是在夯实写字基础的同时，还省出不少时间用于读课外书。这种考核让家长和老师都深信，只要把生字写扎实，只要平日多读书，考试不再是令人畏惧的事。所以，北海的师生不再像往年那样疲于应对考题，陷在题海中酣战。他们渐渐远离了充满劳役形式的苦不堪言的训练，将那些把美好的文字肢解得支离破碎的习题抛到九霄云外，而是一如平常在课外阅读的海洋中尽情遨游。

在韩老师口授身传的指导下，有更多的青年教师成长起来了。像于新宇、崔晓明这样的优秀教师从一年级开始主动跟韩兴娥进行同步实验，她们的实验班也取得了很大的成绩。学生进步了，老师也成长了。很多同行听了她们的课后告诉韩老师："你那两个徒弟的课特棒，已经超过你这师傅了。"韩兴娥说："超过我是再正常不过的事情，那些对'两周教完一本教材'望洋兴叹的人是因为没有涉足'海量阅读'，只有'下海'尝试，准能尝到遨游书海的乐趣，这种乐趣足以让老师们从自己的心灵中卸下考试的枷锁。"

以立己之心立人，以达己之心达人，这种朴实的普世情怀实在令人钦佩。全国各地的教师慕名走进韩老师的课堂。她是有求必应的千手观音，老师们问什么她都如实地回答，包括自己的短和弱。她知道老师们的困惑在何处，把自己的所知所感所获毫不保留地贡献出来。去听课的老师不仅带走了韩式教学法的理念，也带走了浸透着韩老师的智慧和汗水的纸质或电子资料。为了让更多的师者感受海量阅读之美，韩老师还著书立说，2009 年 7 月，凝结了她多年心血的作品，一定会给所有的读者以深刻的启迪。

后记：2007 年，结识华南师大附小的陈琴，都是在常规教学中毫无建树的笨老师，都是痴迷于和学生课堂共读的老师，都笃信师生可以共同成长的老师，对教育教学相同的理念和相似的实践，使我们结下深厚的姐妹情谊。2009 年，她应陶断新先生的邀请为《山东教育》撰写此文。

三、以海量阅读超越一本教科书

中国教育报记者 赵小雅

韩兴娥，山东省潍坊市北海学校一名普通的小学语文教师。

温儒敏、赵小雅出席海读现场会

说她普通，是因为接触过她的人都认为，她看起来真的没有"名师范"，用该市教科院副院长崔秀梅的话说"就是怎么宠也宠不坏"的类型。但是，因为她坚持十几年的课内"海量阅读"教改实验，却让她变得越来越不普通，甚至已经小有名气，成为人们眼中的名师。

一般教师成名，基本上都是以"课"成名，课上得好，或者在某个重要的赛课平台上崭露头角，加之良好的个人综合素质，从而扬"名"，进而被许多人知晓。韩兴娥的出名，走的却是另外的途径，她以坚持了13年之久的小学语文"海量阅读"教改实验被小学语文界熟知，可以说，她的成名是一个漫长的坚持与创造摸索的过程。用她自己的话说，"海量阅读"的教学目标不是以一节课、一篇文章设定的，而是以一本书、一个年龄段为单位设定的。经过6年的积累，直接体现在学生身上的便是阅读、写作及表达等语文综合运用能力的提高。

现在，也会有一些地方邀请她前去交流经验，她却说，自己不具备借班上课的本事，因为她的语文课堂与通常的语文课堂教学有很大不同。每当有邀请她交流的，她更多是介绍自己的教改实验情况，因为不是自己的学生，不是经过了长期课内阅读训练的，课是上不来的。

"海量"顾名思义就是量很大的意思。一般的语文教学，阅读都是放在课外，课内只教授一本语文教材，理念稍微超前的教师，会围绕所学单元或课文引入一些课外阅读材料。但是在韩兴娥的语文课上，却完全变了样，课堂上教材已经不是主角，通常被放在课外的阅读却成了课堂的主角。大量课本之外的优秀读物进入课堂，在课堂40分钟之内全班共读同一本书，读完一本换一本，课本以外的阅读占了课堂教学的主要时间。

从2000年起，这项实验在学校和当地教育行政部门的支持与鼓励下，已经从一年级到六年级完整地进行了两轮教改实验。随着阅读量的成倍增加，语文教学的识字问题、作文问题、理解问题等都迎刃而解，无须另外花费气力。她自己的体会是，"阅读"好比一条船，将听、说、写载于其中，一齐驶向彼岸。一年级在"海量阅读"中识字，二三年级主要在"海量阅读"中诵读、积累，四、五、六年级则"海量诵读经典"。一年级学生平均识字量达到2000字，读过近千首儿歌，过好识字关；二三年级重点是海量诵读、积累白话文，为口头、书面表达打下基础；到四、五、六年级海量诵读经典，古典诗词、历史故事、经典著作等都成为学生课上阅读的内容。

海量阅读听起来似乎很轻松，但对于韩兴娥来说，却是一个艰辛的探索过程，需要全身心投入。要思考如何对待教材、如何让一年级的学生过拼音关、识字关，作文教学如何处理，如何练习应对考试，如何选择适合学生的读物，面对大量的阅读内容老师如何引导与备课，等等，听起来都是不轻松的事情。经过十几年的实验与摸索，韩兴娥已经形成了一整套的方法与有效策略，就让我们从以下的对话中找寻答案吧！

（一）让学生大量阅读是语文教学的正途

记者：为什么会想到进行这样一项实验？实验的动机是什么？

韩兴娥：2000年，潍坊市教育局选择了10位小学语文教师，开始实验性地试用《韵语识字》教材，我是实验教师之一。这个实验除了要教好原来的教材，还要试用《韵语识字》教材。从原来只需要教一本指定的教科书，变为要教两本书，虽然开始的时候不是太适应，但在这个教学实验过程中，我发现学生非但没有学得很困难，反而学得相对轻松，原因就是学生在课上读的内容比原来多，由此我发现语文课上学生读得书越多学得就越轻松。

回想以往的教学，自己教得累，学生还经常学不会。有的学生一篇作文老师给改了10遍，写得仍然不通顺，有的学生到了六年级，课文都读不熟。而第一次试用《韵语识字》实验，用两套教材教的那届学生，我从一年级带到了六年级，相对于以前的教学已经感觉到了轻松。由此，我就开始思考和尝试让孩子多读书。比如从一年级起就尝试给学生提供一些好玩的儿歌，一首一首地带他们读，不管认不认识儿歌里面的字，先读通再说。坚持读了一年后，发现学生许多字都会认了，于是我发现：让学生大量阅读，读得多了，字就认得多了。到三年级的时候，学生的变化让我意想不到，有时候一个星期或者两个星期就结束教材的教学了。因为大量阅读使学生读书没有障碍，即使最差的也没有问题，基本上一遍就读熟了，哪怕不听录音他也会读。

当学生有了一定阅读能力后，到了中高年级，我选择的课堂共读的书都有一定难度，这时，让学生大量阅读也不是完全让学生自己去读，而是先提前布置学生自己读书，然后小组讨论，往往这种讨论已经解决了他们阅读过程中的大部分问题，最后到课上的时候，我再组织全班讨论。我的课堂上要处理的信息量非常大，内容非常多，但因为学生已经提前阅读并讨论过，所以课堂上常能看到学生恍然大悟的模样……这时的我好开心！

（二）选择适合不同学段学生的读物

记者：大量阅读是需要很多读物的，那么，学生读的书是从哪里来的呢？

韩兴娥：刚开始让学生大量阅读的时候，一本《故事选集》，学生一个星期就看完了，很需要新书，可是一本书往往需要二三十元钱，你总不能老让家长买书吧？上一届学生升到三年级时，我就开始到处收集小学生读物，包括学校少先队订阅的儿童杂志、教导处订阅的阅读指南等，为了支持这项实验，学校领导提供了许多支持，也配了很多书。

学生读的书要有选择性。低年级学生正学识字，就选择一些故事性较强的书，以引起他们的阅读兴趣，阅读兴趣是提升阅读能力的基础，同时，通过阅读也培养学生的阅读兴趣。读书的快慢是根据所学内容的难易程度和学生的接受程度来确定的。

通过大量阅读，学生的阅读能力不断提升，三年级学生差不多一个星期就能学完十几万字的故事书。一本故事书，阅读能力好的孩子可能一晚上就翻完了，像《中华上下五千年》，三本共五六十万字，第一届学生我带着他们共读了一年，而现在带的这一届学生只读了三个月就读完了。

（三）备课就是为学生准备阅读辅导材料

记者：作为教师，你是如何引导学生的读书呢？

韩兴娥：读书一方面要好玩，有意思，但在读书过程中更重要的是积累语言。积累哪些内容，学生有时并不明白，作为教师的我就要给他们准备一些引读与练习的材料，比如摘一些重要句子做成口头填空题让他们背诵等。

要求学生读的书，我都会提前读。我的备课都是提前一年就开始了，要读的书一般在一年前就准备好了，我一边读一边给学生准备辅导材料，我准备的题目一般都会标注出页码，方便学生查找答案。

带着学生学习《中华上下五千年》这本书之前，我可能要读二三十本书，准备两到三本辅导材料，有重要知识点的填空背诵，还有生字词的注音解释等。为了准备这些材料，我花费了大量时间，全身心投入，单是准备的材料就足够编一套书。

学生读什么书，我就学习哪方面的内容。比如学生读唐诗，我就会读一批关于唐诗方面的书。遇到我认为比较好的书，我也会给学生或者家长推荐。比如在学《中华上下五千年》的时候，我推荐了《吴姐姐讲历史故事》这样故事性强的书，学生喜欢，所以绝对会看。我也给学生安排课外阅读，都是一些好玩的、学生喜欢的书，学生都会自发去阅读。我要求学生课外阅读，回到学校都是要检查的，也会用星级标准进行评价。

进行海量阅读实验，我要阅读大量材料，白天忙，晚上忙，周六日也得忙，暑假寒假更得忙。因为我假期内就得提前备好下学期的课。在12年的海量阅读实验中，以我的学历和能力，阅读《论语》等经典是最困难的。从念得通到念得熟，念的过程中再查书，慢慢地就读明白了。准备《论语》教学的过程中，我买了很多书，也读了二十多本，有的精读，有些可能就是根据需要翻一翻。进行海量阅读实验，最辛苦最有价值的就是老师的海量阅读和给学生准备阅读辅导材料，也就是备课，只要这个功夫下到，学生就会在你引导下自主阅读。

（四）让学生读什么样的书

记者： 从一年级到六年级，学生读什么是一个很重要的问题，你是如何规划阅读内容呢？

韩兴娥： "海量阅读"的核心词是"读"。让学生读什么，我心中会有一个大体的规划，最初从儿歌或小故事读起，理解上有难度的，读通、能诵读即可。比如一年级学生从最短的三字儿歌和简短的阅读材料读起，随着学生阅读能力的提高，读的文章也在逐渐加长篇幅。到三年级的时候，开始加入古文，从少到多慢慢加，到五六年级课堂上读的大多是国学经典，基本都与古文相关。虽然对读书的内容有规划，但是具体书目不确定，因为有些书过两年市场上就没有了。比如，一二年级要读千首儿歌及大量故事。三四年级主要读唐诗宋词，现在这一届学生宋词读了二百多首，唐诗读了一百多首，有时是一边读一边讲故事、讲传记。五六年级读的经典多一些，必读《中华上下五千年》《世界五千年》等，上一届学生还读了整本的《论语》《老子》，这一届学生因为课时减少，《论语》只好有选择性地读了，另外，《三十六计》《诗经》《孙子兵法》等也是五六年级读的内容。

"海量阅读"的"读"与一般的课外阅读的"读"不一样，这些阅读材料，我拿过来之后会根据学生的情况，结合上一届学生的实践经验，加以选择、编辑和整理，以适合学生的阅读水平和能力。

我没有统计过12年来一共给学生准备了多少学习材料，有时因为没书可买，我只好一个字一个字地敲进电脑，有时也会找学生和家长帮忙一起打字，然后我会再把这些内容整理与印发给学生。

（五）读一本书和读很多书是不一样的

记者： 经过两轮"海量阅读"教改实验，您自己有怎么样的体会与认识？

韩兴娥： 两轮实验下来，我感觉自己对语文有了更深的理解，自己的学科能力及教学能力都有了很大提升，感受到了教学的真正乐趣。同时，也认识到了让学生读一本课本和读那么多书最后的结果是不一样的。教师与学生一起在课内时间大量阅读才是语文教学的正途。

说句不知天高地厚的话，数十年以来，语文教学最大的弊端还是一本课本一统课堂，老师讲得非常有激情，学生互动也好，可以说是学生当堂表现好，但并没有真正积累到语文素养。我们的学生三年级开始做填空和背诵，学生养成了好的阅读习惯，在读书的时候觉得哪个句子好，应该记忆，就会无意识地积累，自学的能力很强。学生知道自己应该从哪些方面自学，知道应该跟同学讨论什么，知道联想以前学过的类似内容进行思考，所以学生收获的是一种习惯，而不是单纯的知识。

我觉得语文的本质还是多读书。对于小学生来说，精读少一些，浏览多一些。其实海量阅读也有精读，比如说给几天时间预习，然后检查，还有讨论，这跟我们自己拿本书躺床上浏览一遍相比已经够精的了。我觉得现在的语文课，将课文拿来精读、细读的程度很过分，我初为人师的时候就觉得那种教法让师生都很痛苦。

语文教学诵读是根本。读什么书可能更多地跟老师的爱好有关，但是一定要走一条由浅入深的路，要读高品位的好书。海量阅读对培养学生好处很多，一方面是阅读、写作等语文素养方面能力得到培养，另一方面对学生做人也会产生良好的影响，因为阅读经典和伟大人物传记对他们的人生观、价值观和人生态度都有积极影响。读书也能让他们静下心来，慢慢地耐心地做一件事情。经过 6 年的海量阅读，学生们的语文素养，包括写字组词、运用句子等的能力会远远超过现行课标的要求，甚至可能超过初中学生的水平。

当然我们也发现这种做法存在问题，那就是学生写字速度有点慢，因为写的作业少。但我的学生根据题目写作，不用打草稿就下笔成文，这对他们以后应该只会产生好的影响。

(六) 将基本训练贯穿于六年之中

记者：带着学生在课堂中读书，需要大量的时间，课上的时间您是怎么挤出来的？如何达到课标要求？如何对待教材呢？

韩兴娥：不要让学生只是在课外读书，而是在课内读。我带学生进行海量阅读的时候，会先用一段时间把教材学完，然后才带学生海量阅读课本以外的读物。如一年级学生用两个月的时间把教材学完，二年级学生用两三个星期学完，中高年级学生基本上都是一个到两个星期学完教材。很多人奇怪我是如何做到的。实际上，我带学生学教材，基本上就是先通读然后简单讨论，因为教材上的文章比我给孩子选择的文章简单多了，不必花大量的时间。

一年级是学生学习拼音和写字的阶段，我们达不到两星期就学完教材，但是相对于常规的教学方法，学习的速度还是非常快。相对于读教材，学生学习写字的速度较慢，一二年级这两年时间，除了写字的基本练习，连组词都没有，这样阅读的时间就加长了。一些学生家长会有误解，认为好学生才需要读很多文章，实际上差学生更需要读文章，尤其是那些读不成句的学生。

我采取快速教学的方式教学拼音，别的教师一节课可能就学几个拼音字母，而我则是所有字母一串教下来，并且坚持将拼音练习贯穿在后续教学中。我教学生学习拼音，并不一定让他们立刻就能会读、会写、会拼，而是先让他们跟拼音混个脸儿熟，然后在阅读过程中海量地读、海量地拼，慢慢就会了。我为一到三年级学生选择的共读书目，大多是全注音的，我班学生识字多，本来在二年级就能读不注音的读物，但为了避免学生瞎猜读音，也为了多给学生练习拼读的机会，我尽量选择注音读物。四年级以后，共读的书大多不注音了，但我给学生的编排的学习材料还把易读错的字注上音，尤其是多音字，我会反复注音。在我的教学过程中，拼音教学贯穿始终，我带出来的学生在发音上，包括多音字读音上的正确率很高。教学识字也是用同样的思路，每篇课文中的字，我不会花很多时间让学生必须当堂学会，因为在不断地学习和阅读中，那些生字会经常复现，学生会和这些生字混熟的，阅读的过程实际上就是训练和强化的过程。

（七）要改变先从观念改起

记者：如果一般的老师和学校也想推行这样的实验，您有一些怎样的建议？

韩兴娥：推行海量阅读的前提是要转变观念，把教学生读课本变成教学生读书就行了。旧观念一旦改变了，要做到这些很容易。本着为学生成长去考虑，可以先试着做，在做的过程中不断摸索。我这13年实践的过程就是不断寻找自己的问题、改正自己的问题、不断摸索的过程。学生不想学、没兴趣，或者学不会的时候，就说明方法不对，那就调整自己。目前，我们学校有部分语文教师跟我一起进行这项实验，我们会在一起研讨，但我不要求他们来听我的课，因为大量的工作都是课下的功夫。如果非要我总结教学技巧的话，那就是跟学生一起由浅入深地读，大量地读都会有所收获。在读的过程中慢慢地该学会的就学会了。我上课提问不多，即使提问了，学生会不会回答都没关系，但是书必须读熟。高年级的时候，我才开始要求学生读懂。但这个懂也只是让学生做到文意疏通，理解大意就可以了。因为是同读一本书，这就要求所有孩子都要跟上进度，孩子之间存在差异，不能拿一个标准要求，但是都有一个最基本的原则，那就是必须读通畅。我口才平平，文章写得满纸大实话，既无文字的美感，也无思想的高度，是名副其实的笨老师，但笨老师的学生融汇百科、贯通古今，他们的自学能力、民主意识、求知欲望使我体会到强烈的成就感。这是因为我所进行的"课内海量阅读"实验是语文教学的正道。

后记：时任《中国教育报》读书周刊主编的赵小雅主任写于 2013 年 5 月，紧跟着，我在《中国教育报》上连载八篇文章介绍课内海量阅读实验。同年 6 月 13 日，《中国教育报》举办"韩兴娥课内海量阅读教改实验研讨会"。

四、"为生"是教师的最高智慧

——韩兴娥印象

成都师范学院　杨　东

成都市一个名师工作室的导师邀请我做指导专家，一定要我为工作室"题词"。反复思考，写下了如下文字。

师者，因生而生也。

为师之勇，在为生；为师之道，在为生；为师之智，在为生；为师之乐，也在为生！

唯"为生"，可勇！勇则生智，智则生成。生成则师乐之根本也！

　　"为生"，似乎是个伪命题，哪个老师不是"为生"？但事实上"为生"是当下教育最需要深刻反思的元点。我们努力让学生"听话"，是真正为学生吗？我们如此多的"说教"是真正为学生吗？我们让学生永远做不完的作业是真正为学生吗？我们在公开课上那么多"炫技"是真正为学生吗？……

　　多年与韩兴娥老师交往，深感其是一位拥有"为生——最高智慧"的名师。

　　2011—2014 年，我多次邀请她到四川为省级骨干教师讲座。听课的老师多有"失望的感觉"。似乎不像听其他名师课堂或讲座一样让人激动、佩服，甚至望尘莫及之感。但从实际效果来看，韩老师对参训骨干教师的实际影响最大。"海量阅读"不仅为大家熟知，更重要的是很多教师的课堂不再仅仅是课文了。后来，我对比韩老师的课例和讲座与其他名师的不同后发现：有些课例和讲座是听来"玩"的，而有些讲座和课例是听来"用"的。韩老师显然属于后者。

　　2013 年，应《中国教育报》的邀请，参加在潍坊市举办的"韩兴娥海量阅读推广活动"，听韩老师给自己的学生上课，教学的内容是《论语》篇章的学习，教学的方法非常简单，老师主要是领着学生读读，过程中时不时提醒学生："我们曾学过……"于是学生立刻背诵出曾经学过的某篇或是某段，以学生已有知识帮助本篇或本句的理解。课结束了，800 多位听课教师也似乎多有失望之情。然而，接下来的活动却实在让大家震惊！韩老师让与会者任意出示一个主题或是关键词，台上的学生用相关的中国经典背诵作为回应！学生积累之丰富让大家震惊！有如此丰厚的语言积累、文化积累，学生语文何愁不好啊?!

　　有人总结：语文的学科特性是"积沙成塔"，数学的学科特性是"连珠成串"。真是概括得准确而形象生动。韩老师的"海量阅读"主张，不仅符合语文"积沙成塔"的学科特性，而且通过重视"文与文的联系"，使学生的语文积累不是"散沙"，而是有灵魂的"沙堆"。这可以称之为"以文解文"之阅读教学方法。它较之"单篇课文阅读理解"，其广度和深度，当然不可同日而语。

　　2016 年 1 月，受邀出席"中华经典海读海南年会"，并点评韩老师《成语接龙》《多音字儿歌》《读笑话学成语》课例。韩老师的课，再次让大家深感"另类"。没有常见的名师"炫技"，而是朴实、简单。点评时我用"简单、多少、趣味"三个关键词以概括。

简单——

真是"课如其人"。韩老师的课正如韩老师其人，朴素、简单、纯粹，具有至简之美！《成语接龙》一课，老师整理了 4 组成语，每组成语编成 1 个有趣的无厘头小故事。故事录音，在好笑之处还有夸张的笑声。课堂活动也很简单：听故事——读词语——编故事。4 组成语如此反复，老师的课堂语言很少。

《庄子·天道》："静而圣，动而王，无为也而尊，朴素而天下莫能与之争美。"成玄英疏："夫淳朴素质，无为虚静者，实万物之根本也。"《淮南子·原道训》："所谓天者，纯粹朴素，质直皓白，未始有与杂糅者也。"韩老师的课看似朴素、简单，其实妙在大道至简。

多少——

关于教学及学生发展，我始终坚信：什么样的教学行为决定什么样的教学效果；什么样的学生学习活动决定什么样的学生发展。当下的课堂总是以教师讲授、提问为主，学生则多以听讲与答问为主。我解剖一位全国著名语文教师的课堂实录发现：一节课老师讲的话占课堂实录的 70%；老师提问多达 118 个；学生齐答占 55%，仅有 2 个问题问过第二个学生，其他全为一问一答。这样的语文课对学生到底有多大的实际意义？我觉得是需要很好反思的。

韩老师的课则讲授很少，提问很少，而学生练习较多。故而难见教师的"精彩表现"。我多年关注语文课堂，大致有三重境界：一曰"教了如没教"，课堂常见教师表现，少见学生表现；二曰"教了也就教了"，学生所获也就教师所教；三曰："不教胜教"，老师只是组织学生学习，不仅学生掌握学习内容，而且能习得一些学习方法和习惯。韩老师的课属于"不教胜教"之类。

趣味——

几乎每个教育人都会说："兴趣是最好的老师。"但只会说这句话是远远不够的。只有在语文课堂上有更多的趣味性学习活动，"兴趣"才会成为"真正的老师"。

韩老师不是一个能讲很多漂亮理念、理论的名师，而是一个做法很多的名师。正如生活中的韩老师，时不时能带给大家开心的冷幽默。课堂上，韩老师深知学生兴趣的重要，于是总是想着方、变着法，挖掘语文学习中的兴趣点。

学生学课文中的生字比较难，韩老师就把识字放在生活中、放在儿歌中；学生学拼音比较抽象，她就把拼音编成儿歌；学成语不易理解和掌握，就把成语也编成儿歌，编成无厘头的搞笑故事……一个不断发现语文乐趣的老师，何愁语文课堂不能吸引学生！

一个普通老师，要成名师当然很难。一个已经成名的老师，能够固守自己朴素简单的风格也很难。演员喜欢"包装"，学校喜欢"包装"，不少名师似乎也喜欢"包装"。韩老师在这样一个"包装"盛行的时代，能够固守朴素、简单，既显难能可贵，更见其教育智慧。正如文题所言，"为生"是教师最高的教育智慧。韩老师上公开课，心中首先想的不是"听课的教师怎样评价自己"，而总是把"带给学生实际收获"放在首位。于是，课堂没有了"包装"，没有了"炫技"，也没有了"煽情"，有的只是实实在在的语文学习活动。这种固守语文教学根本的风格，是一种淡定的精神，一种"为生"的勇气，更是教育的智慧。唯有这种智慧，方能更好促进学生的成功，也才能从学生成功之中体味为师之乐！

后记：我的朋友大多是一线老师，大家在教学实践中达成共识。作为大学教授的杨东先生，和我的交往并不多，却是跟我思想契合度很高的专家，对我的那点小个性一直持包容欣赏的态度。海量阅读在成都得以推广，离不开杨教授的大力呼吁，离不开他对我这个笨老师的高度认可，离不开他对课内海读理念的充分激赏。

五、我眼中的韩兴娥

朱霞骏

与韩兴娥老师相遇相识，是一生最美丽的经历！

（一）书中相识——一见倾心

我是个非常幸运的老师，因为早在 2009 年，韩老师的《让孩子踏上阅读快车道》一出版，我就发现并且拥有了这本书。现在想来，此书于我，实可谓是生命中的一份奇迹！

与朱霞骏合影

　　我是一个普通的小学老师，自从 1999 年踏上工作岗位，已经在小学语文的教学岗位上耕耘了十余载，越教却越感到对语文教学的无力、彷徨与迷茫……

　　我也是一个很喜欢孩子的老师，总希望带着孩子们欣赏一片精彩的语文风景，为此，我一直在努力，教学专著看了一本又一本，教学形式不断推陈出新，从细磨一篇课文，到推荐孩子们开展诗歌、童话等的阅读，在语文这条路上，我摸爬滚打，寻求真知……可是，令我感到失落的是，课堂似乎越来越"精彩"，可孩子们的语文能力却并没有因为我在课堂上的"妙语连珠"而"水涨船高"。一到考试阶段，抄、默、背、练……周而复始的语文备战让我和孩子们备感疲惫，我无数次地问过自己：这就是我曾向往的语文教学吗？我要这样用一辈子来磨灭我和孩子们的所有热情吗？

　　我不甘心！推翻自己，继续上路！就是在这样的时候，我遇见了《让孩子踏上阅读快车道》，这本书，结识了一位颠覆我固有语文教学观的良师益友——韩兴娥老师。初识韩老师，实属一份机缘巧合，我在网上搜索教育类书籍的时候偶然看到了韩老师的这本书，也许是被书名中"阅读"和"快车道"所吸引，就将这本书连同选好的几本教育教学专著一起买回了家。当时的我怎么也没有想到，就是这样一次不经意的购书，却改变了我的教育人生！

　　2010年的那一个夏天，是《让孩子踏上阅读快车道》陪我度过的。我阅读着，兴奋着……我曾经在阅读很多名师的著作时感到亢奋，可这次的兴奋与以往不同，这本书，没有太过华丽的辞藻，字里行间中我能感觉韩老师是一位朴实、大气又满怀教育理想的好老师。她的文笔质朴，不煽情，不做作。没有让人难望项背的高深理论，不见时下文章里时髦新潮的教改词汇。普普通通的文字亦如韩老师在书页上的照片，朴素得不加任何修饰与包装。完完全全是一位身处教学一线的老师将自己平时的教学点滴无私地在与同行分享与交流。这是一本关于海量阅读教学实践的参考书，她为我打开了一条全新的思路，也因此，在2010年的那个暑假，我手不释卷地将她连续读了三遍，每读一次都有一种全新的收获，内心随之渐渐产生一种强烈的冲动，希望自己能马上去教一年级，用上韩老师在书中教授的方法，沿着阅读这条快车道带着孩子们一路风驰电掣去欣赏语文学习路上最美的风景。

　　就是打那时起，我成了一名铁杆"韩粉"，在心中一直默默地将韩老师视作自己的恩师，暗暗下定决心要一路跟随着这样的老师，这样的同行，把海量阅读真真正正带入自己的课堂。

（二）网上相遇——二见钟情

　　我曾经在想象中和韩老师相处了5年，那5年我因为一本《让孩子踏上阅读快车道》，爬遍网络所有的角落，如饥似渴地找寻和她有关的消息和资料。

　　也是在那样的一段时光里，我渐渐发现，韩老师将自己带学生海读过程中点点滴滴的资料都一一分享给了全国各地的老师们。通过她在博客以及各大网络平台上建立的分享链接，我和无数的老师、家长共享了她不计其数的海读资料。这其中有相当一部分资料是韩老师在8小时工作时间以外一个字一个字码出来的！为了推广海量阅读，为了让更多的老师和学生受益，韩老师将自己的智慧与心血全部无私地分享给了我们。

巧妇难为无米之炊，也正是因为有了这些宝贵的第一手资料，我得以带着学生顺利地在课堂上进行大量阅读，从一年级一路坚持到五年级——这一路酣畅淋漓地阅读，让我第一次如此真实地看到了孩子们的成长，让我第一次那么真切地感受到了当老师的幸福和自豪！

心中一直默默地感谢着这个闯入我生命中的素未谋面的天使——韩老师，可是真正和韩老师有交集却是一次网络上的相遇。

那段时间，我和我的孩子们正在阅读韩老师主编的《读历史学成语》一书，班中的一个孩子发现了书中的一处小差错，我将这段小插曲记录了下来，并主动联系韩老师，在她博客的留言栏中写下了孩子的发现。没想到，很快，我就收到了已经是全国名师的她的回信，信中对学生们大胆思考，积极质疑的精神给予了充分的肯定和鼓励。让我和学生们深受感动，一位全国名师依然虚怀若谷地接受了一个四年级学生提出的意见，这份胸襟与雅量是值得尊敬的。也正是这次机缘让我与韩老师有了更深层的交往。

通过博客、邮件、电话等形式让我从韩老师身上不断学习如何在教学中进行海量阅读，如何让自己的海量阅读教学形式更加多样、更加符合学生的年龄特点。

（三）洛阳相拥——三见恨晚

虽是神交已久，但真正得见韩老师本人还是在洛阳的一次阅读研讨会上。韩老师要在那次大会上做一场报告，我慕名而往。

初见韩老师，我就像个追星的少女般抱住了自己的大明星。没有想到的是，虽然是第一次相见，我们却像阔别已久的朋友，丝毫没有一点儿陌生感，取而代之的是说不尽的知心话。或许是因为韩老师来自于山东，身上既有山东人的爽直率性，更有孔孟之乡的温厚儒雅。她完全和我想象中的"名人"不一样，亲切得就像住在对门的邻居。我们在一起交流海量阅读的心得，每每说到得意处她就会像个孩子似的两眼放光，手舞足蹈。这第一次的相见虽短暂，却留给了我深刻而美好的印象。

那以后，与韩老师见面的机会多了很多，可是每一次相聚总感觉时间不够，因为韩老师实在是一个睿智、诙谐，对一切又充满好奇的师者，一旦坐到了韩老师的面前，眼前就仿佛打开了一扇通往新世界的大门，不同的视角、独特的想法、新奇的灵感，源源而来；相谈之中，即便有不同的意见，也能在碰撞间迸发出奇妙的火花，让人大有相见恨晚之感。

我印象很深的是一次深夜聊海读。那是在株洲，韩老师白天刚给大家做了一场报告并分享了一堂《读历史学成语》课，已经很疲惫了。可晚上，一听我说起关于阅读形式的一些想法，就又拉着我说了起来，一聊竟聊到了大半夜，到后来我都已经有些意识模糊、昏昏欲睡，她却依然兴奋得难以自已。我只能强行中断和她的谈话，"逼"她回房休息。

这就是我们的韩老师，她智慧、她好学、她无私、她博爱、她幽默、她可爱，她有着博大的胸襟，却从不忽视她的每一个孩子、海读阳光下的每一个老师……以前，我总觉得"名师"是个高高在上的词，也曾经遇到过不少这样的名师。而如今，韩老师彻底颠覆了"名师"一词在我脑中的概念，恬淡如水却胸怀似海的她用一颗最朴实的心，做着最伟大的事情，因为这样的一份最不凡的平凡，让我，让无数奋斗在教学第一线的老师们坚信："众里寻她千百度，唯有海读是真知！"

后记：小朱是继美华之后又一个踏踏实实把每一本书的教学落实到课堂上的老师，同时又不断地为海读输送着新鲜血液。我的徒弟完全可以超越师傅，这不是谦虚，在小朱身上已得到印证。

六、海读一家亲

一个普通老师，在没有任何行政力量推进的帮助下，从一个 500 人的小群，发展成一万余人的六个大群，每个群成员全部实名认证，每天都有络绎不绝的进群申请者等待空余名额……

一个普通老师，不喜欢写作，不懂得出版，却使得很多濒临绝版的书起死回生，成为当当最具影响力教育名家之一……

　　一个普通老师，不喜欢交际，不懂得管理，却凝聚了繁华如北上广，偏远至乡村驿站的一个个海读者，或公开或私密，自觉自愿地投入到海量阅读教学实践中……

　　不熟悉她的人，有些不服、甚至不屑，怎么会是她？为什么是她？

　　熟悉她的人无不为她的人格魅力所折服，她的胸怀，她的勇气，她的坚持，她的追求，她的博大，她的缜密……她是我们海读群中每个人心中的灯塔，她以一己之力改变了很多教师的教学行为，从而改变了很多的教室、很多的家庭、很多的孩子……

　　大多数的团队，都是来自于一个区域，有一个出色的领导人有意识把一种思想一种文化一种教育理念慢慢地影响周围的同事、朋友，然后再往周边进行辐射。但我们的海量阅读的团队建设却走出了另一种模式。就是一点一点地光，一条一条的溪流，就像流动的星星被同一个磁极所吸引，慢慢地走到了一起。

　　海读队伍的蓬勃发展并不是因为海读的创始人韩兴娥老师多么大的人格魅力，也不是因为海读人有多么勤奋多么执着，而是海量阅读的理念契合了"举三返一""举十返一"的语文教学的规律，契合了儿童发展的规律。韩兴娥老师的"课内""海读"这两个关键词歪打正着打通了当前小学语文教学的"任督二脉"，所以众多相信海读的一线老师在实践课内海读的过程中，尝到了海读的甜头，幸福到不想回头。海读班的学生深受其益，深深地喜欢上大量阅读、亲近经典并穿梭上下五千年的课堂，海读班的家长们都为遇到一个踏踏实实的实践海读的老师而感到幸运，感到幸福！家长们成了海读老师最大的靠山，最忠实的战友。

　　我从 2010 年开始暗恋韩老师，到 2013 年破釜沉舟做课内海量阅读，至今已经一千多个日日夜夜，与韩老师及其海读从暗恋到明恋到热恋，到"珠胎暗结"——孕育出养读课程。一路走来伴随着艰辛更裹挟着无与伦比的幸福。

——山东淄博王爱玲老师

　　八年前的一次偶然邂逅，让我开启了海读的历程，八年如一日，在自己的课堂上躬耕实践，实现了零基础入学，不到一年的时间人均识字在 2000 字以上，解决了海读的瓶颈问题；形成了语文三大系列：成语系列、经典诗文系列、整本书阅读系列，和韩老师一起出版了《读论语 学成语》一书，所做的海读课题被立项为省级规划课题，并通过专家的鉴定，一致同意顺利结题。

——山东淄博的徐美华老师

2010 年，第一次读到《让孩子踏上阅读快车道》的我如获至宝，开始循着韩老师的脚步，执着地带领孩子们在课堂上大量阅读。学生破茧化蝶般的精彩成长，对于语文学习的狂热挚爱，让我对海读的魅力深信不疑并不断探索，2016 年，我独辟蹊径，闯出了一条读写结合的阅读新路，出版了《趣读识写一条龙》，让快乐读写之花真正绽放在了海量阅读生机无限的课堂上。

——上海闵行区朱霞骏老师

工作将近 20 年，教学水平进入瓶颈期。2014 年，听说韩兴娥老师要从一年级教起，于是主动请缨教一年级，想用这种最笨的办法，一步一步紧跟韩老师。我第一时间给孩子们买到了《学拼音儿歌 77 首》，韩老师知道我也在教这本书时，单独联系了我，指导我进行课本录音。从此开启了我与韩姐姐的亲密接触，我们相继进行了《三字童谣》《成语接龙》等内容的教学，而后又编辑出版。对韩老师的紧密追随，让我迅速成长，韩老师没有名师高高在上的架子，更像大姐姐一样呵护着我们。我是幸运的，也是幸福的。

——山东淄博刘维丽老师

知道海读有好几年，认同海读理念，全身心投入实践，应该从 2015 年 5 月参加首届年会开始算起。我尝试把海读与写作有机融合，在课内带领学生开展整本书共读时，侧重指导孩子们学写批注写读后随感，并以班级小报为平台，展示练笔成果，实现了读写能力的同步提高。

——安徽马鞍山秦克波老师

从教 22 年之际偶遇"海读",一下子被她的博大、无私、至简所吸引。深受其益之后,默默带领初涉海读的海米研读"韩姐姐"的《让孩子踏上阅读快车道》,学其方法、悟其精髓,助推一波一波的海读人顺利融入海读的热潮。

——江苏泰兴蔡锦老师

接触海读后,我明白了语文教学的根本之道。回想之前纠缠一本教材的无聊做法,心痛浪费了宝贵光阴。于是在课上带领孩子们采用陈琴歌诀乐读法诵读,像韩老师一样带领学生在课堂上共同海读。每晚的班级 QQ 群,成了孩子们诵读的大舞台。家长们也加入了读书活动,亲子共读热潮涌动。百日之内,书香家庭的建立,学生语文素养的提高,教师职业幸福指数的飙升,一切,都源自海读。

——四川成都张秀红老师

后记:海读团队正在吸引着越来越多的志同道合者自发自动地加入,队伍逐渐壮大,愈发生机勃勃!一群群小学语文老师,正昂首阔步的自豪地走在海读路上,幸福的霞光映照着她们因为海读而永远年轻的面庞……